谷园 著

谷园讲通鉴：
西汉兴衰史

天地出版社
TIANDI PRESS

图书在版编目（CIP）数据

谷园讲通鉴.西汉兴衰史/谷园著.—成都：天地出版社，2021.1（2021年3月重印）
ISBN 978-7-5455-5893-7

Ⅰ.①谷… Ⅱ.①谷… Ⅲ.①中国历史–西汉时代–通俗读物 Ⅳ.①K234.109

中国版本图书馆CIP数据核字（2020）第159829号

GU YUAN JIANG TONGJIAN : XIHAN XINGSHUAI SHI

谷园讲通鉴：西汉兴衰史

出 品 人	杨　政
作　　者	谷　园
责任编辑	张秋红
封面设计	今亮后声
内文排版	挺有文化
责任印制	葛红梅

出版发行	天地出版社
	（成都市槐树街2号 邮政编码：610014）
	（北京市方庄芳群园3区3号 邮政编码：100078）
网　　址	http://www.tiandiph.com
电子邮箱	tianditg@163.com
经　　销	新华文轩出版传媒股份有限公司

印　　刷	河北鹏润印刷有限公司
版　　次	2021年1月第1版
印　　次	2021年3月第2次印刷
开　　本	710mm×1000mm 1/16
印　　张	50.5
字　　数	900千字
定　　价	118.00元（全二册）
书　　号	ISBN 978-7-5455-5893-7

版权所有◆违者必究

咨询电话：(028)87734639（总编室）
购书热线：(010)67693207（营销中心）

如有印装错误，请与本社联系调换。

 自序一

历史是生活的老师

有道是，计划赶不上变化。这也算是一条历史经验吧。

我本来计划只写八本国学励志书，分别是关于曾国藩和"四书"、《易经》、"黄老"、《庄子》、《韩非子》、《史记》、《资治通鉴》的。要把这些最重要的国学经典的"老酒"装进励志书的"新瓶子"，接上地气，让普通老百姓都能看得懂、学得会，我就算功德圆满了，既"为往圣继绝学"，又开创了一个新的图书门类——国学励志书。

按照这个计划，写完《吃透曾国藩》《人生四书》《简易经》之后，我就应该接着写道家的黄老。写到十几万字时，我感觉得调整一下。因为道家出于史官，道家的理念得用历史来验证和支撑，如果没写过历史方面的书，上来就写道家，会显得单薄，难以让人信服。

于是，我把计划中对《资治通鉴》的解读提前。之所以不是《史记》，是因为王立群讲《史记》比较有名，易中天讲《三国》比较有名，没人讲《资治通鉴》比较有名，我希望自己是那个人。

然后，写了四十多万字的书稿，写到了南北朝，大致还得四十多万字才能写完。这时，我开始担心这么厚的书没人买。

怎么办？改变计划，做视音频。

当下基于电视与互联网的视音频技术的发展，对中国文化的传播意义非凡。我认为，中国文化在一百年前经历了一次大变化，从文言文过渡到白话文。现在，又经历一次大变化，就是从文字过渡到视音频。文言文好比"马车"，白话文好比"汽车"，视音频好比"动车"。我要让国学经典接地气，就得把"马车"上的东西，既搬到"汽车"上，也搬到"动车"上。

于是，在黄骅电视台的支持下，有了这个中国首档国学励志脱口秀节目《谷园讲通鉴》。我先前写的那四十多万字初稿是非常简洁的风格，适合出书，不适合演播，做节目时完全推倒重写；写出演播稿来，现场录制时还要调整；录完后，节目制作时还要修订，时不时得插入个"谷园补白"；然后，从节目再还原成书稿的形式，又费了很大的功夫；最后，按出版标准，编辑还要修改。

在这个艰苦的过程里，内容更加严谨了，同时，计划又变了，想法更大了。本来，只计划把《资治通鉴》里精华的思想和精彩的故事从头到尾串下来，让它生动好看，也就完了。可是，一旦做成节目，一期期地播放，就希望每一期节目的内容都是越丰富越好、越生动越好、越有思想越好、越准确越好。

于是，很自然地，内容不再局限于《资治通鉴》，而是着眼于《史记》等第一手史料，还有相关的各种国学经典。《资治通鉴》则成为一个讲述的框架、一个"筐"。您会看到，很多直接引用文言文的地方，标注的都是《史记》中的出处。后面，直到汉武帝之前的内容，也都会是这样的，我把大半部《史记》都装进了这个"筐"里。

以第一部《这才是战国》来讲，不少内容是从《战国策》里选的，《资治通鉴》中没有。在讲到吕不韦和韩非子时，则下了很大功夫讲《吕氏春秋》和《韩非子》。我把这三部经典的精华也都装进了这个"筐"里。

我这样做，其实有人早就帮我做好了背书，就是英国哲学家柯林伍德，他有句名言：一切历史都是思想史。我就是在讲一部有思想的历史。

这也正是中国传统的历史观。中国史家的宗师是孔子，孔子作《春秋》为的是说微言、传大义，建立中国人的价值传统。司马迁著《史记》为的是"究天人之际，通古今之变"。司马光编《资治通鉴》为的是教给皇帝如何治国平天下。"二十四史"不是人物事件的罗列，不是故事会，而是中国人曾经的思想、智慧、精神的总结。用曾国藩的话讲，就是"经济之学，诸史咸备"。历史是经世济人的思想学问。

还有一位给我背书的哲学家是意大利的克罗齐，他讲：一切历史都是当代史。中国人爱讲"以史为鉴"，把历史当镜子，照见的肯定是当下的自己。立足当下，既是研究历史的态度，又是讲历史的手段。我尽量多地把当下的元素，包括热门的人物、事件、电影，甚至段子，也都装进这个"筐"里，让历史变得更加亲和、生动。

历史本来离我们也不远，秦皇汉武踩过的大地，仍然在我们脚下。虽然很多表面的东西可能变了，但本质的东西却没变。

克罗齐还讲过一句西方的老话：历史是生活的老师。

这跟我的国学励志理念非常契合。历史包含着海量的人生经验，教给我们怎样思考和解决生活中所面临的各种问题。

以我自己为例，我是一个小城中的小人物，像上蔡的李斯一样，过着平凡的日子，揣着伟大的梦想。

李斯是怎样追求梦想，实现人生价值的呢？他分两步走：先是学习，拜荀子为师，努力提高自己的学识；然后上到更高的平台上，继续学习，等待机会，等机会一到，他有能力抓住，就成功了。

我也可以这样。为了生计而努力的同时，坚持学习；而互联网就是一个更高的平台，我把书和节目搬上了互联网，在这个平台上继续努力。

我真诚地感谢黄骅电视台节目组，感谢黄骅市委领导，感谢张洪瑞、关士杰、王英明、曹胜高等前辈，感谢天地出版社，感谢爱奇艺和蜻蜓FM的朋友，谢谢你们的支持与包容。

最后，再打两句小广告吧。

一是，宣传我的国学励志理念的：

激励精神、广求智慧，让国学经典接地气。

二是，宣传《谷园讲通鉴》的：

上下千年、生死兴衰，尽在《谷园讲通鉴》。

谷园讲通鉴，这才是历史。

汉书下酒　秦云炅河

古人了解历史主要靠读史书，了解西汉史主要靠读《汉书》。

古人有很多读《汉书》的典故。比如"牛角挂书"，出自《新唐书·李密传》。讲的是，隋末农民起义中的瓦岗军后期领袖李密少年时曾骑牛寻访名师包恺，他在牛角上挂了一部《汉书》，边走边读。他读得太入迷，以至于后面有人追上来，都浑然不觉。

而那位包恺先生正是以教授《汉书》知名，门人数千。

再比如"汉书下酒"，出自宋人龚明之的《中吴纪闻》。说的是北宋苏舜钦一次在书房内独自饮酒却不叫送菜，他岳父觉得奇怪，偷窥了一下，发现他正在读《汉书》，每至精彩处便饮酒一杯。岳父笑道："有这样的下酒菜也不枉了。"

苏舜钦之后九百年，吴昌硕写过一副著名的隶书对联：汉书下酒，秦云炅河。

"秦云炅河"何解？众说纷纭，依我看，颇似禅宗"云在青天水在瓶"之意。八百里秦川，莽莽苍苍，上有浮云变幻，下有大河奔流，这不正是西汉史宏阔深远的意象吗？

汉书下酒，是西汉的味道；秦云泿河，是西汉的意象。味道，不亲口尝尝，是感受不到的；意象，不亲眼看看，也是感受不到的。

怎么亲口尝、亲眼看？穿越到西汉去？不可能，唯有读《汉书》。《汉书》是文言文，读不懂怎么办？那就看看这部白话文的《西汉兴衰史》吧。本书力求贴合《汉书》，将其精华全部梳理出来，把西汉的味道和意象都呈现出来。当然，也结合了《史记》。

西汉是幸运的，两位天才史家为其著史。司马迁以半部《史记》写了西汉史的前半段，班固以整部《汉书》写了西汉史的全部。

司马迁和班固也是幸运的。如果西汉史本身不精彩，"巧妇难为无米之炊"，他们何以能写成史家绝唱，赢得万世声名？历史本身与史家、史书是相互成就的。

作为中国第一个资料丰富而完整的大一统朝代的历史，西汉史包含的治乱兴衰经验，为历代统治者所参照。只可惜，历史的唯一教训就是从未在历史中吸取教训，西汉的治乱兴衰在后面各个朝代不断重复上演。所以，若为国运兴衰经验而读史，读了西汉史，其他朝代史几乎不必读。

同样，若为人生成败经验而读史，读了西汉史，其他朝代史也几乎不必读。再也没有哪个朝代史像西汉史有这么多著名的具有典范意义的人物，他们多数都是底层出身，他们的人生观、世界观、价值观、方法论，他们的奋斗与挫折、思考与困惑、成功与灭亡，都能给同为底层出身的我们以现实的指引。

还有，构建信仰。天人合一、阴阳五行、天地君亲师等中华民族的整个信仰体系都是通过西汉史确定下来的。而这些正是本书的重点。

具体来说，作为《谷园讲通鉴》系列的第三部，《西汉兴衰史》讲述了汉高祖刘邦之后的汉文帝、汉景帝、汉武帝、汉昭帝、汉废帝、汉宣帝、汉元帝、汉成帝、汉哀帝、汉平帝共十位西汉皇帝面对的内忧外患，以及围绕在他们周围的后宫、皇室、外戚、宦官、名臣、名将、名士、奇人等各色人物的故事，完整展现了整个西汉帝国由兴到衰的历史过程。

对于西汉的黄老之治、独尊儒术、王霸兼用等政治思想和商业智慧、风俗观念等，本书均做了分析梳理，涵盖了《史记》《汉书》主要的思想智慧。

总之，看了这部《西汉兴衰史》，可以全景式了解西汉的历史、人文、社会风貌等。

目 录

第 1 回　汉初名相喝酒治天下 / 001

第 2 回　陈平多谋 / 011

第 3 回　吕太后的情人与敌人 / 021

第 4 回　一场经典的政变案例 / 030

第 5 回　史上最完美的皇帝形象 / 039

第 6 回　汉文帝的丞相与弄臣 / 047

第 7 回　汉文帝的黄老之术 / 055

第 8 回　史上最牛材料匠 / 067

第 9 回　黄老思想治国的极致 / 075

第 10 回　智囊之死 / 083

第 11 回　周亚夫为何功成身败 / 092

第 12 回　汉景帝的家务事 / 101

第 13 回　汉武帝前的万众创业 / 110

第 14 回　《货殖列传》里的商业传奇 / 117

第 15 回　董仲舒的"天人三策" / 125

第 16 回　汉武帝的憋屈 / 133

第 17 回　史上最著名的私奔 / 141

第 18 回　史上最著名的离婚 / 149

第 19 回　大隐东方朔 / 156

第 20 回　卫子夫霸天下 / 165

第 21 回　汉武帝的一生所爱 / 173

第 22 回　一场酒局引发的血案 / 181

第 23 回　汉武帝一共打了多少仗 / 191

第 24 回　汉帝国拉开决战匈奴的序幕 / 201

第 25 回　李广的射雕英雄传 / 211

第 26 回　李广难封与名将声望 / 219

第 27 回　霍去病封狼居胥 / 228

第 28 回　汉武帝征服西域 / 235

第 29 回　苏武不屈与李陵投降 / 245

第 30 回　司马迁的悲剧 / 254

第 31 回　酷吏列传（上） / 262

第 32 回　酷吏列传（中） / 272

第 33 回　酷吏列传（下） / 280

第 34 回　汉武帝最怕的大臣 / 291

第 35 回　从放猪倌到一代名相 / 298

第 36 回　主父偃的人生观 / 305

第 37 回　游侠为什么被崇拜 / 313

第 38 回　刘嫖与董偃的老少恋 / 321

第 39 回　淮南王的冤案和教训 / 327

第 40 回　巫蛊之祸 / 335

第 41 回　汉武帝的神仙路 / 344

第 42 回　汉武帝的最后决策 / 353

第 43 回　汉武帝的顾命大臣们 / 361

第 44 回　苏武、李陵的信念与命运 / 373

第 45 回　只当了二十七天皇帝的刘贺 / 381

第 46 回　天上掉下来的皇位 / 389

第 47 回　权臣覆灭的惨痛教训 / 395

第 48 回　帝国巅峰的皇帝与丞相 / 404

第 49 回　一代名相的阴阳之道 / 413

第 50 回　八世封侯的汉朝第一望族 / 422

第 51 回　颍川之治 / 430

第 52 回	循吏列传 / 439
第 53 回	西汉第一循吏 / 447
第 54 回	汉宣帝杀掉的两个"好官" / 456
第 55 回	盖宽饶：我乃酒狂 / 465
第 56 回	史上第一桩文字狱 / 473
第 57 回	海昏侯的前世今生 / 483
第 58 回	酷吏屠伯和张敞画眉 / 490
第 59 回	楼兰姑娘 / 499
第 60 回	西域都护府 / 507
第 61 回	赵充国平羌（上）/ 515
第 62 回	赵充国平羌（下）/ 523
第 63 回	汉元帝的两位老师 / 533
第 64 回	韦玄成装疯 / 542
第 65 回	被才艺耽误了的汉元帝 / 550
第 66 回	忠臣、奸臣如何分辨 / 559
第 67 回	京房之死 / 565
第 68 回	于定国父子手下无冤案 / 571
第 69 回	陈汤杀匈奴单于 / 579

第 70 回	昭君出塞 / 587
第 71 回	月亮女神王政君 / 595
第 72 回	王氏专权 / 601
第 73 回	汉成帝的后宫 / 610
第 74 回	《论语》宗师 / 617
第 75 回	刘德的道家智慧 / 626
第 76 回	刘向的占星术 / 633
第 77 回	阴阳五行思想的起源 / 639
第 78 回	阴阳五行思想的发展 / 651
第 79 回	艺文志（上）：读书法门 / 659
第 80 回	艺文志（中）：诸子百家 / 663
第 81 回	艺文志（下）：神圣六经 / 674
第 82 回	西汉江山被唱衰 / 682
第 83 回	汉哀帝放飞自我 / 691
第 84 回	六起六落的西汉名臣 / 696
第 85 回	汉成帝的丞相们 / 706
第 86 回	两个丞相的为官之道 / 714
第 87 回	西蜀子云亭 / 723

第 88 回　扬雄：文章千古事 / 730

第 89 回　忠臣的下场 / 736

第 90 回　汉书游侠传 / 746

第 91 回　王莽崛起 / 755

第 92 回　王莽刨坟 / 765

第 93 回　王莽篡汉 / 776

第 1 回

汉初名相
喝酒治天下

公元前 202 年初，刘邦把项羽安葬在谷城之后，返回洛阳，途中，在定陶夺回韩信的军权。

还至定陶，驰入齐王壁，夺其军。——《史记·高祖本纪》

二月，刘邦即皇帝位于定陶的汜水之阳，正式开启西汉王朝。之后的几年间，刘邦把几个异姓诸侯王全部平定，巩固了刘姓皇权。

公元前 195 年刘邦死后，他老婆吕后继续执掌天下达十五年之久。其间，吕后过于焦虑、不安，对于皇权患得患失，所以表现得很极端，几乎成为"狠毒"的代名词，甚至影响了女性整体的形象。

吕后之所以成为这样一种历史形象，可能还有一方面的原因，那就是文字放大、强化了她狠毒的特点。这关系到史学的一个大问题，即"春秋笔法"。

什么叫"春秋笔法"？《春秋》就是"诗、书、礼、易、春秋"里面的那个《春秋》，为五经之一，是孔子整理编辑的三家分晋之前三百多年间的历史。当时，各国都有国史，各种人物、事件的素材都是现成的，都是一大堆竹简在那儿，孔子怎么整理的呢？《史记》是这样讲的：

至于为《春秋》，笔则笔，削则削。——《史记·孔子世家》

"笔则笔"，就是有的素材他想多用些便多写几笔；"削则削"，就是有的素材他想少用些就把那份素材的竹简削一些下去——小刀削一层皮下去，字就没了，跟用橡皮擦似的。

最终，他整理出来的这部历史，都是史实，都是叙述性的，他没有加一句评论，但是他的褒贬，他主观要表达的态度，却都呈现出来了。这就是"春秋笔法"。

以后写史的人，都尊孔子为祖师爷，对于这套"春秋笔法"都了然于心。司马迁更是得孔子真传。吕后这一辈子，活了六十一岁，她就没做什么好事吗？司马迁不管那个，做好事的那方面他一个字都没写，只挑坏事写了——吕后怎样杀大臣、杀情敌、杀刘邦的儿子等，司马迁并没有捏造什么，可是很明显，他就是要强调突出吕后的狠毒，这个标签，就像如来佛贴在五指山上的那道符，你孙猴子再牛，也永世不得翻身了。

吕后的狠毒被历史定格了，但她执掌天下的这十几年中，包括前期汉惠帝的七年，全都天下太平，老百姓实实在在受益了。这当然是吕后的成就，吕后是最高统治者啊！不过，史书里把这个成就主要归功于刘邦指定的那几代丞相——萧何、曹参，还有王陵、陈平。

先说萧何，他辅佐刘邦打天下、治天下，绝对是一代名相。可以说，刘邦、萧何这对君臣搭档，跟秦始皇、李斯是有一拼的。论开创之功，他们比不了秦始皇、李斯；但论其艰苦卓绝、创业与守业的成就，秦始皇、李斯跟刘邦、萧何比则远远比不了。

萧何为了保持和刘邦的君臣平衡，可谓煞费苦心，不惜强买民田民宅来自毁名声。实际上，他真正买田买房，都是在离长安很远的地方，不显山不露水的，也没有什么高宅大院。他觉得这样将来留给儿孙才踏实长久，才不会被人眼红、算计、侵夺。

萧何跟曹参，两人早年的关系不错，都是沛县有头有脸的官员，一个管干部的，一个管监狱的。后来，他们跟着刘邦一起打天下，关系就有点疏远了，可能也有点"既生瑜何生亮"的感觉。因为，曹参也非常出色，前期主要是在战功方面。韩信没来之前，曹参可以说是刘邦麾下第一猛将。韩信来了，当了大将军，曹参跟着韩信。韩信打的那些大胜仗，曹参都参与过。

《史记》里专门对曹参的战功做过一个总结：

> **参功**：凡下二国，县一百二十二；得王二人，相三人，将军六人，大莫敖、郡守、司马、侯、御史各一人。——《史记·曹相国世家》

曹参打下了两个诸侯国、一百二十二个县城；俘虏过两个诸侯王、三个丞相、六个将军，还有好几个司马、御史、郡守等高官。这功劳，确实了不得！

刘邦得了天下之后，讨论过一次谁的功劳最大，刘邦认为萧何功劳最大。当时，好多人都认为曹参功劳最大，光身上受的伤就有七十多处，伤痕累累。想一想，那真是军神、战神的感觉。

更了不起的是，曹参不是单纯的一介武夫，不是只会打仗，他还有治国之才。打完天下之后，刘邦任命曹参做齐国相国，辅佐他的大儿子刘肥，就是那个私生子，跟曹氏生的。曹氏很可能是曹参的姐姐或妹妹，所以，刘邦跟曹参不是一般关系。最早，曹参便是刘邦的"中涓"，即亲信，是最核心圈子里的人。刘邦安排曹参辅佐刘肥，很可能就是因为这种亲缘关系，这是舅舅辅佐外甥，这个关系肯定比较融洽。

那么，曹参是怎么治理齐国的呢？怎么看出他有治国之才呢？

曹参上任之后，便把齐国的儒生、有学问的人都召集来，向这些人请教：各位先生，我曹参是个粗人，也不知道怎么治国，大家给我出出主意吧！结果，这帮儒生说什么的都有，曹参都不是很满意。怎么办呢？还有什么明白人不？

身边人说：曹相国，还有一个高人，叫盖公。盖公这个人也很有学问，只是跟这些儒生不一样，盖公是研究道家的，对黄老之学很有研究。

曹参很高兴，"使人厚币请之"，出高薪把这位盖公给请来了。然后，盖公给曹参讲了一通黄老道家的治国思想，比如"无为而治""清静为天下正"之类的。曹参非常认同，把最好的房间腾出来请盖公住下，给自己当顾问，用这套思想来治理齐国。九年间"齐国大治"，他被称为贤相。

曹参一下子从名将变成了贤相，这个风头便有点盖过萧何的感觉了。所以，在外人看来，萧、曹之间，关系应当没那么融洽，可是，在这两人的心底却一直保持着一种默契。

公元前193年七月，萧何病重，汉惠帝刘盈去萧何家里看望：老相国啊，您百岁之后，谁接替您比较好啊？

萧何回答：皇上，知臣莫如主，不用我说，您肯定知道合适的人选。

汉惠帝问：噢，那您觉得曹参怎样？

萧何：太合适啦，皇上，您真知人善任，臣死而无憾了。

这段对话很妙。你要说，是萧何推荐了曹参，这也没错；你要说，是汉惠帝选中了曹参，萧何随声附和，也没错。萧何至死都这么谨慎。

曹参呢？当在齐国听说萧何去世的消息时，他立即嘱咐手下：赶紧给我收拾行礼，打包袱，备车！

手下问：您这是要去哪儿？

曹参：去长安，皇上马上就得召我去当相国。

手下一撇嘴，也不敢笑，心想：我家这个爷真是想当大相国想疯了。结果，正说着呢，长安的使者就到门口了，圣旨来了，让曹参去长安当相国。

手下们都惊呆了：我们这个爷不但能打仗、会治国，还能算命啊，提前算出来了。

然后，接替曹参担任齐相的人来拜见曹参：曹相国，您把齐国治理得这么好，有什么宝贵经验，您传授传授我吧。

曹参就讲了一条：

以齐狱市为寄，慎勿扰也。——《史记·曹相国世家》

什么意思呢？古人也搞不清，存在着很多种说法。所以，虽然这内容很重要，但司马光编《资治通鉴》干脆没要这一段。我认为，曹参的这句治国经验，用今天的话讲，就是作为一个行政长官一定不要去干涉司法和市场。"狱"就是司法，"市"就是市场，这两个领域有其独立性。也可以说，这是人类以文明方式博弈的两个平台。很多人性恶的东西在这两个平台上被释放和消解，在这个过程中，行政长官不必越俎代庖。这正好体现出黄老道家的思想在当时的意义。

接替萧何之后，曹参把这种道家的治理思想推向了极致。什么是道家治理思想的极致呢？就是无为而治。

曹参当了相国之后，真就做到了无为而治，什么也不干。人们都说"新官上任三把火"，刚上任你得出台点新政策什么的。他倒好，什么新政也没有，所有的事务，萧何那会儿怎么办，现在还怎么办，一点儿变化也没有。

> 举事无所变更，一遵萧何约束。——《史记·曹相国世家》

也不是一点儿变化都没有，具体事务、政策，都没变化，唯独用人导向有变化。原来丞相手下的那些特别有思想、有干劲的官吏，他都给辞了：行了，哥几个，你们思想太深刻了，干劲太足了，太想出政绩了，不适合在我手下干，回家先歇着吧。

用《史记》原话讲就是：

> 吏之言文刻深，欲务声名者，辄斥去之。——《史记·曹相国世家》

他用什么样的人呢？

> 择郡国吏木诎于文辞，重厚长者，即召除为丞相史。——《史记·曹相国世家》

专门从地方上挑选那些不善言辞却为人厚道、老成持重的官吏，把他们提拔上来，具体的活都交给他们去干。

曹参的这种看似有点奇葩的用人思想，被后世很多牛人赞赏，并且效仿。比如曾国藩就讲：

第1回 汉初名相喝酒治天下

湘军之兴，凡官气重，心窍多者，在所必斥。

曾国藩看重的人是这样的：

有操守而无官气，多条理而少大言。

这基本就是对曹参用人思想的一个总结。曹参本着这个思想，把手下人安排完了，然后他自己就没事干了，每天只是喝酒，什么事也不管。

有一天，手下一个从吏对他说：丞相啊，今天天气不错，咱到后面园子里转转吧。

曹参：好啊，走吧。

曹参跟着这个从吏，到相国府后面的园子里散步。这个园子边上有几间工作人员的宿舍，老远就听见里面正热闹着呢，一大帮官吏不上班，都聚在这里喝酒划拳。

这个从吏心中窃喜，他就是为了让曹参来堵这些人的。他有正义感，看不惯这种歪风，不过，他有心眼，不明说。他以为，曹参这回逮个正着，上班时间喝酒划拳，肯定会给他们处分。

哪知道，曹参非但没烦，还高兴了，进门就坐下了：再去拿几瓶好酒来，咱一块儿喝，一块儿玩。他玩得比谁都兴奋。慢慢地，这个名声就传出去了，曹相国这不是胡闹吗？

很多老臣，辈分官职也都不低，都有点看不下去了。有人就来找曹参，劝他：哎呀，曹相国啊，这个……

他的话还没讲出口，曹参就笑了：哎呀什么啊，好不容易来一次，好好喝喝，干啦、干啦，我先干为敬……弄得这个来人也不好意思，喝吧，中间还想说，又让曹参给打断了：喝酒，喝酒，喝完再说……喝着喝着就把这哥们给喝倒了，然后把他抬回家了，什么也没说成。

只要有人来给他提意见，最终都是如此，话还没说，就把人灌趴下。弄得谁也没脾气。可是，有一个人有脾气，谁啊？汉惠帝。让你曹参当相国，替我管天下，结果，什么事也不干，白拿工资，天天喝酒，你这不是欺负我年轻吗？

当时，曹参的儿子曹窋正在汉惠帝身边做中大夫，回家对曹参说：爹啊，皇上可是生您的气了，您是不是得反省一下？这样下去，您别把咱家给毁了啊！

曹参大怒：这是国家大事，你懂什么？胡说八道的，来人，拉出去打一顿。打完儿子，第二天，曹参就进宫去见汉惠帝。

汉惠帝正生气呢：曹相国啊，你说说吧，你每天什么事也不管，你打算怎么办？

曹参跪在地上谢罪：皇上恕罪，您听我解释。您感觉，您与高祖皇帝比，谁的才能更高？

汉惠帝一撇嘴：我跟高祖皇帝当然没法比，我差太远了。

曹参：那么，您感觉，我与萧相国比，谁的才能更高？

汉惠帝：说实话，我感觉，您比萧相国还是差一些的。

曹参：皇上，您说得太对了！您想啊，高祖皇帝和萧相国他们打天下、定天下，方方面面都给打好基础了，咱们"外甥打灯笼——照旧"。

遵而勿失，不亦可乎？——《史记·曹相国世家》

咱们老老实实，把他们定下的这套治理天下的政策给守住了，不就行吗？有什么可干的呢？

汉惠帝服了：有道理，你继续喝酒玩儿去吧。

然后，曹参就这么喝了三年酒，便成为一代名相。老百姓们编出歌谣来称颂他：

萧何为法，较若画一；曹参代之，守而勿失。载其清静，民以宁一。——《史记·曹相国世家》

这就是著名的"萧规曹随"的故事,其中体现了一种很重要的领导智慧。

另外,曹参能成为一代名相,当然不是什么也不干,说到底,他还是抓住了一个领导者必须抓的两件大事:一是定方向,这个方向就是因循刘邦、萧何的方向;二是带队伍,他选了一批老成持重的官吏。然后,抓大放小,小事都不管了。

参见人之有细过,专掩匿覆盖之,府中无事。——《史记·曹相国世家》

对于手下人的一些小过错,他都不深究。整个相国府也就看不出什么问题、状况,一切正常,顺顺当当。

这种糊涂、包容,也是一种道家的态度。类似地,《道德经》里有句话:

其政闷闷,其民淳淳;其政察察,其民缺缺。——《道德经·第五十八章》

曹参是公元前190年去世的。接下来,换谁当丞相呢?刘邦的遗嘱里是这样安排的:

王陵可。然陵少戆,陈平可以助之。陈平智有余,然难以独任。周勃重厚少文,然安刘氏者必勃也,可令为太尉。——《史记·高祖本纪》

刘邦提了三个人——王陵、陈平、周勃。

王陵是个什么人物呢?当然也不是一般人。他也是沛县人,也是豪杰人物,早年刘邦是跟他混的。刘邦带兵入关时,王陵也带了一支队伍,有几千人。一开始,他对刘邦不是很服气,自己在一边单干。后来,刘邦出关回来与项羽争天下时,主动联络王陵,请王陵帮着接在沛县的老爹和老婆,两人才重新合到一起,改王陵跟刘邦混了,帮着刘邦一块打天下。而且,这中间项羽把王陵的母亲给抓了，来要挟他。他派使者过去找项羽谈判，结果，王陵的母亲在使者面前自杀了。老太太临死前嘱咐使者：你给我儿子捎话回去，让他踏踏实实辅佐汉王，不要为我分心。

唉，了不起的母亲啊！

王陵没什么文化，有点大老粗的感觉，实在人，直脾气。这种人可交、可靠，所以，刘邦很看重他。可是，当丞相毕竟是涉足政治，太实了，也不行。"少戆"，意思就是心眼不够多。得有个心眼多的人给他当帮手，陈平最合适。可是，心眼太多的人，又容易不担事，还得找个愣点的，关键时刻能冲上去的，周勃正合适。不得不说，刘邦在用人方面是真了不起。

那么，这三位到底有怎样的表现呢？

第 2 回 陈平多谋

上回讲到，公元前190年，丞相曹参死了，按照之前刘邦的遗嘱，新换上两个人，一起当丞相：一个是右丞相王陵，另一个是左丞相陈平。转过年来，还是按照刘邦的意思，大将周勃被任命为太尉——管军事的最高长官。丞相是管政务的。这样军政两大块，都有人给盯起来了，三个人，三驾马车。

再转过年来，公元前188年，汉惠帝刘盈驾崩，吕太后临朝称制。这时的吕太后，丈夫没了，儿子也没了，稍后女儿也死了，真正成了孤家寡人，只好把全部情感都转到自己娘家的兄弟子侄们身上。她要提高娘家人的权势，想立吕家人为王。于是，她把丞相和其他重臣都叫来，商量这个事应该怎么办。

她对右丞相王陵一说，王陵立马烦了，他又实又直：太后啊，不行。

高帝刑白马盟曰：非刘氏而王，天下共击之。——《史记·吕太后本纪》

高祖临死前，召集文武百官，杀了一匹白马，歃血盟誓：从今以后，凡不是刘家子孙而敢称王的，你们一定要齐心协力，举天下之兵一起灭了他！

这个，我们都跟着发过誓的。高祖才去世几年啊，您就要立吕家人为王，这不行。

吕太后很不高兴：行啦，行啦，你甭说了！陈平、周勃，你俩说说，立吕家人为王，行不行？

陈平、周勃异口同声：太行了，太后啊，以前是高祖坐天下，他姓刘，封刘姓为王；现在，坐天下的是您，您姓吕啊，封吕姓为王，天经地义，这太正

第 2 回 陈平多谋

常了。我们举双手赞成。

吕太后乐了：陈平、周勃，先帝没看错你们，明事理。好，少数服从多数，这事就这么定了。

从皇宫出来之后，王陵气坏了，气呼呼地把陈平、周勃拉到一边：你俩怎么回事？两个软骨头、哈巴狗，就知道讨好你们的女主子，置当年跟先帝的誓言于不顾，将来你们有何面目见先帝于地下啊？

王陵把这两人给骂乐了：王公啊王公，别着急，您听我们说。

于今面折廷争，臣不如君；夫全社稷，定刘氏之后，君亦不如臣。——《史记·吕太后本纪》

今天您的表现了不起，刚直不阿，顶撞太后，厉害，我们服气，不如您有勇气。可是，将来有一天，到了要保全刘家的社稷江山的关键时刻，您可能就不如我们了。信不信？

王陵直撇嘴。不过几年后，真就是靠着陈平、周勃保住了刘姓江山。怎么保住的呢？先放放，下下回再说。这里，先回顾一下陈平、周勃以前的故事。

先说陈平。陈平也是社会底层出身，魏国人，从小父母双亡，被哥哥拉扯长大的。他哥哥太好了，非常疼他，家里三十亩地都是哥哥自己种，一点活儿也不让他干。那陈平干吗呢？在外游学。

陈平长得一表人才，高大英俊，白白胖胖的。有人问：陈平啊，你们家这么穷，你怎么长得这么好呢？好东西是不是都让你给吃了？

陈平还没接话，他嫂子就在旁边开腔了：哟，可不是吗？整天光吃不干，有这么个小叔子，我可真是倒了八辈子霉了。

他哥一下子就烦了：怎么能这么说咱兄弟呢？

两口子大吵一架，最后，他哥竟然把他嫂子给休了，又娶了一个新嫂子。这个嫂子不嫌弃陈平了，两人相处得不错。

陈平长大成人了，老是一点活儿不干也不行啊，干什么呢？他帮人家忙活白事，就是跟着操办丧事。他干得挺卖力，每天都早去晚回的。有一次，有个土豪张负就看上陈平了：这小子行，我那个奇葩孙女要是嫁给这小子，应当不错。

为什么说张负的这个孙女奇葩呢？《史记》是这样讲的：

张负女孙五嫁而夫辄死，人莫敢娶。——《史记·陈丞相世家》

张负的孙女此前接连嫁了五任丈夫，嫁给谁，谁就会死。这第五个娶她的，胆子已经大过天了，然后，再没有第六个敢娶她的了。

可是，陈平不信这个邪，他想娶，为什么？因为这个张负实在太有钱了。所以，当土豪张负走过来跟陈平搭讪时，陈平怦然心动，立即把自己调整到最佳状态，跟张负畅聊一番。

张负很满意：陈平啊，这样，今天我正好没什么事，到你家里坐坐怎么样，欢迎吗？

陈平心头一紧：噢，看来这老头是真看上我了。这是要"相家庭"，也就是结婚前到对方家里先看看。可是，我们家那么穷，他肯定看不上啊！不管了，爱怎么着怎么着吧。于是，他说：好啊，老先生，我当然欢迎您，我前面带路，您随我来。

结果，张负到陈平家里一看：哎哟，真是太寒酸了。

家乃负郭穷巷，以弊席为门。——《史记·陈丞相世家》

陈平住在老城区的贫民区特别偏的那么个地方，小茅草房连门都没有，只挂一张破草席当门帘。

不过，这位张负很有见识，他注意到，

门外多有长者车辙。——《史记·陈丞相世家》

陈平家门口有很多车辙印，说明陈平家经常有厉害的人物来造访。

第2回 陈平多谋

张负：行了，陈平啊，我就不进屋了，改天咱们再聊。

张负回到家里，把儿子叫到跟前：我孙女有主了，孙女婿我给找好了。

儿子：那太好了，您这是相上哪家公子了？

张负：陈平，就是哪儿哪儿的那个陈平，你认识吗？就嫁给他吧。

张负儿子一撇嘴：爹啊，我当是谁呢，咱家闺女现在这个情况，确实不好嫁，可也不至于嫁给陈平啊！那小子不老实种地，每天东游西逛的，谁家有白事，就跟着混个吃喝，根本养不了家，整个县城没人瞧得上他。

张负把脸一沉：没见识！像陈平这种一表人才的人，怎么可能一辈子贫贱呢？说人不可貌相，那都是特例，绝大多数人的福分都能从面上看出来。陈平以后肯定能发达。这事就这么定了。

张负儿子没办法，只好答应。然后，张负找来媒人，安排结婚的事。可是，陈平家根本拿不出彩礼来，太穷了。怎么办呢？陈平只好来找张负帮忙。

张负二话没说，拿出一箱子钱给了陈平：孙女婿啊，这些钱够吗？你小子得把我孙女这婚礼办得漂漂亮亮的。这钱以后可以慢慢还。

回过头来，张负又嘱咐孙女：

毋以贫故，事人不谨。——《史记·陈丞相世家》

成亲之后，不要因为婆家穷，就看不起人家，就怠慢丈夫和兄嫂，要事兄如父、事嫂如母。

从此，陈平有这个丈人家支持着，慢慢就发达起来了。

有一次，村里举行社祭，就是祭祀土地神。这个习俗挺好的，每年春天和秋天，都有那么一个固定的日子叫社日，专门祭祀土地神。

怎么祭祀土地神呢？大致就是全村一起凑份子，买头牛宰了献给土地神，搞这么一个仪式。等仪式完了，那头牛，土地神也吃不了，应当就是直接把它放到锅里炖了，全村人一起大吃大喝一通，最后"家家扶得醉人归"。

不过，陈平那会儿，应当是直接把牛肉给分了，各回各家去吃。这可是个细致活，谁家分多分少的，很容易产生矛盾。陈平担任社宰，主持这个事。他分肉分得很合理，谁家也不吃亏，谁家也不占便宜。父老乡亲都很满意：陈平这个社宰干得真不错，明年还让你干。

陈平也很得意：

使平得宰天下，亦如是肉矣！——《史记·陈丞相世家》

别说让我当社宰，宰这块肉，咱能把它分好了，把大家伙都打发得很高兴，就是让我当宰相，宰制天下，也照样能把全天下的人都打发高兴喽！

现代史学大家钱穆的《中国历代政治得失》里讲，宰相（秦汉时称为"丞相"）这个官职，最早真就是由类似社宰这样负责祭祀的家臣演变来的。宰相的"宰"字，原本就是宰杀祭祀牲畜的这个"宰"。

估计当时的陈平也就随口一吹，他绝对想不到自己有朝一日真就成了宰相，而且是史上最著名的宰相之一。

不久陈胜、吴广起义的口号"王侯将相宁有种乎"，喊出了陈平的心声。他立即加入了这场起义的洪流，先是投到魏王魏咎手下，被封为太仆，很受魏咎器重。可是，有些同事看他不顺眼，在魏咎面前总说他坏话，最后混不下去了，他就改投了项羽。

他跟着项羽一路打到咸阳，分封天下之后，他又跟着项羽回到彭城，一路做到了都尉，类似军长一级的职务，中间还平定了一次项羽手下的叛乱，应该说混得还不错。可是，后来因为一件事，陈平怕被整，就又跑了。

这回很狼狈，他只背着把大宝剑，一个人跑了。坐船渡河时，船夫见他气宇不凡，不是大官就是大款，包里肯定有不少钱，而且又是孤身一人，就起了歹心，琢磨着把陈平弄水里淹死。陈平非常聪明，他看出船夫眼神不对，怎么办呢？要在地面上，打得过就打，打不过就跑，这在船上，根本对付不了人家，也跑不了。得了，他三下两下把身上衣服都给脱了，往船上一扔，只剩下一个裤衩：船夫大哥啊，我这闲着也是闲着，我帮你划船吧，跟你学学。

船夫一看陈平都脱光了，身上也没钱啊，要有金银财宝，往船上一扔会有响声。于是，陈平便躲过了这次杀身之祸。最后，他跑到修武，投了汉军，并且得到一个叫魏无知的汉军将领的赏识。魏无知把他引荐给了刘邦。

当时，刘邦一共接见了七个人，还在一起吃了一顿饭，吃完之后便说：各位先回去休息吧。

陈平一看，这就完了啊？好不容易见到刘邦，三句话也没说就完事了，这哪儿行啊，不能就这么回去。

他走在最后边，等别人都出去了，他转过身来说：启禀大王，我有要事禀报，必须今天说清楚，我不能走。

于是，他们俩聊了起来，这一聊就刹不住了。最后，刘邦看中了陈平：好了，你叫陈平是吧？你之前在项羽那边是什么职位？

陈平：那时我是都尉。

刘邦：好，在我这儿，也让你做都尉。

一下子，陈平再次崛起，成了汉军的都尉，而且不是一般的都尉。

是日乃拜平为都尉，使为参乘，典护军。——《史记·陈丞相世家》

参乘就是跟刘邦乘一辆战车的贴身保镖。典护军，就是领导护军。护军一方面保卫首领安全，另一方面秘密监控所有军中将领，别有叛国投敌什么的。所以，以后搞离间计之类，都是陈平负责。

这么重要的职位，怎么能给这个半道上从项羽那边跑来的逃兵呢？这小子要是个刺客怎么办？即便他不是刺客，他有什么资格来监视那些元老、大将呢？

刘邦手下的将领们炸锅了，全都反对。刘邦把眼一瞪：老子乐意！这下，大家也都没了脾气。

过了一段时间，有一天，周勃、灌婴等几个人又来找刘邦：我们找您，还是想说说陈平那小子。您别看他长得好，可他心眼不行。我们听说了，他在家的时候，作风不好；而且，现在将领们都受他监视，他就趁机受贿敛财，谁给他送的钱多，他就替谁说好话；谁送的钱少，他就给谁穿小鞋。您赶紧查查他吧。您说，他这种人，"事魏魏不容，归楚楚不中"，您怎么还信任他呢？

这回，刘邦听完就把魏无知给叫来了：老魏啊，你推荐的这个陈平到底靠不靠谱啊？怎么还有那么多乱七八糟的事呢？

魏无知不慌不忙：您现在是问我陈平的品行怎么样，是吧？这个我说不好。我之前向您举荐陈平，是冲着陈平的才能，他的才能我绝对敢打包票。您现在跟项羽大战，缺什么人啊？缺有才能的人。我现在给您推荐个圣人，品行好得不得了，有用吗？

他几句话就把刘邦给噎回去了。

刘邦直接找陈平：陈平啊，我不是不信任你，问题是，很多人都来反映你的问题，你最好给我个说法。

陈平一笑：您这么开诚布公，我非常感谢。我离开魏、楚，是因为自己的才能得不到施展，所以来投奔您。然后，我确实收了将领们送我的钱，因为，我空手来的，一分钱没带，没钱我怎么办事啊？怎么搞定各种人？怎么施展我的才能？您要是不信任我，钱，我收的，一分不少都给您拿回来，我辞职回家。

刘邦大笑：好了，甭说了，我懂了。你说你是真不嫌麻烦，他们能给你多少啊，以后花钱找我，要多少给多少。

刘邦说到做到。陈平离间范增时，刘邦给他很多黄金，随便花。接下来的几年，灭项羽、抓韩信、打匈奴、打陈豨、打黥布，陈平一直都是刘邦的心腹和最重要的谋臣，给刘邦六出奇计，都是决定生死的大问题。

刘邦对陈平也绝对够好。打匈奴回来时，路过曲逆县，刘邦不禁感慨：

壮哉县！吾行天下，独见洛阳与是耳。——《史记·陈丞相世家》

好壮观的一个县城，我走遍天下，也就洛阳有这个规模。于是，刘邦让御史去查这个县的户口有多少。

御史：回禀陛下，这个曲逆县秦时有三万多户，现在经过战乱，有五千户。

刘邦：好，陈平，这地方归你了！你就是曲逆侯。以前给你封的那一片太

第 2 回 陈平多谋

小了,不过,那一片还保留。

之前,刘邦给陈平封的是户牖侯,封地就是陈平老家那一片。陈平还推辞了一番:陛下,这功劳不在我,您不用封我。

刘邦:何出此言啊?你给我出了这么多奇计,立了这么多功,怎么还这样讲呢?

陈平:陛下,是这样,这一切都是因为魏无知对我的举荐,要没有他的举荐,哪有我的今天啊?

刘邦大悦:好,我就喜欢你这点——不忘本。来人,把魏无知叫来,重赏。

陈平与刘邦君臣之间的最后一段故事,也挺有意思的。

刘邦去世前听说,他那个最亲密的发小燕王卢绾谋反了,于是,他就派大将樊哙带兵去打。樊哙前脚刚走,就有人到刘邦面前告状:陛下,我听说樊哙已经答应吕后,哪天您要是撒手而去了,他就发兵灭了小赵王如意。

刘邦当时已经病得很重,躺在床上起不来,脑子也不大转了,立马怒了:陈平,你去把周勃叫来,你俩马上去追樊哙,周勃接管军队去打卢绾,你把樊哙拿下直接就地正法!把他的脑袋给我带回来。

陈平和周勃不敢怠慢,带了点亲兵,立即去追樊哙。路上,两人商量:樊哙跟陛下那不是一般关系,是连襟啊,樊哙的老婆吕媭是吕后的亲妹妹,现在陛下在气头上要杀樊哙,哪天回过神儿来,后悔了,还不把气撒在咱们身上啊?不行,这事不能鲁莽。

于是,他们想了个办法。在距离樊哙大军不远的地方,他们停下了,派了个亲兵,拿着符节去找樊哙:陛下派曲逆侯陈平带我们过来,说要搞个筑坛祭祀的仪式,给大军送行。后面,我们已经筑好坛了,您得回去参加仪式。

樊哙也没多想,带了两个人来迎陈平,结果,刚一到就被抓了起来。陈平没把樊哙就地正法,而是把他装进囚车,要押回长安,让刘邦自己发落。如果,刘邦自己杀了樊哙,哪天刘邦再后悔,跟他俩也没关系了。

周勃接管大军,去打卢绾。陈平押着樊哙回长安,半路上,听说刘邦驾崩了。陈平心想:坏了,现在吕后一个人说了算,我把她妹夫抓了,而且,罪名就是因为她想让樊哙杀小赵王。我这不是正好撞在枪口上吗？吕后这个女人心狠手辣，而且最看重娘家人，说杀死我就得杀死我啊！这可怎么办？

事不宜迟，他立即交代手下：我有急事，要马上回长安。你们在后面照顾好樊将军，注意啊，一定要照顾好。然后，他自己快马加鞭，使劲儿往长安赶。

他快到长安时，迎面正好遇到吕后派来的使者：陈大人，太巧了，没想到在这遇见您了，太后有旨，您不用回长安了，直接去荥阳镇守。

陈平一听这个，更害怕了，恭恭敬敬地说：微臣接旨。

等到使者离开，他一刻不停地赶往长安。到了长安，家也没回，他直接就进了皇宫，来吊唁刘邦，在刘邦的灵前哭得死去活来。他亲爹死时他都没哭成这样，所以把吕后感动得一塌糊涂。

陈平对吕后说：太后啊，我太难过了，真恨不得陪先帝一起去了，所以，我哪儿也不想去，我不想去荥阳，我一定要守在您这一家人身边，给您端茶倒水，效犬马之劳。

吕后一看这个陈平真是贴己的人，就让陈平留下来，做汉惠帝的老师。

随后，樊哙也回来了，官复原职，吕嬃也无话可说。陈平安然度过了这次生死危机。

再后来，就跟开头说的那段接上了，陈平跟王陵吹牛，今日面折廷争我不如你，可是，将来"全社稷，定刘氏之后"，得靠我和周勃。

那么，陈平、周勃是不是吹牛呢？

第 3 回

吕太后的情人与敌人

上回讲到，吕太后要立吕家人为王，右丞相王陵反对，吕太后就想办法把王陵给免职了。陈平心眼多，他见风使舵，顺着吕太后说，吕太后很喜欢他，把他升为右丞相。

空出的那个左丞相的职位让谁干呢？让辟阳侯审食其干。审食其是当年跟着吕太后一起在项羽手下当人质的，是共患难的亲信。不过，吕太后跟审食其可不只是这种亲密的主仆关系，他们还是什么关系呢？是情人关系。

至于两人从什么时候开始就是情人，是刘邦活着的时候就是，还是他死了之后才是的？这个不好研究。这件事被人揭发出来，是在刘邦死后，有人向汉惠帝告密：皇上，那个审食其与太后私通。

汉惠帝大怒，直接把审食其给抓了。吕太后呢，也不好意思管。

好多大臣也都痛恨审食其：连高祖刘邦都敢给戴绿帽子，你简直胆大包天。

那么，审食其怎么办呢？这时，有一个叫朱建的高人出手帮他了。

朱建之前是淮南王黥布的丞相，黥布造反前，他在旁边一个劲地劝阻，所以没受黥布的牵连，未被杀头，也没再被任用，但仍然是一个豪杰人物。他很有声望，也很有才能，审食其一直都想结交他。

可是，朱建这个人：

行不苟合，义不取容。——《史记·郦生陆贾列传》

做事有主见，不随便附和别人，为追求正义而不取悦于人。他看不起审食其，因为民间早就传说审食其跟吕太后的事了，他根本不想见审食其。

结果，正赶上朱建的母亲去世。可是，他家太穷了，发丧都成问题。怎么办呢？大谋士陆贾是朱建的朋友，就是那个跟刘邦讲"马上打天下，不能马上治天下"的陆贾，他跟审食其关系也不错。

他去找审食其：审侯爷，我给您道喜啦！

审食其：陆先生，何出此言啊？

陆贾：您不是一直想结交朱建吗？他现在正遇到难事，您出手相帮，他没法拒绝，不就成了吗？

审食其很高兴，立即到朱建家吊唁，而且送上一笔很重的奠仪。很多达官贵人听说审食其到朱建家吊唁了，也一拥而上，都来了，奠仪也都送得很多。就这样，朱建欠了审食其一份人情。

所以，他出手解救审食其，就是为了还这份情的。他是怎样做的呢？他去找了汉惠帝手下的一个红人，叫闳孺。这人身份特殊，一般认为他是汉惠帝的男宠，就是断背山的那种。朱建找到这个闳孺：公公啊，您现在可真悬。皇上要是把审食其给杀了，您说太后生气不生气？

闳孺：生气。

朱建：生谁的气啊？

闳孺：生皇上的气。

朱建：什么？生皇上的气？您还不知道吧，现在传言，都说皇上抓审食其是您的主意。皇上哪天要是把审食其给杀了，太后肯定得把您也杀了出气的。

闳孺吓坏了：这，这，这谁说是我的主意的，谣言害死人啊！先生，您给出个主意吧，我应该怎么办呀？

朱建说：这好办，皇上最听您的话了，您想办法劝劝皇上，放了审食其。那谣言不就不攻自破了吗？而且太后知道后得多感激您啊！那时候，您在皇上和太后两边就都是红人了。

闳孺：好，就这么办。

于是，闳孺真就把汉惠帝说服，放了审食其。

汉惠帝死后，吕太后又让审食其做了左丞相，不过，审食其并不干丞相的活，丞相的活都让陈平这个右丞相干。他干什么呢？他只管宫廷的事，相当于郎中令，就是赵高那个角色。凡是要吕后做决策的事，他才跟着一起拿主意，日常的事务他不管。所以，实际上，他的权力比丞相还要大。

这又是制度问题了，涉及皇权与相权是怎样划分的，这个以后再细说。

接下来的几年间，吕家被立了好几个王；而刘家，刘邦的好几个儿孙都被吕太后害死了，小皇帝也被害死了，新立的小皇帝好像也不是刘家的后代。

这个过程中，陈平明哲保身，坚决拥护吕太后的一切决定。暗地里，他很着急，不知道如何挽回局面，也担心吕家早晚会对他下手。吕后的妹妹吕媭一直都恨着他，恨他抓她老公樊哙，所以时不时地就跟吕太后念叨：姐姐啊，陈平当着丞相不干丞相的事，每天就是吃喝玩乐。

吕太后一听这个，非但不烦，反而还挺高兴，她就盼着陈平什么也不管呢。所以，吕太后也没为难陈平。可是，陈平知道，哪天吕太后要是不在了，吕家人肯定不会放过他的。怎么办呢？他每天坐在家里生闷气，也想不出什么计策来。

这天大谋士陆贾来了。陆贾是个奇葩人物，官做得并不大，但留在史书里的言行事迹都很出彩，最出彩的就是他出使南越。

南越本来是指秦朝的三个岭南的郡：桂林郡、南海郡、象郡。秦末天下大乱时，有个叫赵佗的秦朝官员，把这三个郡整合兼并了，自封为南越王，割据一方。

刘邦灭了项羽之后，懒得再打了，就派陆贾出使南越，要招抚赵佗。赵佗一开始很牛气，根本不把陆贾放在眼里，接见陆贾时，一点儿礼仪也不讲。陆贾便把赵佗给吓唬一通：大王，就你南越这点人、这点兵马，比项羽差远了，要是把我们大汉皇帝惹急了，收拾你还不是易如反掌吗？就这样，赵佗被唬住了。

其间，赵佗问：陆先生，我听说大汉朝的萧何、曹参、韩信都很厉害，你看我比他们怎样？

陆贾：你比他们强。

赵佗又问：那么，我比你们皇帝刘邦怎么样呢？

陆贾：哈哈，那你就差太多了。

总之，两人聊得很开心。陆贾见多识广，赵佗身边根本没这样的人。赵佗硬是把陆贾留下，每天畅谈，就这样待了好几个月才送陆贾回去，正式向大汉称臣：我们归大汉领导，愿做大汉朝的一个藩属国。

临别时，赵佗送给陆贾一大口袋珠宝，还有一千金。《史记正义》讲，汉制以一斤金为一斤。一千金就是一千斤金子。

后来，吕太后执政，吕家人得以显贵。他们对刘邦身边的这些谋士都比较忌惮，认为这些人心眼太多，捉摸不透，很危险，恨不得都杀了。

陆贾怕被整，告老还乡。他把那一大口袋珠宝卖了，卖了一千金，分给五个儿子，每人分二百金。其他的钱，他自己留着，随身带着十个美女组成的乐队——有唱歌的、有跳舞的、有弹琴的，还有一辆车，车上挂了一口值二百金的大宝剑，每天到处转悠着玩。

他跟五个儿子约定：我给你们钱，不是白给的，你们得轮流养我，侍候我。我每家住十天，轮流住，哪天我要是死在你们谁家里边，这十个美女和这口大宝剑就归谁。另外，我各地这么多朋友，都想我，我得经常去看他们，住在他们家，这样一年也麻烦不着你们几次，你们不用烦你们这个老爹。

读到这里，我还是挺感叹，这是《史记》里写的，这一点，写得很实在。中国人强调孝道，为什么强调孝道？说到底还是个养老问题。我记得很多年前读过大学者张中行先生写的一篇文章，叫《寿则多辱》。怎样既得高寿，又能让儿孙尽心给自己养老，这是每个人都要思考的问题。

接着说陆贾，这天他转悠到陈平府上，家人跟陆贾都熟，也就没给陈平通报，他直接就进到陈平屋里了。

陈平呢，正低头冥思，竟然没有察觉到陆贾进来。一抬头，他吓一跳：哎呀，老陆啊，你什么时候进来的？

陆贾微微一笑：丞相啊，我刚进来，您想什么呢？

陈平苦笑：你猜我想什么呢？

陆贾：您能想什么啊，富贵都到头了，什么也不缺，什么也不愁。您只是担心国事，担心刘姓江山会不会毁在吕家人的手里。

陈平了解每个人的底细，知道陆贾是可以信任的，也不避讳：老陆，你这个老家伙简直就是我肚子里的蛔虫啊！你说说吧，怎么办呢？

陆贾也没绕圈子，开门见山：丞相啊，天下平安的时候，要注意发挥宰相的作用；天下危亡的时刻，应当注重使用武将。

天下安，注意相；天下危，注意将。——《史记·郦生陆贾列传》

不论在什么时期，将相齐心，人们心里就有底，就心有所属，整个官僚集团就容易抱成团，即便有大的变故，也容易平安度过。所以，当务之急是您得跟掌管军权的太尉周勃搞好关系。我本来想跟周太尉讲的，可是，他老跟我开玩笑，我说什么他都不往心里去。所以，我希望您主动一些，跟周太尉结成联盟，来主持大局。

陈平听完，茅塞顿开：对啊，我得联合周勃，先帝让周勃当太尉，不就是想让我俩搭配着办大事吗？将相和，才有胜算。

可是，陈平跟周勃还真就不大合拍。前面说了，早年周勃经常在刘邦面前打陈平的小报告，说他盗嫂受金，弄得他差点辞职回家。而且，他俩完全不是一路人，陈平有文化、脑子灵活。周勃正相反，他为人淳朴忠厚，性格倔强。

为人木强敦厚。——《史记·绛侯周勃世家》

周勃没什么文化，也不喜欢跟文人儒生打交道，偶尔要见个文官，他都先讲一句"趣为我语"，意思就是你快说，说完快走。

不过，他跟陈平也有共同点：早年都干过白活，挣人家丧事上的钱。他是沛县人，刘邦的嫡系，本来是"以织薄曲为生"。这"薄曲"是什么呢？有说是养蚕的那种簸箩，要我看可能就是谐音"簸箕"。有时候赶上谁家要出殡，他就跟着吹吹唢呐什么的，赚点零钱。跟陈平早年算是同行，这方面有共同语言——都是苦出身，要不怎么说"英雄不问出处"呢？刘邦手下这些封侯拜相的，除了张良，多数都有过这种身为底层的艰辛经历。

后来，周勃跟随刘邦起事，与曹参一样，最早是刘邦的"中涓"，最亲信的人物。而且跟曹参一样非常能打，经常是要么"先登"，攻城时第一个登上去；要么"殿后"，撤退时最后一个走。从打章邯、打项羽，到打臧荼、打韩王信、打陈豨、打卢绾，那真叫身经百战。《史记》总结周勃的战功：

得相国一人，丞相二人，将军、二千石各三人；别破军二，下城三，定郡五，县七十九，得丞相、大将各一人。——《史记·绛侯周勃世家》

这个战功，绝对是所有汉军将领中前几位的。而且，他应当比曹参、樊哙等人更年轻。他木强敦厚、重厚少文的性格也为刘邦所欣赏，所以，刘邦临死时指定他将来做太尉。

安刘氏者，必勃也。——《史记·高祖本纪》

可见，刘邦对周勃寄予厚望。

接着说陈平。陈平多聪明啊，关系不好，可以往好了处呀！几天后，正好赶上周勃过生日，陈平带着五百斤黄金做寿礼，登门祝贺。周勃大悦，立即投桃报李，两人剖明心迹，一拍即合，然后就暗中谋划着要反制吕家。

不过，这样的大事不能操之过急，必须等待一个好的时机。那么，得等怎样的好时机呢？等吕太后死。

吕太后要是不死怎么办？那就难办了。说这话时，已经是公元前181年了，当时吕太后还好好的。不过，转过年来，春天，吕太后真就病了，病得蹊跷。有一次，她出宫参加祭祀活动，回来的时候，在路上走着，忽然前面窜出一个东西，好像是一只狗，不过也不确定。它直接就朝吕太后窜过来了，扎进了吕太后的腋下，不见了。旁边人也都看得很清楚，明明一个东西窜到了太后的腋下，但再看就没了。怎么回事？没法解释。找人来占卜，结果说是"赵王如意为祟"，那东西是被她害死的小赵王如意变的。

打这起，吕太后就落下病了，腋下老是疼。到了秋天，即公元前180年秋天，吕太后病危。她开始准备身后事，她知道，只要她一死，大臣们和刘家的人就一定会收拾吕家人。该怎么办呢？

她其实并不是一个深谋远虑的人，只能想当然地进一步加强两个侄子的权力，借此来巩固他们的地位。她任命侄子吕禄为上将军，统领北军；侄子吕产为相国，统领南军。她要求两人平时都要待在军营里面。

南北军是当时长安的两支卫戍部队，南军主要负责皇宫保卫，有一万多人；北军负责全城的治安保卫，有三四万人。这哥俩抓住这两支部队，基本就把住在长安城里的整个最高权力层的王公大臣们都攥在手心里了，也把皇帝攥在手心里了。所以，看上去这个安排还不错。

几天后，吕太后驾崩。她留下遗诏，任命吕产为相国，封吕禄的女儿为皇后。这时候军政大权都在吕家人手里，他们只要能再取得一部分驻外军队的支持，就足以发动政变，把皇帝和高层官员全部拿下。而且，只有对高层进行一次彻底的清洗，吕家才可能长久地拥有已得的权力。

刘家这边，陈平、周勃也知道，形势已经到了这个地步，犹如箭在弦上，一触即发。可是，谁也没有勇气先动手，因为哪边都没把握，心里没底。关键时刻，还得看年轻人的，正所谓"初生牛犊不怕虎""自古英雄出少年"。

有一个年轻人出手了。此人就是当时刘家在长安城内的代表人物——刘邦的孙子，年仅二十岁的朱虚侯刘章。他爹就是刘邦跟曹氏生的刘肥。他是刘肥的二儿子，在长安。老大刘襄继承刘肥的封爵，现在做齐王。

刘章怎么当上代表的呢？是选出来的吗？不是，是打出来的。有一次吕太后举办家宴，刘家的、吕家的子弟儿孙们在一起喝酒。中国酒文化博大精深，喝酒也有好多规矩，不能有人偷奸耍滑，得选一个人出来做酒吏，监督大家。谁的酒没喝干，谁的酒风不正之类的，这都不行，酒吏都得管。

让谁干这活呢？吕太后对刘章印象不错，因为，刘章还是吕禄的女婿：章儿啊，你就当酒吏吧。

刘章挺高兴：行，太后奶奶，既然您让我当酒吏，咱就严点，酒场如战场，就按着军法来执行奖罚，您看怎么样？

吕太后心情也不错：行，听你的。

酒过三巡，大家都有点喝高了，刘章起身：太后奶奶，我给大家唱首歌吧，助助兴。

吕太后：好，唱吧。

于是，刘章唱了一首《耕田歌》：

深耕穊种，立苗欲疏，非其种者，锄而去之。——《史记·齐悼惠王世家》

就是讲耕地的时候，播种不能太浅了，种子也不能稀了，得密点，这就叫"深耕穊种"。等苗长起来，必须得间苗，就是拔去一些苗，苗和苗之间要留开间隙，这样养分才能跟得上，才长得好。另外，中间还得锄地，得把杂草锄掉，这就叫"非其种者，锄而去之"。

刘章为什么唱了这么一首种地的歌呢？你听出来了吗？吕太后和在场的人可都听出来了，吕太后心中有愧，沉默不语。

这期间喝着喝着，有个吕家人喝得受不了了，借口上厕所就不回来了。刘章趁着酒劲儿追上去就把这人给砍了。他回来禀报太后：太……后……奶奶，有个临阵……脱逃的，让我按军……法给斩了！

所有人大惊失色。吕太后也被吓住了：这真是刘邦的后代啊！

因为有言在先，谁也无话可说，这事儿就过去了。从此，吕家人都怕刘章。刘章也就成了长安城中刘家的代表。

那么，接下来，刘章怎样出手对付吕家的呢？

第4回

一场经典的政变案例

上回讲到，公元前180年秋天，吕太后死了，她的两个侄子吕禄、吕产掌握军政大权。吕禄作为上将军，控制着长安的北军；吕产作为相国，控制着南军。

他们几乎具备了发动政变、正式夺取刘姓江山的条件，但是他们还比较害怕周勃、灌婴这些军方的势力，不敢动手，只在暗中积极谋划。

朱虚侯刘章是吕禄的女婿，他从老婆嘴里得知不少内幕。他当然向着自己老刘家，就把长安城内的这些情况秘密通报给了哥哥齐王刘襄——刘肥的长子，也是刘邦的长孙，让齐王发兵长安，讨伐吕姓，自己做内应，里应外合，事成之后便拥立刘襄做皇帝。小哥俩想法不错。

刘襄的生年不详，估计也是二十出头，年轻人敢想敢干。而且，因为刘邦很疼爱刘肥，给他封的齐国可以说是当时最强大的诸侯国。所以，刘襄接到消息后，立即发兵。中间也有点波折，朝廷派给刘襄的相国召平反对，说"见不着虎符，不能动兵"，想阻止刘襄。刘襄将其杀掉。

刘襄起兵了，遍告各路诸侯王，痛斥吕家要夺权，号召刘姓联合起来，一起讨伐诸吕。

吕产、吕禄这边当然不会这么解读：刘襄这是血口喷人，是给造反找借口！灌婴灌将军啊，给你虎符，发兵去把他消灭！

灌婴是什么人物呢？也是曹参、周勃、樊哙这种人物，最早做过刘邦的贴身保镖，后来战功卓著。他是汉军骑兵部队的缔造者，骑兵总司令。当年在荥阳，楚军这边的骑兵很厉害，刘邦一看也得建立自己的骑兵。让谁做首领呢？有人举荐了两个投降过来的秦军将领，他们都是骑兵出身。这俩将领很明智：

大王啊，我们是投降过来的，您不怀疑我们，我们很感激，但我们还是避避嫌比较好。您选一个您的亲信做一把手，我们给他当副手，帮着他创建骑兵部队，这样比较好。

刘邦觉得有道理，最后就让灌婴做了首领。最终，灌婴的这支骑兵成为汉军的王牌部队，刘邦从头到尾打的这些仗，这支部队差不多都参与了。韩信打的几个大仗，如打西魏、打田横、打龙且，灌婴也都是先锋。总之，他战功卓著。《史记》也给他的战功做了一个统计：

凡从得二千石二人，别破军十六，降城四十六，定国一，郡二，县五十二，得将军二人，柱国、相国各一人，二千石十人。——《史记·樊郦滕灌列传》

吕太后执政期间待灌婴不错，吕家人对灌婴也是极力拉拢。不过，灌婴打心眼里还是烦吕家人，他忠诚于刘邦。不过，齐王刘襄到底怎么个情况，他也不知道，要是真造反呢？咱们后人看书，这个事情的来龙去脉都很清楚，但那些当事人当时可没这么清楚。

所以，灌婴立即调动大军，东进，来迎战齐王的军队。在这个过程中，他弄清楚是怎么回事了。于是，走到荥阳他便停了下来，跟长安城内的周勃也通了气。他跟周勃关系好，以前告陈平的状，就是他俩一起告的。

跟齐王这边也通了气：咱们别打，都先停停，听听长安城里，吕家有什么动静。他们真要篡夺了皇位，咱们再一块杀过去，那就名正言顺了。

于是，表面上，灌婴带领大军在荥阳跟齐王对峙，其实是按兵不动，暗中联合，静观长安之变。吕禄、吕产也不傻，一看这阵势就明白了：看来灌婴有想法了。千万不能贸然行事。咱什么也没做，封王、封官，那都是吕太后的事，这样，还是能全身而退的。总之，他们心里有点打退堂鼓，开始动摇了。

陈平抓住了吕家人的这种心理，跟周勃一商量，就想出了一条计策。他们先派人把曲周侯郦商给绑了票。陈平是搞间谍出身，绑票太内行了。郦商就是高阳酒徒郦食其的弟弟，也是战功卓著的重要将领，被封为曲周侯。

第4回 一场经典的政变案例

绑了郦商之后，他们就给他儿子郦寄捎信去了：想让你爹活命吗？

郦寄是大孝子：你们说吧，说什么我都答应，拿我的命换我爹的命都行，千万别为难我爹。

最后，郦寄被要挟着去忽悠吕禄。他跟吕禄是非常好的朋友。他对吕禄讲：现在这个形势太紧张了，依我看，你跟吕产兄不如退一步，辞去上将军和相国之位，各回各的封地，你是赵王回赵国，他是梁王回梁国。那样，齐王也就没有发兵的借口了，大臣们也就安生了。你们不照享荣华富贵吗？争这个有意义吗？整天提心吊胆的。

吕禄本来就在打退堂鼓，一听这话，很入心：寄弟啊，你说得有道理，那我就辞了它吧，把北军交给周太尉。

可是，吕禄又怕吕产和其他吕家人不同意，便一直没跟他们通气。他自己就松劲了，他以为要和解，不用那么紧张了。有时他还离开北军军营，跟郦寄一起出去打猎。

有一次打猎，正好经过他老姑吕媭家，去拜访了一下。樊哙当时已经去世好几年了，只有吕媭在家，一看吕禄来了，她大惊：禄儿啊，你怎么来了，你二姑太后临死前嘱咐你什么来着？千万不要离开军营啊！

说着她便大哭起来，一边哭，一边把家里的金银财宝都扔到了院子里，嘴里还叨叨着：

毋为他人守也！——《史记·吕太后本纪》

意思是，这些东西很快就都是别人的了。然而，吕禄并没有被敲醒，以为老姑太敏感了，想不开。

九月初十的早上，曹参的儿子平阳侯曹窋急匆匆来找陈平和周勃，他带来一个重要消息。

当时曹窋是御史大夫，一大清早去跟相国吕产汇报工作。正好有人从荥阳那边回来，向吕产密报灌婴跟齐王联合的情况：吕相国，现在咱想退已经来不及了，必须立即进宫，以皇帝的名义下令，不管是杀大臣，还是杀刘家，总之越快动手越好！

曹窋把这个情况一说，周勃立即动身前往北军大营，同时派人去找掌管虎符的襄平侯纪通，让纪通带着虎符立即赶往北军大营。这个纪通是之前联络好了的。陈平、周勃、陆贾这帮人研究这个事不是一天两天了，那些关键人物，能用的、不能用的，早就考虑好了。

结果，周勃先到的，却被挡在北军营门之外，不让进：你说你是太尉、三军总司令，那不管用，北军是受上将军吕禄直接指挥的。

很快，纪通拿着虎符也到了，假传圣旨：奉皇帝之命，太尉来接管北军，虎符在此，你们看看吧。

守门的军兵赶紧进去通报：吕将军啊，人家拿皇上的虎符来了，要调兵。

郦寄在旁边，赶紧忽悠吕禄：你看，让你主动辞，你不辞，现在皇上派太尉来接管了，你这多被动啊！千万别犹豫了，赶紧撤吧。

要是换作刘邦一类的人物，这个节骨眼上，立马就得果断发兵。可是，吕禄不敢，他做不到，他也没有意识到事态的严重性。而且他也没接到吕产那边的消息，那边要出手的情况他不知道。

于是，他竟然真就交出了上将军大印，走了，从另外的门出了军营。

他前脚刚离开军营，周勃就进来了，两人没打上照面。周勃立即传令：

为吕氏右袒，为刘氏左袒！——《史记·吕太后本纪》

支持吕家的就露出右边的膀子，支持刘家的就露出左边的膀子。

唰地一下，大家都把左膀子亮出来了，都支持刘家。北军搞定了。

陈平在家里坐镇指挥，当然也没闲着。周勃动身去北军，他则立即派人去找朱虚侯刘章，让刘章也火速赶往北军，给周勃当帮手。因为，他是刘家的代表，有的事、有的话，大臣们不方便做的、说的，可以让刘章出面。

同时，陈平派曹窋火速赶到未央宫，通知未央宫的卫队首领卫尉：一定不能让吕产进入殿门。

有宫门，有殿门。未央宫非常大，外面有个大门，是宫门，殿就是皇帝的住处，进了殿门，才算进了屋。

当时，吕产已经进了未央宫，到了殿门口被卫兵挡住。吕产没办法进去，而且不知道那边周勃已经动手了。他只能在殿门口外打转。

就在这时，刘章来了。周勃让他带着上千兵马，火速入宫保卫皇上。进了未央宫，刘章正好撞见吕产。

仇人相见，分外眼红，二话没说两人就打了起来。吕产这边没带多少人，没什么准备，根本抵抗不住。很快，吕产就被打死了。

然后，朱虚侯刘章主持着，大开杀戒，把吕禄、吕媭等吕家男女老少全部斩尽杀绝，一个不留。

类似的政变事件以后的封建社会中还有很多，史书里描述得都非常详细，可谓惊心动魄。有的成功了，有的失败了。以这场成功案例来讲，其中有很多启示：第一，掌握军权是成败的关键；第二，要掌握情报；第三，先下手为强；第四，既要有陈平这种持重的谋划之人，又要有朱虚侯这种愣头青式的闯将。杀人的活儿都交给刘邦的这个孙子去做，这可能是陈平给自己设置的最后一道防火墙。

站在吕家兄弟的角度来讲，他们败在哪里呢？如果他们在吕后死后立即发动政变，把长安城内的刘家和反对派大臣全部拿下，是可能的。不过，那样的话，刘家在长安城外全国各地的王公诸侯杀回来灭他们也应该很容易。

所以，吕家一度想退让。可惜，已经晚了，骑虎难下。

《周易》中讲到"德薄而位尊"，这是很危险的。吕家作为皇族的外戚，仅凭姑奶奶的关系就想去掌控一国的军政大权，真是天大的妄想。在陈平、周勃这些老臣面前，吕产、吕禄不过黄口小儿，他们有过什么历练啊？所以，失败是必然的。

错就错在吕太后给吕家人封王，当时他们如果知道退让，没有这么大的欲望，做安享荣华富贵的皇亲国戚，就不会有如此下场。

再进一步讲，当年吕公相中刘邦，把女儿嫁给刘邦到底算不算得上高明呢？如果只是嫁给了沛县县令，多少年后，后辈儿孙会有满门抄斩这样的结局吗？

司马光在写完这一段之后，还插入了一段东汉班固的史论。其中提到，事后有很多人都骂郦寄，说他出卖朋友，太无耻。班固则认为，出卖朋友当然不应该，但也要分情况，为了国家社稷的安危，出卖朋友是可以的。

回过头来，再讲陈平。他先打发朱虚侯刘章到荥阳那边，通知他哥哥齐王刘襄：吕家全搞定了，没事了，退兵吧。

齐王退兵。灌婴也回了长安。接下来，陈平、周勃把大臣们召集来商量：好不容易把吕家给灭了，干脆把这件事做彻底。现在这个小皇帝是吕太后立的，来路不明，也不知道是不是汉惠帝刘盈的亲生骨肉，多半不是，说不定是吕家的后代，吕太后那么向着吕家，这事她真可能做得出来。而且，即便是汉惠帝的后代，他也是跟吕家人感情深，将来长大了，翻起旧账来，也是个麻烦事。干脆一口咬定，他就不是刘家的后代，把他换掉。

可是，换谁呢？有人提议：换齐王刘襄吧，高祖皇帝的长孙，而且精明强干。这次灭吕家，亏了刘襄、刘章兄弟俩里应外合。

陈平、周勃一歪脑袋：打住，咱们让吕家害得还不够吗？刘襄的姥姥家比吕家还厉害。咱们惹不起，不能走老路。

大家一听这个，心照不宣：这不是怕他姥姥家厉害，是怕刘襄这哥俩太厉害，这帮大臣怕玩不转人家，得找个老实好欺负的当皇帝。

最终，他们选中了代王刘恒。刘恒是当时刘邦在世的儿子中最年长的。刘邦一共八子一女。先说儿子：

老大齐王刘肥，公元前189年病逝，享年三十二岁；

老二是汉惠帝刘盈，公元前188年病逝，享年二十岁；

老三是小赵王刘如意，被吕太后害死，活了十来岁；

老四就是刘恒。

老五刘恢，是自杀的，也是吕家人逼的。

老六刘友，是让吕太后给饿死的。

老七就是刘长。

老八刘建，是病死的。

女儿就是鲁元公主，公元前187年也死了。

所以，当时只剩下两个儿子：老四刘恒和老七刘长。

代王刘恒，比刘长年长，而且仁孝宽厚，说白了就是老实。母亲薄太后更老实，一点儿也不受宠，一年到头都见不着刘邦的面儿。正因为这娘俩不出头，没锋芒，老老实实在那个靠近边疆的代国待着，所以吕太后才能容得下他们，他们才平平安安活了下来，最终等来了机会。

不过，似乎又不仅是因为老实。

当年刘邦出关，为义帝发丧，联合各路诸侯一起攻打项羽。当时，魏王豹在刘邦阵营。彭城大败后，他跟刘邦逃回荥阳，然后，又回了西魏国，背叛了刘邦。刘邦派使者去，想把他劝回来。可他说，受不了刘邦每天把人骂来骂去的，不回。

其实，他是另有隐情。这个隐情就跟代王的母亲薄太后有关。薄太后的母亲本来是老魏国王室的子女，跟人私通生了薄太后，当时叫薄姬。后来，天下大乱，魏豹成了西魏王，薄姬就被她母亲送进了魏王宫，成了魏豹的女人。

有一天，薄姬被她母亲领着，去见当时天下闻名的相面大师许负，给薄姬相面。许负一看薄姬，大惊：这闺女了不得啊，将来当生天子！

随后，魏王豹知道了这件事，心中窃喜：噢，我这每天搂着睡的女人，要生天子，那就是我儿子要当天子呗。不行，我得给我儿子打江山。

所以，他就背叛了刘邦。结果，他好梦没做几天，就被韩信逮住了，西魏国也被灭了。随后，刘邦留着他跟周苛守荥阳。周苛怕他不可靠，就把他给杀了。

而且，薄姬也没怀上他的孩子，没身为奴，在刘邦宫中的织室纺纱织布，缝补衣服什么的。刘邦有一天闲逛，到了这个织室，一眼就看上了薄姬，让她进了后宫。

然而，刘邦一忙，把这个事给忘了，一晃一年多，也没临幸过薄姬。有一天，刘邦跟前比较得宠的两个妃子闲聊，提起薄姬来，这三人从小就是闺蜜，相约"先贵无相忘"。这话正好被刘邦听见，他就让人把薄姬给送来。

当天晚上，见了面，薄姬羞答答地跟刘邦讲了一件事：

> 昨暮夜妾梦苍龙据吾腹。——《史记·外戚世家》

皇上啊,为妾昨夜做了一个梦,梦见一条苍龙趴在我肚子上。

刘邦大悦,当晚就宠幸了薄姬,然后就有了后来的代王。

陈平他们选中了代王刘恒,那刘恒是什么态度呢?他就不怕这些权臣会杀了他吗?他敢来吗?

第5回

史上最完美的皇帝形象

上回讲到，公元前 180 年，陈平、周勃等大臣灭了吕家之后，说小皇帝也不是刘家的后代，得换掉，决定换代王刘恒，就派人去给刘恒送信。

刘恒本来是靠边站的，吕太后没害死他，他就很知足了。没想到，现在天上掉下一个大馅饼——请他去当皇帝。

刘恒问手下人：天下有这样的好事吗？诸位爱卿，你们都说说，有这好事吗？我能去吗？

代国也是个小国，有一套王的班底。郎中令张武，文官，这人比较谨慎：大王，不能去，这帮大臣都太厉害了，都是身经百战，经历过血雨腥风的，他们的话不可轻信，不如"称疾毋往，以观其变"。

中尉宋昌，禁卫军的首领，武官，胆大，他认为：大王，我不赞成张武说的。咱怕什么呀？这些大臣们谁敢自己做皇帝吗？把咱们糊弄去，都给收拾了，然后把其他刘家的诸侯王也都收拾了，他们自己选出个人来当皇帝。他们敢吗？这种可能性基本为零。当年秦末天下大乱，群雄并起，谁都想当皇帝，可是，打了那么多年，这天下不还是姓刘了吗？这是天命所在，没人敢打这个主意的。而且，高祖遍封刘姓为诸侯王，咱这势力很强，谁也争不过的。再有，这二十来年，天下太平，老百姓都过上好日子了，谁不拥护刘家坐江山啊？这是人心所向。总之，我认为，那帮大臣不敢打什么歪主意。现在高祖在世的儿孙里数您最大，您又有仁孝之名，让您继位顺理成章。您就别犹豫了。

宋昌这一番话，说得刘恒不断地点头。可是，他还是害怕，拿不定主意，于是就跟母亲薄太后商量了一番，薄太后也没主意。怎么办呢？占一卦。

结果怎么着？大吉！刘恒很高兴。不过，他还是没动身。他派自己的舅舅薄昭，先去长安，面见周勃、陈平，去摸摸底细。

不久，薄昭兴高采烈地回来了：大王，您把心放肚子里吧，宋昌说得没错，那帮大臣是真心诚意请您去当皇帝的。

刘恒这才动身前往长安。长话短说，这天，刘恒一行人到了长安城北的渭桥，陈平、周勃一帮大臣正在此处迎接，都跪在地上：臣等恭迎大王！

刘恒下车还礼。这时，周勃上前一步：大王，有些话我得私下到旁边跟您说。

刘恒心里一哆嗦：这是要干什么啊？他迟疑了一下。

旁边宋昌赶紧抢着说：

所言公，公言之；所言私，王者不受私。——《史记·孝文本纪》

你要说公事，就公开说；要说私事，我们不听，大王管不着别人家的私事。

周勃被弄得很尴尬：好吧，这个……

他也不知道该怎么说了，直接把天子的玉玺捧到了刘恒面前。

刘恒能立马接过来吗？不能。这么大的事，是要讲礼仪、讲程序的。于是，大家一起进了长安城，进入代王官邸——他在长安城当然也有房子啊！

大臣们再献玉玺，刘恒又辞让一番。

西向让者三，南向让者再。——《史记·孝文本纪》

先是，刘恒站东边，大臣们站西边。这叫宾主位，东边是主，西边是宾，这样辞让了三次。

然后，刘恒站北边，大臣们站南边。这叫君臣位，君主坐北朝南，大臣北面称臣，这样辞让了两次。

接着刘恒接过玉玺，正式即位。与此同时，滕公夏侯婴进未央宫把小皇帝带走，安置到了别的地方。

当天傍晚，刘恒入主未央宫。然后，第一道命令是任命宋昌为卫将军，接掌南北军。第二道命令是，把原来的小皇帝，还有汉惠帝的其他几个孩子全部杀掉。现在，即便是真儿子，那也得按假儿子说了。可怜了几个小生命。第三道命令，大赦天下。新皇帝即位，普天同庆，雨露均沾。

于是，汉文帝的时代开启了。这是公元前180年，刘邦称帝正式建立大汉朝的二十多年后，中国历史开始进入有明确文字记载的第一个盛世！

什么盛世？文景之治。我第一次听说"文景之治"，是在初中课本上，说当时国库里的钱多得都用不了，串钱的绳子都腐烂了，粮食多得粮仓都盛不下。还说，之所以出现这样的盛世，是因为当时汉文帝、汉景帝实行的是黄老之术，用黄老思想治国。

那么，到底什么是黄老思想呢？黄老，黄是黄帝，老是老子，加在一起才是黄老。这一思想是道家的主流、正根，是实实在在的帝王术，教给帝王的是克制、谦让。

汉文帝就是这方面的一个典范，他完美地践行了黄老思想，既有克制、谦让的内在德行，又取得了"文景之治"这样的政治成就，真可谓"内圣外王"的一代帝王。可以说，汉文帝是史上最完美的帝王形象之一。曾国藩甚至拿他和圣王大舜、大禹、周文王相提并论。

那么，汉文帝到底是怎样运用黄老思想的呢？咱慢慢说。

先交代一下，接下来要怎么讲，因为后面是和平年代的历史了，跟前面战国、楚汉争霸不一样，那都是战争，惊心动魄的。到了和平年代，就像一条大河过了急流险滩，到了开阔平缓的河段，看点就不一样了。

现在看什么呢？当然，还是看帝王，帝王是主线。

梁启超认为，二十四史就是一套帝王家谱。是的，讲通史必须有一条主线，最明晰的莫过于帝王更迭这条主线。必须以帝王为核心，顺带着讲与他相关的人物和事件，这样讲下来，就是通史。

与帝王相关的人物，无非这么几类，从里往外讲：

一是，皇室的，包括诸侯王爷、皇后妃子、外戚；

二是，宦官和近臣；

三是，丞相或权臣，权臣很多时候就是近臣；

四是，将领，有时候将领也是权臣；

五是，名臣，包括循吏、酷吏；

六是，奇人异士，包括学者、文人、半仙什么的；

七是，敌人、敌国、敌对势力。

相关的事件大致有两种：要么内忧，要么外患。

接下来，先说汉文帝的丞相。汉文帝在位二十三年，他手下的丞相主要有这几位：陈平、周勃、灌婴、张苍、申屠嘉。下面一个个说。

汉文帝即位之后，陈平便想功成身退，对文帝说：皇上，我的任务也完成了，现在年纪大了，经常生病，我不能再干了，想辞官回家。

汉文帝当然不同意。陈平没办法，只好说：要不这样，周勃周太尉平定诸吕，功劳最大。您就让他当右丞相吧，我辅助他，当左丞相。

汉文帝也认为周勃功劳更大一些，觉得周勃比陈平厉害，就照办了。如此，周勃的太尉一职就空出来了，于是让灌婴做太尉。

汉文帝非常尊重这几位元老——毕竟皇帝位子是人家给的，特别是对周勃，每天退了朝，都是请周勃先走，他在后面目送着周勃出去了，他才走。

不过，人啊，有一种感情，最经不住时间的考验了，哪种感情呢？感恩之情。

有一天，有个叫袁盎的郎中，是汉文帝的近臣，他对汉文帝说：您怎么老目送周勃呢？您用不着这么尊敬他。其实，当时大臣们都想灭吕家，但正好周勃当太尉，掌兵权，于是他捡了这么大一功劳。您作为皇帝，这么谦让，恐怕不是好事。

嗯，有道理，汉文帝慢慢地就把架子端起来了，君臣身份也更加明确了。而且，他对国事政务慢慢也都比较了解了。

有一天上朝，汉文帝问周勃：

天下一岁决狱几何？——《史记·陈丞相世家》

全天下一年判决多少法律案件啊？

周勃一听，傻了，摸了半天后脑勺：皇上，对不起，我说不上来。

汉文帝又问：

天下一岁钱谷出入几何？——《史记·陈丞相世家》

一年有多少钱粮财税收入啊？收入多少？支出多少？

周勃直冒冷汗，红着脸：皇上，我也不知道。

汉文帝脸色很难看：陈丞相，你来说说，你知道吗？

陈平：启禀皇上，我也不知道。不过，有知道的，管这事儿的都知道啊！

汉文帝：谁管这事呢？

陈平：回皇上，您要是问决狱几何，廷尉管这事，他知道。您要是问钱谷出入，治粟内史管这事，他知道。

汉文帝烦了：既然这些事都各有主管，那要你这个宰相有什么用呢？

陈平镇定自若，开口就给汉文帝上了一课：

宰相者，上佐天子理阴阳，顺四时，下育万物之宜，外镇抚四夷诸侯，内亲附百姓，使卿大夫各得任其职焉。——《史记·陈丞相世家》

宰相是辅佐皇帝管理阴阳、四季、万物的大局的，要掌控国家安全、社会稳定，要管理好整个官僚体系。宰相不是记那些决狱几何、钱谷几何等等的数据的。

汉文帝一下子就服了，直竖大拇指。

退朝之后，周勃埋怨陈平：我说陈平啊，这些东西你之前怎么不教教我啊？

陈平笑道：这还用我教你？你当着丞相，却不知道丞相是干什么的，有点说不过去吧。皇上要问你长安城里有多少小偷，你也得给他去数数吗？

周勃心想：我这个大老粗的才能与陈平比差远了。于是，他辞去相位，回家了。

其实，陈平的这种认识也未必对，曾国藩对此就作过批评。曾国藩做事，讲究大处着眼，小处着手；既要规模远大，又得综理密微。作为宰相，对于一些关键的数据，还是要心中有数的。

陈平这番话，反映出他的治国风格与曹参是差不多的，也是黄老道家无为而治的思路。所以，汉文帝以黄老治国，不是凭空来的，是与整个汉初的政治理念、为政风格一脉相承的。

转过年来，公元前178年，陈平去世。周勃回来继续做丞相，又做了一年。

他跟汉文帝的君臣关系很微妙：一方面，周勃有很高的威望，汉文帝得靠他给自己坐镇；另一方面，他的这种威望让汉文帝很有压力。

周勃也不踏实，身边有人提醒他：丞相啊，您"诛诸吕，立代王，威震天下"，现在还"处尊位"，时间长了，恐怕会祸及自身啊！

怎么办呢？汉文帝想了一个办法，推出一项政策，就是让那些元老功臣们回到自己的封地去，别在长安待着了。

周丞相是绛侯，那就回绛地吧，起个带头作用。周勃也正好找个台阶下，第二次辞掉丞相之位，回到了封地。

回去之后，周勃想安度晚年，可他还是担心哪天汉文帝会收拾他。他这个封地在河东郡的范围内，有时河东郡的郡守会来拜望。周勃就会非常紧张，怕是汉文帝派来抓他的。每次这个郡守来，他和家人都全副武装，使得那位郡守很尴尬。

结果，又过了一年，有人告发：周勃要谋反，家里有好多兵器。汉文帝一点儿情面也不讲，立即下令严查，真派了兵去抓周勃。周勃全副武装也不敢反抗啊，乖乖地被抓到长安，进了大牢。

在大牢里面，周勃可受了罪了，被逼问为什么谋反。

周勃是武将出身，嘴笨，根本不会辩解。狱吏打得就更狠了。怎么办呢？周家人拿出一千金向狱吏行贿。

这个小小的狱吏，正常工资，我估计有个两三金也就不错了。狱吏笑纳了，然后回报给周家五个字：以公主为证。公主就是汉文帝的女儿，周勃的大儿媳妇，意思就是：你让你家大儿媳妇去找她奶奶薄太后求情啊！

结果，这招真管用。薄太后疼孙女。另外，薄昭也找薄太后帮着说情，薄昭也收了周家的重礼。薄太后亲自出面说情，加上周勃确实没有谋反的迹象，所以他最后被无罪释放了。

出狱后的周勃大发感慨：

吾尝将百万军，然安知狱吏之贵乎！——《史记·绛侯周勃世家》

我平生带兵百万，叱咤风云，没想到真正有权势的感觉远不如一个狱吏啊！

这是第一个狱吏的故事，以后还有很多个。

周勃的故事到此结束，后来他得以善终。不过，周家的故事还没完，还很精彩，以后再说。

第6回

汉文帝的
丞相与弄臣

上回讲到汉文帝即位之后，任用过几任丞相，先是陈平和周勃。周勃后面是灌婴。灌婴干了一年就去世了。然后，换谁呢？换上了张苍。

张苍来头挺大，最早跟李斯、韩非子是同学，是大儒荀子的著名弟子。他也跟师兄李斯一样，学成之后去秦国了，不过，他没李斯混得好，只当了一个普通的小文官，管理文书档案之类的。后来他犯了点小错误，就逃回了老家陈留。

不久天下大乱，刘邦带兵西征，打到陈留，张苍加入刘邦麾下。开始时，他只是名不见经传的小角色，就跟韩信当初一样，而且，也是犯了杀头的罪，被扒光了衣服，刽子手抡刀正要砍他的脑袋时，碰巧王陵从这儿经过，一瞅张苍，脱得光溜溜的，身子长大，又白又胖。哇，这肯定不是一般人。停！别砍了！

王陵就把张苍给救下了。后来，张苍一直"父事"王陵，认了王陵当干爹。

再后来，王陵死了，张苍一直养着王陵的夫人——这是干妈，每天早晚他都给干妈请安。他感恩了一辈子。

张苍在刘邦手下也立了不少战功，他跟着刘邦入关，跟着韩信打陈馀，最后陈馀就是被他抓住的。其他的不细说了。

张苍是有大学问的人，荀子的高足，李斯、韩非的师兄弟，那能差得了吗？

苍本好书，无所不观，无所不通，而尤善律历。——《史记·张丞相

第6回 | 汉文帝的丞相与弄臣

列传》

张苍什么书都看，没有他不看的书，没有他不懂的学问，尤其擅长律历方面。

什么叫律历呢？历还好说，就是历法，阴历、阳历、二十四节气、闰年闰月什么的。律就难说了。律与历并题时，大致可以理解为规律。

《史记》里面有"八书"：《礼书》《乐书》《律书》《历书》《天官书》《封禅书》《河渠书》《平准书》。在我看来，这才是中国传统文化里的真学问。一个人能读个《论语》《孟子》《道德经》，或者研究点唐诗宋词什么的，那不算真学问，那不就是读书吗？这"八书"讲的才是经世济民的真学问，曾国藩讲"经济之学，诸史咸备"，主要指的就是史书里的这些内容。中国史书可不是光讲故事的，它是讲天人之际、古今之变的。我们经常说中华文明是礼乐文明，所以礼乐的分量咱都知道，律历紧随其后，也可以看出其分量来。

而且，到了班固的《汉书》里面，有类似的十志，律历排到了礼乐前面。汉书十志是：律历志、礼乐志、刑法志、食货志、郊祀志、天文志、五行志、地理志、沟洫志、艺文志。

简单讲，礼乐是主观的理想，是人的规矩，是人文科学；律历是讲客观规律的，是事物的规矩，更多的是自然科学。律里面有很多数学的东西。据说，张苍整理过著名的数学著作《九章算术》。

刘邦用人，人尽其才。张苍跟着萧何干了很长时间，整个汉代的律历都是张苍给打下的基础。这包括沿袭秦朝的"以十月为岁首"，每年从十月开始。还有，他认为，按照"五德终始"之说，汉朝应当属于水德。

"五德终始"是战国时阴阳家邹衍发明的一套历史观，认为夏、商、周、秦的朝代更迭是与五行对应的，天道循环，五行终始，一个朝代对应五行中的一个。然后，五行对应五色，汉朝是水德，对应的就是黑色。

前面，秦始皇统一天下建立秦朝时就研究过这个，当时说秦朝是水德，也是对应黑色，于是尚黑，秦朝最尊贵的颜色就是黑色。乍一看，这就是把皇权神秘化，营造那种君权神授的气氛，显示王朝建立都是奉天承运。

其实，没这么简单。整个律历的制定都是在这个"五德终始"的基础上展开的，这是一套比较高深的思想，很难理解，一般读书人都望而生畏。而张苍牛就牛在这方面，他能当上丞相，与他在这方面的造诣不无关系。

后来，他丢掉丞相之位，也是因为这个。怎么回事呢？

他给汉文帝当了十多年丞相，是汉文帝时期任职最长的丞相，为"文景之治"做出了重要贡献。有一天，有个叫公孙臣的儒生对他的律历权威提出了挑战，认为汉朝不是水德，应当是土德，对应的颜色应该是黄色。而且公孙臣预言，将会有一条黄龙显现。

公孙臣把他的理论上书给汉文帝。汉文帝把张苍找来：丞相啊，你看看吧，人家有这么套说法。

张苍很不屑，把公孙臣给损了一通：这都是外行，皇上，您别理他，他都是胡说八道的。

汉文帝也不懂，于是就没搭理这位公孙臣。结果，过了不久，真有一个地方上报祥瑞，说当地有黄龙现身。公孙臣的预言实现了！

黄龙一现身，说明人家公孙臣说对了，高明，更胜一筹。汉文帝就把公孙臣给召来，封为博士，重新设置律历。因为"五德终始"是律历的基础，水德变土德了，整个律历都得跟着变。

张苍很没面子，就打算辞官归老。正好这时候，有个他保举的官员贪污受贿，被查出来了，案情很严重。张苍荐举失察，有连带责任。没等他主动辞职，他就被罢免了。

晚年的张苍，牙都掉光了，每天吃什么呢？吃人乳。他雇了很多哺乳期的女人，给他当奶妈，这很过分。据说，慈禧太后晚年也跟他学，吃人乳。张苍还有好几百个妻妾。

妻妾以百数，尝孕者不复幸。——《史记·张丞相列传》

这好几百个妻妾，哪个妾只要一怀孕，他就再也不碰了。

还有，比这更过分的，是什么呢？

第6回 汉文帝的丞相与弄臣

> 苍年百有余岁而卒。——《史记·张丞相列传》

张苍最终竟然活了一百多岁。

他为什么能这么高寿呢？我猜，你肯定会说，因为他喝人乳。你要真这么想，那就错了。张苍长寿是因为他一生对知识的追求。康熙皇帝有个说法：

> 凡人之心志有所专，即是养身之道。——康熙《圣祖庭训》

康熙说，很多书法家，还有能工巧匠，因为一辈子只紧盯一样活儿，心志有所专，所以很长寿。

汉文帝免了张苍之后，换谁当丞相呢？当时跟着刘邦干过的元老级的大臣基本都找不着了，为什么？都死了。最后，选来选去，选中了申屠嘉。

申屠嘉最早只是一个最底层的小队长，到了打黥布时才混到一个中层的将领。他没什么文化，但是有一身正气。

> 嘉为人廉直，门不受私谒。——《史记·张丞相列传》

申屠嘉清廉正直，谁也别想走他的后门。

凡是特别正直的人，个性一般都比较强烈，而且眼里不揉沙子，逮谁整谁。申屠嘉最著名的故事，就是收拾汉文帝最宠爱的一个人——邓通。

邓通很厉害，他被写进了《史记》的列传里，他在的这个传叫《佞幸列传》。什么叫佞幸呢？词典里是这样说的：佞幸就是以谄媚而获得宠爱、眷顾。用现在的话讲，就是靠溜须拍马混得特别好的一帮人。古往今来，这样的人太多了。

司马迁挑出几个佞幸的典型来，单独列一个传，其实就是想告诉我们这就是人性，这就是人生。

> 谚曰"力田不如逢年,善仕不如遇合"。——《史记·佞幸列传》

谚语说:你再怎么努力去种地,精耕细作什么的,如果赶上大旱大涝的年头,也是白费劲;你再怎么兢兢业业地为政做官,也不如那些跟皇上能瞅对眼的人升得快。

怎样才能跟皇上瞅对眼呢?你要是女人,你漂亮,施展出女人的那种妩媚劲儿来,性感,就容易被皇上看上。

你要是男人呢?其实,这条路也能走得通。司马迁说,

> 非独女以色媚,而士宦亦有之。——《史记·佞幸列传》

自古以来,以男色取媚于皇上的,被帝王君主看上的士人,多了去了。先秦的,像龙阳君、弥子瑕,都是这种情况。

到了汉朝,这种情况愈演愈烈了。从刘邦、汉惠帝、汉文帝、汉武帝,到后来的汉元帝、汉哀帝,都好这口。这很难想象啊!

总之,要不是史书上这么写,咱们还真难想象:大汉王朝还这样呢!

邓通就是汉文帝跟前这么一位红人。为什么汉文帝对他这么情有独钟呢?因为汉文帝有次做梦,梦到自己要成仙了,要登上天庭了,结果眼瞅着就能登上去的时候,卡住了。他很着急,就在这时候,有个人在下面起劲往上推他。这是谁啊?汉文帝回头一看,只看见那人一个后影,背后衣带上打着一个结。然后,他就醒了。他就琢磨这个梦,这个梦做得太真切了,那人是谁呢?于是,他开始留心观察身边这些人,结果,一眼看上了邓通,太像了,那个背影,那个背后衣带打着的结,都一模一样。从此,汉文帝就爱上了邓通,加官晋爵,赏赐无数。

邓通一下子成了皇帝的大红人,那他是不是就抖起来了?就张狂了?没有,他还是一如既往地低调、严谨。他没什么才能,只是尽心尽力服侍汉文帝,一味地讨汉文帝的欢喜。

有段时间,汉文帝病了,身上长了疖子,化脓了。邓通就每天给他往外嘬

第6回 汉文帝的丞相与弄臣

脓，一点也不怵头。有一次，汉文帝找了个相面的高人，给邓通看相。这位半仙端详了邓通半天，最后断言：

当贫饿死。——《史记·佞幸列传》

最后，你得穷得一分钱也没有，得饿死。

汉文帝较上劲了：我不信这个邪，我一个皇帝要让邓通富，谁能让他饿死？来人，把那座铜山赐给邓通，让他铸钱。

这叫什么？这就叫财神，据说财神爷的原型就是这位邓通。

那么，邓通到底饿死没饿死呢，稍后再说，先说他怎么栽到丞相申屠嘉手里的。

有一次，申屠嘉找汉文帝汇报工作，邓通也在场，他在旁边与汉文帝嬉闹。申屠嘉就烦了，说完正事之后，绷着脸跟汉文帝讲：皇上，您私底下想怎么宠爱谁就怎么宠爱谁，给他赏赐多少，我都管不着。可是，您现在跟大臣谈政务，这样就不合适了，不能让这种人乱了朝廷的规矩礼仪啊！

汉文帝是明君：丞相啊，过后我一定教训他。

申屠嘉不罢休，回到丞相府越想越气：来人，去把邓通给我叫来，他敢不来，就直接砍了他。手下人去传唤邓通。

邓通一琢磨，不妙，吓坏了，赶紧跑进宫去找汉文帝：皇上，丞相恨上我了，准是要砍我的头，您得救我。

汉文帝很尊重申屠嘉，他没有直接派人去找申屠嘉，而是安慰邓通：别害怕，你先去，朕稍后就派人去丞相府把你救出来。

于是，邓通摘掉帽子，光着脚，跑到丞相府申屠嘉面前，跪着磕头。申屠嘉跟审孙子似的，把邓通给审了一通，最后就要把邓通就地正法了。

就在这时，汉文帝的使者到了，带来汉文帝写的一封求情信：

此吾弄臣，君释之。——《史记·张丞相列传》

丞相啊，这是我的一个弄臣，陪我玩的，你就放他一马吧！

邓通这才算捡了一条命。那么，他最后到底有没有饿死呢？他真就饿死了。

刚才说到邓通给汉文帝嘬脓，汉文帝当时很感动：你真是天下最爱朕的人。

邓通谦虚了一下：皇上，奴才可称不起，最爱您的人那得是太子啊！

汉文帝的表情有点复杂，正好太子来看望他：儿啊，到跟前来，给我嘬嘬脓。

太子没敢迟疑，立即给嘬了，可是，表情上有点不配合，不大好看。

汉文帝当然看在眼里。父子之间这样做的话，得说汉文帝过分。随后，太子就听说了，邓通每天给皇上嘬脓都是兴高采烈的。从此，太子便恨上了邓通。后来，文帝死后，太子即位，即汉景帝，就开始收拾邓通。汉景帝先是把邓通免了职，又整了个罪名抄了邓通的家。最后，邓通真就一分钱也没有了，穷得给饿死了。

汉文帝身边还有哪些牛人呢？他的黄老之学到底是怎么回事呢？

第7回

汉文帝的
黄老之术

前面两回，主要讲了汉文帝即位之后的几任丞相的故事，如陈平、周勃、张苍、申屠嘉。汉文帝以黄老之术治国，开创了"文景之治"的盛世局面，很大程度上也得说是这几位丞相的功劳。

那么，到底为什么叫黄老之术呢？前面说过，黄老之术有两大特点：一是谦让。

合于尧之克攘，《易》之嗛嗛，一谦而四益。——《汉书·艺文志》

这是黄老道家的长处。

汉文帝怎么谦让的呢？前面也提到了两点：一个是即位之前，他谦让。

西向让者三，南向让者再。——《史记·孝文本纪》

这种谦让虽然只是个形式，但也说明他有这个意识。

另一个是即位之初，每次退朝之后，他总是要目送周勃等大功臣们先走，这也是谦让。

《史记》里还提到，在上朝或退朝的路上，如果遇上哪个郎官向他上书，给他提个什么建议之类的，他都赶紧停下车，把奏疏接过来，认真地听对方把话讲完。不论这个建议好不好、合理不合理、有用没用，他都会先称赞一番："不错不错，谢谢你的建议，我随后再好好看看……"表现得非常平易谦逊。

这方面，汉文帝还有段故事：

第 7 回 | 汉文帝的黄老之术

在他即位不久,大臣们就建议要"蚤建太子":皇上啊,你看哪个皇子好,赶紧把他立为太子吧,这是老传统。

汉文帝竟然拒绝了:这事不着急,我得再想想。其实,我心里特别佩服上古的尧帝、舜帝,他们都没有把帝王之位传给自己的儿子,而是传给天下最贤能的人。我扪心自问,我可能没有这样的勇气,但我也不至于这么着急就让自己的儿子占上这个位置。而且,我们老刘家,上面还有我亲叔叔楚王刘交。平辈里,还有我叔伯哥哥吴王刘濞。还有我亲弟弟淮南王刘长。这些人都在,能让我来当这个皇帝,我已经很知足了。我不能这么贪,大家都有机会的。

大臣们再三请求,汉文帝才同意,立皇子刘启为太子,也就是后来的汉景帝。

他的这番谦让,也是个形式,甚至有点作秀之嫌。但是,这番话让刘家皇族宗室的这些人听了,肯定还是很感动:当今皇上厚道、仁义。

这也正体现了汉文帝处理他与皇族宗室关系的特点,他就是用这种谦和、柔和的方式来保持与各诸侯王之间的平衡的。

皇帝面对的问题,无非两大项:一是内忧,二是外患。汉文帝、汉景帝面对的最大的内忧,就是怎样处理好与皇室诸侯王的关系。汉文帝勉强保持着一种平衡,到汉景帝时就平衡不了了,矛盾就爆发了。这个之后再说。

汉文帝能保持这个平衡也不容易,中间还有给整事的,谁呢?就是淮南王刘长。

刘邦有八儿一女,到汉文帝在位的时候,只剩下老四和老七。老四就是汉文帝刘恒,老七就是淮南王刘长。刘长自然非常尊贵,除了皇帝,就是他了,所以,他很骄傲,干了很多违法的事。

汉文帝呢,认为亲兄弟,违法就违法吧,都宽恕不追究。

以亲故,常宽赦之。——《史记·淮南衡山列传》

结果,有一回,刘长玩了一个大的。汉文帝即位的第三年,他来长安朝见,顺便去了辟阳侯审食其家,就是吕太后的情人审食其。

审食其听说淮南王来了，急急忙忙迎出门外。刚打了个照面，就听到"嗵"的一声，审食其的脑袋被砸个正着。

刘长从袖子里掏出个大铁锤，一锤把审食其给打倒了。然后，他命随从魏敬杀了审食其，随后向汉文帝请罪：哥啊，我没经您批准，就把审食其给杀了，您看怎么发落我？

汉文帝大惊：哎呀，你这是为何？

于是，刘长便讲述了一段辛酸往事。当年，在赵王张敖刺杀刘邦的事件中，刘邦的一个妃子也被牵连了，因为这个妃子是之前张敖送给刘邦的。人们怀疑刺杀是张敖主使的，他送的这个妃子可能就是奸细，所以，这个妃子也被抓起来了。这个妃子的哥哥托人找关系，找到审其食，请审食其再托吕后给说情。吕后对刘邦的妃子没一个不恨的，哪儿肯说这个情啊？最终，这个妃子在牢里自杀。自杀之前，她生下了一个儿子，刘邦的儿子。之后，刘邦才见到这个儿子，交给了吕后养育，这个儿子就是刘长。

刘长因为是吕后亲手养大的，所以没遭吕后的毒手，而且，他恨吕后也恨不起来，就把亲娘的死这笔账记在审食其头上了。

刘长：哥啊，说实话吧，太后在世时，我不敢报仇，我忍着。现在您当皇帝了，我相信您一定向着我，所以我就把审食其给砸死了。

汉文帝听完，确实很感动：好吧，这个审食其也早该死了，没事了，这事我给你担着吧。

这下子，刘长更疯了。随便一抡，就把前丞相给砸死了，什么事也没有，这还了得吗？满朝上下文武百官，没有不怕他的，连薄太后、太子见了他，都提着个心，怕他袖子里再飞出个大铁锤来。

回到淮南之后，刘长"出入称警跸"，出来进去的排场、礼仪，都照着天子的规格来。皇上怎么玩，他就怎么玩。

本来，各诸侯国的相国还有一些重要职位都得是朝廷委派官员，这样好监督制衡。刘长不管这一套，只要是朝廷派来的，全部排挤走，都换成自己的人，自己任命、自己封爵，有什么重大案件也不向朝廷汇报请示，全都自己办，完全不把朝廷放在眼里。有时，他给汉文帝写个奏疏，也漫不经心的，不按着君臣规矩来。

最后，汉文帝就烦了，他把舅舅薄昭叫来：舅舅啊，你给我弟弟刘长写封信，敲打敲打他，有的话我不大好意思说。

于是，薄昭给刘长写了一封长信：大王啊，历史上大义灭亲的事可不少。往远了说，周武王的两个诸侯王弟弟管叔鲜、蔡叔度要造反，不就让辅政的兄弟周公给灭了吗？往近了说，大前年济北王刘兴居谋反，折腾了没几天，不就被皇上给灭了吗？千万不要以为，有兄弟亲情就能如何如何。

刘长看了信，很不舒服：不用说，这一定是皇上授意的，干什么，吓唬我？好吧，你不仁就别怪我不义了，凭什么你大几岁就能当皇帝？

然后，他秘密派人到长安，联系他的太子刘奇，爷俩商量着要发动政变，还想着要联合匈奴。他这边正想着呢，那边汉文帝就听说了，派使者来到了淮南国：宣淮南王刘长去长安觐见！

刘长的计划八字还没一撇，什么都没开始呢，立即起事是不可能的，于是，他只好硬着头皮来长安。一进长安，他就被抓了，关起来了。丞相张苍亲自主持，审理淮南王刘长谋反案。

最终，张苍向汉文帝汇报：皇上，刘长谋反罪成立。事实清楚，每一桩每一件都在这里呢，您看下吧，依律应当弃市，砍头示众。

汉文帝很难过：唉，怎么到了这种地步呢？这样吧，其他参与这件事的人可以杀。刘长不能杀，这是我亲弟弟，我不能落个手足相残的名声。

于是，改判刘长发配蜀地。可是，最终，汉文帝还是落了一个杀兄弟的名声，因为半路上刘长绝食而死。

随后，民间便编出一首童谣：

一尺布，尚可缝；一斗粟，尚可舂。兄弟二人不能相容。——《史记·淮南衡山列传》

这段故事里还有一些细节，汉文帝怎样伤心、怎么后悔、怎么把沿途的县官都给杀了，因为他们没好好照顾什么的，就不细说了。

我想通过这个故事讲两点：一是，即便汉文帝这样史上少有的明君圣主，也跳不出韩非子的论断——皇权总是血淋淋的；二是，汉文帝所谓的谦卑柔和，其实是柔中带刚的，是先柔后刚，甚至可以说，他的柔自始至终都是暗藏杀机的。这也正是黄老道家作为"君人南面之术"的厉害之处。

孟子说过"乐天者保天下，畏天者保其国"；老子则总爱说"取国、取天下"，爱用一个"取"字，最著名的就是那句"将欲取之，必先予之"。汉文帝对于刘长就有点这个意思。先是包容，犯什么罪或错，都没事，这是予之；随后，把刘长给宠起来了，再收拾，这是取之。

《道德经》里还有一句总纲式的话："以正治国，以奇用兵，以无事取天下。"这绝对是大权谋的感觉。

汉文帝还写过一封著名的信，是给南越王赵佗的，这种"柔中带刚"在这封信里体现得更加明显。

前面讲过，刘邦灭了项羽之后，派大谋士陆贾去找南越王赵佗，用外交手段使南越臣服，南越成为汉朝的藩属国。

到了吕太后时期，两边关系没搞好，因为点贸易争端，汉朝单方面关闭了与南越国的关市。赵佗就索性自称皇帝，跟汉朝成了敌对国，还打过好几次仗。

这个问题，到了汉文帝这儿怎么办呢？用黄老之术来办。

他先派人去把赵佗的祖坟给修葺一新。赵佗老家是真定的，就是今天石家庄正定这块儿，祖坟在这儿。老家还有兄弟什么的，汉文帝也都给找出来，封个一官半职。然后，他便派老陆贾再次出使南越，同时给赵佗带上了那封亲笔信。

赵佗见到故人陆贾分外高兴，再一看汉文帝的这封亲笔信，一下子就服了。信的第一句是这样的：

朕，高皇帝侧室之子，弃外奉北藩于代，道里辽远，壅蔽朴愚，未尝致书。——《汉书·南粤传》

第7回 汉文帝的黄老之术

意思就是：真对不起啊，以前也没跟你通个书信，问候问候你。因为，我本来只是高皇帝的侧室之子，不是嫡子，以前都待在最北疆的代国，什么也不懂，还请你多理解。

这番话真是太谦虚了，这个姿态够低的。但言外之意就是说，我不是吕太后生的，没必要延续她的强硬的对峙政策。

你看，现在这种局面，继续打下去，对哪边都不好。死的伤的，都还是老百姓，我是很不忍心，估计你也不忍心。而且呢，我对南越也没有什么贪图。

得王之地不足以为大，得王之财不足以为富。——《汉书·南粤传》

我们大汉朝土地这么辽阔，即便把大王你的南越都占了，也增加不了多少；我们大汉朝也有的是钱，打下南越也增加不了多少财富。所以，咱为何非要打仗呢？

前些天，我刚派人把你老家的祖坟都给修好了，你老家那帮兄弟们我也都照顾得很周到。我反正是想与你好好相处，你看着办吧。

厉害吧？这封信，乍一看很柔，让人很感动、很舒服，可是慢慢地看下去，感觉就不一样了，变成了客客气气的威胁，可谓绵里藏针，而且力道十足。

再加上，老陆贾要多能忽悠有多能忽悠，跟赵佗关系很铁。最终，不费一兵一卒，兵不血刃，就把南越再次拿下。赵佗撤销帝号，继续向大汉称臣。

好了，关于汉文帝黄老之术中的谦字就讲这么多。

接下来，再讲一下黄老之术的第二个特点：重法治。当然，它跟现代的法治还不同，它的法治上面还有一个皇帝，准确地讲，它的重法治，就是比较讲究"人治"与"法治"的平衡，皇帝能够把"人治"的权威充分授予落实"法治"的人。

汉文帝时落实法治的人就是张释之。

张释之是"以赀为骑郎"，就是通过赀选制度成为的郎官。什么叫赀选呢？

赀五百万得为常侍郎。——《史记集解》

意思就是，家产超过五百万钱的富人，就有资格到长安当郎官。钱穆先生在《国史大纲》里面讲：郎官是随从在皇帝近旁的一个侍卫集团。

很像是战国四君子养的那些门客，也是上千人，干什么的都有，有文的，有武的，有看门的，有跟车的，有写材料的。赶上郡守、县令，或者其他的什么官位有空缺，多数时候就从这些郎官里面提拔选用。也有点像后世的翰林院什么的。

这些郎官当然也分三六九等，就像前面讲冯谖时说的，上等门客食有鱼、出有车，下等门客也就混个温饱。张释之就属于只能混个温饱的郎官，混了十多年都没进入领导的视野，不知名，原地踏步，没有升迁，就感觉仕途无望，干脆回家吧。

这时，有贵人出手相助。郎中令袁盎是汉文帝的大秘书、红人，他知道张释之有才能，赶紧向汉文帝举荐：皇上啊，这个张释之要是回家，就太可惜了，这人有才。

汉文帝说：好吧，那你把他叫来我看看。

于是，张释之诚惶诚恐地来到汉文帝面前，铆足了劲，要展示一下自己的才学，天文地理地说了一通。

没想到，汉文帝晃晃脑袋：别说这么高深的，你给我说点实在的，现在就用得着的。

张释之赶紧调整思路，分析了一番秦朝政治方面的教训以及汉兴以来的政策优劣。这个，汉文帝爱听，很满意：好，给张释之升官！

于是，张释之被升为谒者仆射，类似秘书科科长。

然后，有一天汉文帝去视察皇家园林上林苑，这里面养着很多野生动物。汉文帝问上林尉：这个园子里有多少老虎啊？

这个上林尉很茫然，斜眼瞅他身边的虎圈啬夫。虎圈啬夫是具体管事的，最基层的干部，他很机灵，赶紧替上林尉回答：启禀皇上，咱园子里有

第7回 | 汉文帝的黄老之术

一百八十二只老虎,公的五十八只,母的……

汉文帝很满意,又问:有多少只梅花鹿呢?

上林尉又很茫然,这个小官又代为回答:启禀皇上,有五百二十只鹿,今年下半年还能新生多少只,外地还有多少只正往这运着呢……

然后,汉文帝接连问了好几个问题,上林尉一个也不知道,都是虎圈啬夫回答的,而且都是一串串的数字,非常生动翔实。

汉文帝对这位虎圈啬夫的好感油然而生:张释之,你去草拟份诏书,把这个虎圈啬夫升为上林尉。现任这个免职!

张释之没反应,没动。

汉文帝急了:哎,张释之啊,你利索点。

张释之这才说话:皇上啊,您忘了,之前您问周勃丞相一年决狱几何、钱谷出入几何,周丞相一个也答不上来。可是,您照样倚重他,因为他能带兵,能治国,是国之重器。现在,这个小小的虎圈啬夫,就凭着他天天干基层的活儿,对这些情况比较了解,嘴皮子也好,在您面前卖弄一番,您就要重用他,恐怕会助长一种风气啊!这会让天下人都以为,您只喜欢这种人,于是都去练嘴上功夫,以求进身,而不讲求实务。那样可就不好了。秦朝不就是在这上面出的问题吗?秦朝哪种人最吃香?刀笔吏最吃香。这些刀笔吏就是比谁玩法律条文玩得精、玩得深,谁就厉害。慢慢地,民风越来越差。

张释之给汉文帝上了一通课。

汉文帝是明君,虚心接受,频频点头:嗯,你不用说了,我懂了,这诏书不用写了。

回到宫里,他把张释之升为公车令——又升了一级。

又有一天,张释之看到汉文帝的两个儿子,一个太子,一个梁王,两人乘车进宫,经过司马门的时候,没有下车。这不合规矩,违法了。换作别人,也就当没看见,这事就过去了,可张释之不行,他上去就把车截住了:停!太子啊,梁王啊,等会儿,对不起了,你们在这儿等会儿吧!我得跟皇上说说去,看看怎么治你们的不敬之罪,你们再进去。

汉文帝重法治,真就要给两个儿子定罪,要处罚。多亏薄太后出面,给两个孙子讲情,这才算了结。

张释之则再次升官,因为汉文帝很欣赏他的勇气和胆量:我最亲的这两个儿子犯点小错,他都敢管。别人要是犯了罪什么的,还有他不敢管的吗?

于是,很快,张释之就升为廷尉。汉因秦制,汉朝的官位设置跟秦朝是一样的,廷尉是主管全国司法的最高长官。

张释之作为直接落实汉文帝法治思想的人,有几段故事流传青史。

有一次,汉文帝坐马车经过一座桥,突然有一个人从桥下跑出来,惊吓到了拉车的马,差点把汉文帝从马车里摔出来。汉文帝非常生气,赶快派兵抓住那个人,把他送到张释之那里治罪。

张释之详细地审问了那个人,问他为什么会冲撞皇帝的圣驾?那人发抖地回答说:"我从乡下来到京城,听说圣驾出宫,街上禁止行人,我很害怕,就赶紧藏在桥底下。我躲了很久,以为皇帝的圣驾已经过去了,才敢钻出来。哪知刚出来,就惊了圣驾。"张释之认为这个人说的都是实话,便上奏汉文帝,判决这个人罚钱赎罪。

汉文帝龙颜大怒:什么?这人吓惊了我的马,差点要了我的命,你竟然判这么轻?

张释之一点也不害怕,说:

法者天子所与天下公共也。——《史记·张释之冯唐列传》

天子制定的法律是治理天下的,法律有什么样的规定,就应该严格依法行事,故意加重治罪,法律就会在百姓之中失去信用。您要是嫌判得轻,想出气,当时直接杀了他,也就算了,您别交给我啊,我是干什么的?我是廷尉。

廷尉,天下之平也,一倾而天下用法皆为轻重。——《史记·张释之冯唐列传》

廷尉执法就必须绝对公平,全天下都看着我,都拿我作为执法标准,我要是随意了，这个法也就乱了，老百姓也就手足无措了。

张释之又给汉文帝上了一通课，把汉文帝弄了个大红脸：嗯……这个……好吧，唉，你说得对，就这样办！

不久后，又遇上一个案子，汉文帝又嫌张释之判轻了。怎么回事呢？有个人偷了供奉刘邦牌位的宗庙里的玉环——祭祀的礼器。

汉文帝大怒：这个小偷胆子太大了，竟然敢偷先帝的法物。张释之，你去审审他，要夷他三族！

结果，张释之审完之后，只给判了个弃市——把这个偷东西的人杀头示众，家人都没事。

汉文帝就发飙了，情绪很激动：张释之啊张释之，你判这么轻，我怎么跟太后交代啊？怎么跟老刘家上上下下交代啊？你这是要气死我。

张释之赶紧跪下磕头：皇上啊，您别着急，弃市就已经是重判了，是按照相关法律从重从严处理的。如果以这个罪就判夷三族，那要是有人抓了一捧高祖坟前的土，是不是得灭九族啊？那不就太过分了吗？

汉文帝点头，回去跟薄太后一说这个事，薄太后也能体谅，这个案子就这么结了。

后来，还有一个案子，估计薄太后很难体谅了。什么案子呢？

汉文帝的亲舅舅薄昭因为一件事，擅自杀了一个使者。杀皇帝的使者，绝对是死罪，大逆不道，这没商量。怎么办呢？能抓起来，杀了吗？薄太后就这么一个亲弟弟，而且当年汉文帝能当上皇帝，多亏这位舅舅跑前跑后的，是立了大功的。

怎么办？两难。要情，还是要法？最终，汉文帝一咬牙、一狠心：要法！就派了一个大臣给薄昭送去了一杯毒酒。结果，薄昭坚决不喝。

怎么办？汉文帝使了一招绝的，他又派出了一群大臣，穿着丧服，齐刷刷跪到薄昭家大门口，一起大哭。

薄昭一看，绝望了，这是来给我发丧啊！没有回旋的余地了，他只好自杀了。

最后一个故事，也是关于汉文帝的法治的。从中，我们可以看出黄老道家的法治和法家法治的不同。

有一个官员，叫淳于意，也是一位名医，《史记》里，把他和扁鹊放在同一个列传里，记载了有关他的很多神奇的医案。他因为一件事，犯法了，依法应当处以肉刑。

汉因秦制，汉朝初期的法律刑罚都是因循秦朝的，也很残酷。当时有五刑，五种肉刑：

一是黥刑，这是最轻的，在脸上刺字，涂上墨，以后再也擦洗不掉。

二是劓刑，割鼻子。

三是刖刑，就是把脚剁了——不是剁了，是用锯子锯掉。我怎么知道这个呢？因为我看了点甲骨文方面的书，正好看到这个刖字。这个字太形象了，中间站一个人，右边这条腿还剩下半截，是一只手拿着锯子给锯掉的。说明什么？说明这是商朝就有的刑罚。五刑是秦以前商朝就有的了。

四是宫刑，就是阉割。

五是大辟，就是死刑。

淳于意有个小女儿叫缇萦，很不简单。她要救父亲，于是上书汉文帝：皇上啊，我父亲本是个好官，很受百姓爱戴，因为一点罪过，就被处肉刑，以后再怎样悔过自新，也长不回去了啊！这太残酷了！我愿意代父受罚，卖身为官奴，请不要给我父亲用这种刑罚。

汉文帝大受感动：这孩子太懂事了，太孝顺了，而且这种刑罚确实太残忍了，不人道。张苍啊，你们研究研究，修订一下。

结果，经过一番修订，除了宫刑和死刑，其他三种都废止了，很多刑罚也都减轻了。由此，汉文帝时期的法治跟法家的"重轻罪"就大不一样了，它是存了一份仁心在里面的，"务在宽厚"，尽量简易，这就是黄老的风格。

好了，这回讲了汉文帝黄老之术的两个字：一个"谦"，一个"法"。

黄老之术还有什么特点呢？

第8回

史上最牛
材料匠

上回讲到汉文帝的黄老之术，一是用谦，二是用法。除此之外，在治国层面，黄老道家还有一个特点，就是重视农业。

老子曾讲到治民的关键：

虚其心，实其腹，弱其志，强其骨。——《道德经·第三章》

什么意思呢？虚其心，弱其志，就是不要让老百姓有太多想法，老老实实种地。种好了地，有粮吃，才能充实肚腹，强化筋骨，才能有力气，继续种好地。

所以，汉文帝即位第二年，就下发了一个"一号文件"。用汉文帝诏书的话讲就是：

农，天下之本，务莫大焉。——《史记·孝文本纪》

农业是根本，没有比这个更大的事了，因为"民以食为天"。

汉文帝还亲自下地干活，给天下之人做表率。而且汉文帝对农业的重视，以及一系列治国思想和政策的推行，并不只是他个人的意志，而是整个汉初执政高层的共识。特别是，作为皇帝他身边是有一套智囊班底的，这个班底在给他出主意、出思路。

在他的这套班底里，最著名、最突出的一个人就是贾谊。发这个"一号文件"就是贾谊提议的。

第8回 史上最牛材料匠

贾谊太牛了！《史记》里，他跟谁合在一个列传里，你知道吗？跟屈原合在一个传里。

这两人的命运有点相似，都是才高八斗，一个是楚辞的宗师，一个是汉赋的宗师，都在君主身边待过，后来又被君主疏远，不大得志，结果一个是自杀死的，一个是抑郁而终。

现在来看，当然屈原的名气更大，端午节就是为他设的，一吃粽子就能想起屈原。贾谊的名气小多了，好多人都不知道。可是，他在古代的名气可太大了，特别是在文官、文人中的名气很大，地位、分量比屈原还要高。

比如曾国藩就有个说法：有史以来，给皇帝写奏疏，写得最好的前三名是贾谊、陆贽、苏东坡。可以毫不夸张地说，贾谊就是千古一秘，史上最牛材料匠。

那么，他都写的什么材料、什么样的奏疏，这么了不起呢？咱慢慢说，先说一下他的身世经历。

贾谊是洛阳人，十八岁就以诗文之才闻名当地，被河南郡的郡守吴公看中，招到手下当秘书。这位吴公也不简单，最早跟李斯混过，政务能力非常强，把河南郡治理得井井有条。在所有郡守中，他的政绩排第一。

当时，汉文帝刚即位，"一朝天子一朝臣"，也要展示点新气象，就把吴公给召到朝中做官。于是，吴公向汉文帝推荐了贾谊。贾谊被封为博士——皇家顾问，其实还是大秘。

当时，贾谊只有二十出头，在所有的博士秘书里面是最年轻的，但是，他的学问是最好的。所以，汉文帝便喜欢上贾谊了，不到一年，就破格提拔他为太中大夫。

大致就在这个时候，贾谊给汉文帝提出了积极发展农业的建议，他的那篇奏疏叫《论积贮疏》。奏疏开篇引用了《管子》中的名句：

管子曰：仓廪实而知礼节。民不足而可治者，自古及今，未之尝闻。——贾谊《论积贮疏》

管子说：粮仓充实了，老百姓就懂得礼节了。老百姓生活不富足而能使国家安定，从古代到现在，还没听说过这样的事。

公私之积，犹可哀痛。——贾谊《论积贮疏》

国家和老百姓都还不富裕，手里都没有什么积蓄，没存下粮食，也没存下钱。

苟粟多而财有余，何为而不成？以攻则取，以守则固，以战则胜。怀敌附远，何招而不至！——贾谊《论积贮疏》

只要手里粮多钱多，有经济实力，那就什么事都好办，军事上就能攻无不克、战无不胜。国富才能兵强。

那么，怎样才能"粟多而财有余"呢？当然要全力发展经济。而发展经济的根本在于发展农业，得重农耕，皇上您要亲自带头，做个榜样。

汉文帝看完这道奏疏，非常认同，全部采纳。关于其他方面，贾谊也有不少建议，也都被汉文帝采纳。比如，汉文帝为了减少和避免与功臣、重臣的矛盾，出了一个政策，就是让那些有封爵的大臣全部离开长安，回到自己的封地，由周勃丞相带头。这个政策就是贾谊提出的。不过，大臣们并不乐意，因为长安生活条件好，所以，他们对贾谊都有意见。很多人就在汉文帝面前说贾谊的坏话。

本来，汉文帝有心提拔贾谊做更大的官，任公卿之位，但让这帮人给说的，也觉得没意思了，他就有点疏远贾谊。后来干脆把贾谊调离了，离开朝廷，去给长沙王做太傅。

贾谊给长沙王当太傅，主要还是起监督引导的作用。当时的长沙王应当是吴芮的玄孙吴差。司马迁曾盛赞吴芮：

当世仁义成功之著者也。——《史记·惠景间侯者年表》

第8回 史上最牛材料匠

汉初异姓被封王的就数吴芮的结局最好，一共五辈世袭王爵封地。最终，这个吴差没有儿子做继承人，刘家这才把长沙国给收了回去，中间一点事也没出过。

贾谊感觉很受挫，好像一下子被打入冷宫。而且，他看书上说，长沙国气候条件跟北方不一样，特别潮湿，不适合生存。他琢磨着自己在长沙国肯定活不长，所以非常失意烦恼。

来到长沙国，贾谊坐船走在湘水上，心情很不好，忽然想起了屈原。因为，传说屈原是投湘水自杀，汨罗江是湘水的支流。于是，贾谊就在船上写了一篇《吊屈原赋》，扔到水里，凭吊屈原，结果从此开启了历代文人追思凭吊屈原的一种传统，只要是失意的、被贬的，都拿自己跟屈原比。屈原成为一种文化符号，名声越来越大。

贾谊在长沙待了一年多。他还总是担心自己活不长，对于治国平天下的远大理想也不抱什么希望了。中间他写了一篇《鹏鸟赋》，来反思生命。他认为，生命的本质就是无常，没有规律，难以把握，所以，做人不要太执着，别跟自己较劲，顺其自然最好。

然而，就在这时候，汉文帝派使者来了，让贾谊回长安觐见。贾谊欣喜若狂，以为皇上又要重用他了。他兴冲冲回到长安，进了未央宫，见到汉文帝。结果一见面，汉文帝问了一个问题，弄得后世读史的人都哭笑不得：贾谊啊，我有个问题想不明白，问身边这些人也都讲不出个所以然来，所以把你召来。你说说，鬼神到底是怎么回事啊？

闹了半天，大老远地把贾谊叫回来，就为了问这个，太过分了吧。大诗人李商隐读到这里，写下一首著名的悲愤诗《贾生》：

宣室求贤访逐臣，贾生才调更无伦。可怜夜半虚前席，不问苍生问鬼神。

天下有那么多要紧事你不问，偏偏问什么鬼神，这不是瞎扯吗？

贾谊呢，没打哏，他是真有学问，张口就来，把个鬼神问题讲得透儿透儿的。汉文帝听着听着就入迷了，坐在席子上，不由自主地往贾谊这边靠，这就叫"可怜夜半虚前席"。

这次召见之后，汉文帝改任贾谊做他最疼爱的小儿子梁怀王的太傅。梁怀王年纪小，也就十多岁，平时在长安，没回封地。这样，贾谊也就留在了汉文帝身边，又可以给汉文帝建言献策写奏疏了。这时，他写出了一篇被毛泽东称为"西汉第一雄文"的奏疏，史称《治安策》，又叫《陈政事疏》。曾国藩对这篇奏疏也是推崇备至。

那么，这篇奇文里都写的什么呢？为什么会得到后世这么高的评价？首先，它指出了一个关系国家危亡的大问题，就是：诸侯王的实力越来越强，他们迟早会造反。淮南王、济北王的例子不就在这摆着吗？这跟那些异姓王，比如黥布、韩信，跟他们的造反是一样的，只要他们的实力强大到一定程度，对朝廷构成威胁了，他不想造反也得反。为什么长沙王吴家能传到现在，就是因为他们实力太小，只有两万多户，他除了对朝廷保持忠心别无选择。

那么，为什么现在还暂时安稳呢？还没造反呢？因为，这些诸侯王的年纪普遍还不大，经验不足，还受着朝廷给派去的太傅、相国这些力量的约束。等过上几年，他们都成长起来，朝廷派去的这些人也老了，就控制不了他们了。所以，当务之急就是要削藩，削减诸侯王的封地和实力，强化中央集权，而且要抓紧落实。

那么，怎么控制诸侯，避免他们造反呢？

欲天下之治安，莫若众建诸侯而少其力。——贾谊《治安策》

什么意思呢？比如齐国实力强，从刘肥传给刘襄，这么一辈一辈往下传。它有个特点，就是每一辈都只传给嫡长子一个人。个别的不是传给嫡长子的，也是传给别的一个儿子，这一个儿子继续享有一个完整的诸侯国。以后，别这样了。比如刘襄，他有几个儿子，就把齐国分几份，每个儿子都继承一份，把他们都封成王侯。这就叫"众建诸侯"，这样一来，就把他们的实力给分化了。

贾谊讲的第二个大问题是教育太子。只有教育好太子，才能实现皇权长期稳定的传承。

> 前车覆，后车诫。——贾谊《治安策》

前面的车从哪儿翻了，后面的车就别从那儿走了，或者从那儿走也要加小心。秦朝为什么二世而亡？根本问题就出在太子的教育不行。

而夏、商、周三朝为什么传这么久？就是因为它们有一套完整的教育太子的制度。从小就给太子选德高望重的智慧深沉的太傅、少傅、太保、少保什么的，身边的人也都是"天下之端士"。这样，每天受这些人的教育和影响，从小就会养成好的品性和习惯。

> 太子正而天下定矣。——贾谊《治安策》

太子培养好了，皇权的传承与发展就没有问题，天下就尽在掌握中，就能稳定。

总之，太子的培养太重要了。

> 选左右早谕教最急。——贾谊《治安策》

给太子选择一帮好老师、好同学、好朋友，每天围在他左右，早一点开始对他的教育，这是要抓紧做的事。

贾谊讲的第三个问题是，要扭转秦朝单纯依靠法治对传统道德造成破坏的局面，建立起以礼治天下的政策框架。

为什么说这篇《治安策》是千古雄文，就是因为以后历朝历代的政治都从这篇文章中汲取了经验。

最后，贾谊还讲了一个问题：

> 上设廉耻、礼义以遇其臣，而臣不以节行报其上者，则非人类也。——

贾谊《治安策》

皇帝要给大臣留面子,培养大臣的廉耻尊严感。大臣如果真有什么罪,应当让他出于维护自我的尊严而自杀。尽量不要粗暴地抓起来,刑讯逼供什么的。

写完这篇《治安策》之后没多长时间,贾谊就死了。天妒英才,他只活了三十二岁。

因为什么死的呢?因为,那个最受汉文帝疼爱的小儿子梁怀王有一次骑马摔死了。他这个当太傅的特别自责,天天伤心懊恼,想起来就哭。他本来身体就不好,总担心自己活不长,结果就抑郁而死。

贾谊的奏疏建议,汉文帝也不是都采纳,也有打回去的。比如,"文景之治"期间一个最富争议的问题,也是世界经济史上的一个奇葩事件,就是汉文帝一意孤行的结果,到底怎么个情况呢?

第 9 回

黄老思想
治国的极致

汉文帝之所以在后世地位这么高，说到底是因为他开创了"文景之治"的盛世。

什么叫盛世呢？首先要符合一条，那就是得富裕，国家和人民都有钱。

初中课本里讲到"文景之治"时，也主要是讲，当时国库里的钱多得多少年都用不着，串钱的绳子都腐烂了。那么，哪来那么多钱呢？挣来的吗？不是，是铸出来的。当时全国上下，几乎是谁愿意铸钱，谁就铸。

至孝文时，荚钱益多，轻，乃更铸四铢钱，其文为"半两"，令民纵得自铸钱。——《史记·平准书》

这说的就是人们可以自己铸钱。

同样的情况，《汉书》里是这样写的：

孝文五年，为钱益多而轻，乃更铸四铢钱，其文为"半两"。除盗铸钱令，使民放铸。——《汉书·食货志》

汉文帝五年，就是公元前 175 年，这一年贾谊正在长沙国当太傅。一听说汉文帝竟然出台了这么个政策，他立即写了一道奏疏：皇上啊，您得赶紧停止这个政策。不但要严禁民间铸钱，还应当把铜矿等资源全部收归国有，从源头上控制，让民间想铸钱，都弄不到原材料。

汉文帝竟然不听。

另外一个大秘，也姓贾，叫贾山，也反对这个政策。

钱者，亡用器也，而可以易富贵。富贵者，人主之操柄也，令民为之，是与人主共操柄，不可长也。——《汉书·贾山传》

钱这东西，本来不当吃不当喝的，就是一块铜，可是它有一个神奇的功效——能让人变得富贵。

这个功效可不了得，让谁富贵，这是人主、是皇上驾驭人的操柄。如果放开禁令，那皇权不就没威势了吗？此风不可长！

汉文帝一概不听，铁了心了，坚持推行这个"使民放铸"的经济政策，而且这个政策一直维持了三十多年，直到汉景帝晚期才废止。也就是说，它几乎贯穿了整个"文景之治"时期。而"文景之治"的盛世局面，当然与这个政策是有关的，甚至很可能它就是"文景之治"的关键因素。

其实，汉初，刘邦就搞过一次向老百姓开放铸币权的政策，当时还是跟项羽争霸的时期。

为秦钱重难用，更令民铸钱。——《史记·平准书》

当时都还是用秦朝铸造发行的铜钱，叫"秦半两"，同样是"秦半两"，重的和轻的，分量有差一半多的。据说，这是货币史上常见的现象。因为，铸钱是有成本的，一块铜材再加上加工费、管理费，最终出来，它能直接购买的东西未必抵得上成本。所以，铸钱并不是稳赚不赔的，有可能亏本，也可能收益非常低。

为了利益最大化，铸钱的人或机构就会一点一点偷工减料，钱币就会越来越轻薄。同时，还有一个劣币淘汰良币的问题，人们在交易过程中，会把分量足、成色好的钱币留下，尽量拿轻薄的劣币往外花，最终流通的，便都是劣币了。

刘邦当时忙于打仗，没有专门的人才管理铸钱工作，外行管这个事，又控制不好成本，从中无利可图，索性放开，让老百姓自己铸钱。这一放开不要紧，他也没有进行有效的控制、监管，结果怎么着？通货膨胀，因为钱不值钱，物价飞涨，所以饿死了很多人。然而，有些精明的商人却因为囤积粮食物品什么的，发了大财。

所以，刘邦就恨上商人了。等他正式当了皇帝之后，便下了道命令：

令贾人不得衣丝乘车，重租税以困辱之。——《史记·平准书》

贾人就是商人、商贾，不能穿丝绸的衣服，也不能乘车，小破车可以坐，几匹马拉着的那种豪车不能坐，你有钱也不能买。我让你有钱没地儿花，你炫富，没门！还有，我提高你的税率，让你多交税，让你富不起来。

刘邦不知道，商人多交的税最后还是要转嫁到消费者身上，这招其实不管用。商人到什么时候都是富裕的。

不过，刘邦这个命令在后世影响很大，商人名义上的社会地位一直不高，这在一定程度上导致了所谓的资本主义在中国历史上的皇权时代一直发展不起来。

刘邦这个放开铸钱的政策，大致在他即皇帝位之后就废止了，汉惠帝时期又正式出台了盗铸令，严禁盗铸。

可是盗铸并没有被禁止，尤其很多诸侯国也都在或明或暗地铸钱。所以，所谓劣币淘汰良币的现象一直存在。

到了汉文帝时期，劣币都劣到了一定程度，必须要整顿了。于是，汉文帝推出了一套标准版的新版铜钱，叫"四铢钱"。铢是一个重量单位，一两等于二十四铢。四铢钱，顾名思义，重量应当是四铢，六分之一两。可是，这种铜钱上面还是写着"半两"字样。与此同时，还是"除盗铸钱令，使民放铸"。

"除盗铸钱令"是汉文帝以黄老思想治国的一个极致表现。

汉文帝身上还有哪些方面，体现出他深受黄老思想的影响呢？简单讲，就是"三宝"。

第9回 黄老思想治国的极致

> **我有三宝，持而保之。一曰慈，二曰俭，三曰不敢为天下先。——《道德经·第六十七章》**

慈、俭、不敢为天下先，这是老子的人生三宝，汉文帝都有。

先说慈，就是慈悲仁爱。你可能会说，汉文帝把亲弟弟、亲舅舅都给逼死了，能说慈悲吗？这些都是有原因的，他们要么谋反、要么杀使者，本身犯的都是死罪。一个皇帝的慈悲，主要是体现在对天下百姓的慈悲仁爱上。他废除了好几项肉刑，轻徭薄赋，这就是大慈悲。

还有一个大方面，就是跟匈奴对抗的情况，汉文帝的态度是能不打仗就不打仗，能少打仗就少打仗，吃点亏，也忍着，以防守为主。汉文帝对南越国也是怀柔安抚。为的什么呀？

> **恶烦苦百姓。——《史记·孝文本纪》**

打起仗来谁遭殃？当然是老百姓遭殃。

汉文帝对国防的态度，绝对称得上是大慈悲。

其次，什么叫不敢为天下先？举个例子，当初，贾谊在第一次见到汉文帝时，就建议对历法、礼制等做全面的改革。汉文帝听完，很赞同，却没有立即实行，而是非常慎重地循序渐进地一点点尝试开展。这种谨慎、持重就是不敢为天下先。

最后，再说他的俭，也就是俭朴。他在位二十三年，国家经济取得长足发展，出现了盛世，可是，他自己过的可以说是穷日子，吃的、用的、住的、坐的，都还是吕后那套东西，吕后当初用什么，他就还用什么，规格半点儿也没提高。

宫室园林都还是老样子，从来没搞过装修扩建。有一次，他住的地方打算建个露台，找工匠来一合算成本，得用一百金。他很惊讶。

> **百金，中民十家之产。——《史记·孝文本纪》**

百金相当于十户中等人家的资产。

省省吧,不建了。

他平常穿的衣服,也都是普通料子做的。他给他最宠爱的妃子慎夫人规定,不许穿太华美的衣服,那种长长地拖到地上的礼服不许穿。屋子里的窗帘帷幔也不许绣花,不能有这些装饰,要给天下树立一个俭朴的榜样。

汉文帝还做出一个垂范后世的榜样,就是薄葬。这又是一个值得考据研究的大题目:中国的殡葬文化。

中国文化有厚葬的传统。历史上的厚葬,最极端的例子就是秦始皇,修个坟墓就发动了七十万人,殉葬陪葬的人和物品无数,结果导致国都亡了。

民间的情况怎么样呢?估计也都是厚葬为多,你看早年的陈平、周勃,都是在白事上混饭吃的,都是干殡葬业的,说明老百姓在这方面投的钱不少。

这种厚葬的传统,应当与儒家文化有关系。孔子反对殉葬,但他并不反对厚葬。《论语》里讲,颜回死后,师兄弟们想厚葬他,孔子认为不合适,因为颜回很穷,他自己的积蓄根本厚葬不起。结果,最后师兄弟们还是凑钱厚葬了他,孔子也没说什么。

孟子甚至讲过一句话,说绝了:

君子不以天下俭其亲。——《孟子·公孙丑下》

在任何情况下,君子都不应该在父母身上省钱。所以不管你有什么理由,都不能薄葬父母。

那么,汉文帝为什么能坚持薄葬呢?一个原因是,他是坚持给自己薄葬,而不是给他父母薄葬,所以不用担心别人的指责。他要求:

治霸陵皆以瓦器,不得以金银铜锡为饰,不治坟。——《史记·孝文本纪》

霸陵是他为自己预造的陵墓,修建材料一切从俭,不能用金银铜锡,也不要从平地上起丘陵。而且，他的遗诏里面还要求：

> 归夫人以下至少使。——《史记·孝文本纪》

自己死后，后宫里面，夫人以下的美人、良人、八子、七子、长使、少使全部遣散回家。

民间的凭吊、祭祀也都从俭，尽量不给老百姓添麻烦。这既是俭，更是慈。汉文帝的这些好品质影响深远。

另一个原因，也可能是汉文帝坚持薄葬的根本原因，就是汉文帝的治国思想是黄老道家的思想，跟儒家不一样。对于厚葬还是薄葬，道家根本不在意，甚至持相反的看法。

汉文帝在给子孙们的遗诏中讲：

> 朕闻盖天下万物之萌生，靡不有死。死者天地之理，物之自然者，奚可甚哀。——《史记·孝文本纪》

这就是典型的庄子思想。天下万物有生就有死，这是自然之理，你们不必为我的死而哀伤。

> 当今之时，世咸嘉生而恶死，厚葬以破业，重服以伤生，吾甚不取。——《史记·孝文本纪》

我看透了生死之理，也就不怕死了，厚葬什么的都没有意义，所以我要薄葬。你们不必太悲哀。我在位期间，生怕做错什么事，辱没了先人，所幸天下太平，死而无憾。现在，我要带头薄葬，不给国家和百姓增加负担。

对薄葬的规格，他在遗诏中也有细致的交代。

公元前157年六月，汉文帝驾崩于未央宫，享年四十六岁。不过，在皇帝里他也不算短寿了。

司马光对汉文帝最后的评价是：

专务以德化民，是以海内安宁，家给人足，后世鲜能及之。——《资治通鉴·汉纪七》

汉文帝作为一国之君，率先垂范，以仁厚、俭朴、勤劳的个人品质，影响臣民，化民成俗。天下之安宁太平，老百姓之生活富足，以后的朝代很少有达到的了。

所以，曾国藩拿他与舜、禹还有周文王相提并论，也不为过。

另外，汉文帝在临死之前，还给将要继位的汉景帝推荐了一个人。这个人帮助汉景帝度过了执政期间最大的危机。那是怎么回事呢？

第 10 回

智囊之死

公元前157年汉文帝驾崩，他的儿子、三十一岁的太子刘启即位成了皇帝，就是汉景帝。刘启的母亲窦皇后成了太后。

刘启上面本来还有三个哥哥，窦太后也不是汉文帝的结发妻子，汉文帝当代王时的王后另有其人。结果，上面三个哥哥都夭折了，王后也死了，他们娘俩就上位了。

汉景帝在位十六年，整体算是比较顺的。他继续运用黄老道家的思想，无为而治，天下太平。

只是，他在即位的第三年，遭遇了一场巨大的危机，差点把皇位给弄丢了。幸好，汉文帝临死前给他推荐的牛人帮他度过了那场危机。

什么危机呢？就是"七国之乱"，吴王刘濞还有其他诸侯王，一共七个王，打着"清君侧，诛晁错"的旗号，造反了。

其实，贾谊在《治安策》里就已经跟汉文帝预言了，老刘家那些诸侯王一天天实力强大，早晚会造反，必须得想办法"削藩"——藩就是诸侯国，削弱诸侯国的实力，增强朝廷的实力，这叫"强本弱末"。

不过，对于贾谊的这个建议，汉文帝没有积极去推行，因为当时条件还不是很成熟，他怕出乱子。另外，贾谊反对汉文帝的"除盗铸钱令"，汉文帝也没听。所以，诸侯王都可以自己铸钱，结果，有的诸侯王的实力就越来越强。特别是吴王刘濞，最突出。刘濞是刘邦二哥刘仲的儿子。刘邦兄弟四个，他排行老三。上面的大哥叫刘伯，对刘邦很照顾，可惜死得早。二哥叫刘仲，刘邦当皇帝后，把刘仲封为代王。代国靠近匈奴，匈奴来攻，刘仲便弃国而逃。刘邦很生气，就把刘仲的王给废了。

第10回 | 智囊之死

后来，黥布造反时，打死了刘邦的叔伯哥哥荆王刘贾。刘贾没儿子，荆国给谁呢？荆国这一片，是当年项羽的大后方，人多、事杂，不好控制，刘邦自己的儿子都年幼，镇不住。想来想去，他就想到刘仲的儿子刘濞了。当时，刘濞整二十，跟着刘邦一起打黥布，表现不俗，很讨刘邦的喜欢。

于是，刘邦就把荆国改成吴国，封给了刘濞，刘濞成了吴王。

刘濞从刘邦手里接过了吴王印绶，欢天喜地地正要走呢，刘邦忽然感觉哪儿不大对劲：刘濞，你回来，我再好好看看你。

端详来端详去，刘邦后悔了，说：

若状有反相。——《史记·吴王濞列传》

据说咱大汉立朝五十年的时候，东南将有大乱，你可不要造反啊，都是刘家人，可不能窝里反。

刘濞吓哭了：皇上啊，侄儿我感激您，怎么会造反呢？打死我也不敢。您好好养病吧，保重龙体，我走了。

吴王刘濞很有才干，有治国的大才，能干、会干、敢干。他主要抓住了两大"国有企业"，让吴国富强起来。哪两大"国有企业"呢？

一是铸钱。他封地里有铜山，铜矿资源丰富，汉文帝还没实行"除盗铸钱令"时，他就一直在盗铸，自己铸钱。后来，实行了"除盗铸钱令"后，他铸的钱更是风行天下，品相好、分量足，受欢迎，发行量最大。

二是制盐。吴国沿海，煮海为盐，大力发展盐业生产。吴国的盐也是畅销天下。

有这两大宗，财政收入就有了，根本用不着再跟老百姓收什么田赋、地租了，全免。所以，别国的人口好多向吴国移民。

总之，吴王濞统治吴国四十多年，国家富裕，人口众多，慢慢地具有了叫板朝廷的实力。

另外，这中间还发生了一件意外的事，让刘濞耿耿于怀。怎么回事呢？有一次，刘濞派他的太子去长安朝见汉文帝。然后，吴太子在长安就玩了几天，跟当时的皇太子也就是后来的汉景帝玩。结果，玩得都太投入了，吴太子这边的随从忘了尊卑等级，两边竟然打起来了。汉景帝那会也是年轻气盛，竟然把吴太子给打死了。

这怎么办呢？也没别的办法，汉文帝道歉，派人把吴太子的尸体运回吴国发丧。

刘濞恼怒：给我拉回来干什么？在长安死的就埋在长安吧，那儿也是老刘家的地方呀！

生生又给拉回长安，埋在了长安。

随后，再有到长安朝见的事儿，刘濞就称病不去。

汉文帝开始时，还想较较真：你没病说有病，这是欺君之罪。

之后，只要有吴王刘濞派来的使者，他就关注这个事：吴王濞是不是装病？老实交代。

搞得吴王濞也很紧张，当时就想造反。后来，有个使者干脆跟汉文帝照实说了：皇上啊，有句古话叫"察见渊鱼者不祥"，我们吴王即便是装病，肯定也有他的苦衷，您逼这么紧，图什么呢？这不是您的风格啊！

汉文帝心里咯噔一下，一掂量当时的实力，心想还是算了，吴王不来就不来吧，老了，有病没病的身体也好不到哪儿去了，以后就不用来朝见了。于是，汉文帝说：正好，我这有副手杖，挺好的，赐给吴王，你给捎回去吧。

吴王刘濞一看汉文帝服软了，也就打消了谋反的念头。等到汉景帝时，怎么又反了呢？因为削藩。

皇帝面对的问题一直是内忧和外患，汉景帝即位之后，他的外患匈奴，用和亲的办法维持着问题不大。内忧是主要的，下面的诸侯国比汉文帝时更强大了，对朝廷的威胁也越来越大，必须得削藩了。

可是，削藩就跟从身上割肉似的，削谁谁也不乐意。这矛盾一激化，很可能就有人造反，汉景帝很纠结，难以下这个决定。

晁错就在旁边撺掇：

第10回 智囊之死

> 削之，其反亟，祸小；不削，反迟，祸大。——《史记·吴王濞列传》

皇上啊，现在，要是因为削藩，把他们逼反了，那为害还小一点；如果不削，干等着他们强大了，主动造反，那祸害就大了。

晁错是汉景帝的红人，从景帝当太子时就是景帝的心腹大臣。这人非常有才华，也跟贾谊似的，给汉文帝写过好几篇治国安邦的奏疏，《资治通鉴》里也都全文抄下来，说明司马光对他的才能、见地是非常认可的。

景帝那会儿还在当太子，什么事都请教晁错，晁错都给出主意。而且他的主意都很好，很有智慧，太子府上的人都很服气，就给他起了个外号"智囊"。"智囊"这个词就是从晁错这儿来的。

景帝即位之后，晁错就更红了，满朝文武都不如他受宠。于是，他就想大展拳脚，施展抱负，提出了很多改革措施，让景帝来推行。

下面具体办事的大臣们感觉晁错还是书生意气，有点冒进，有的想法根本不切实际，就比较抵触。尤其丞相申屠嘉，就是以前办邓通的那位丞相，也想把晁错给办了。

正好，有一次晁错主管的内史府搞建设。太庙的墙碍事，他就让人在那个墙上开了两个门。

申屠嘉知道了，就去找汉景帝告状：皇上，晁错太过分了，他竟敢在太庙的墙上开门，不杀不足以告慰先帝。

他没想到，晁错提前获得信儿了，已经跑在他前面，给景帝把这个事解释过去了，取得了景帝的谅解。申屠嘉武将出身，刚烈，汉文帝都得给他面子的，这回他气得大病不起，死了。

晁错这下子更了不得了。所以，晁错撺掇削藩，旁边也没人敢反对。只有一个反对的，就是窦太后的侄子窦婴——汉景帝的表兄，是新崛起的外戚权贵。

窦婴反对，跟晁错闹得很不愉快。最终，汉景帝还是听了晁错的，让晁错拿出削藩方案。然后，君臣俩开始演双簧。

晁错去给诸侯国挑毛病，找罪名。比如他给楚王刘戊（yuè）找到一个罪名：启禀皇上，去年在给薄太后服丧期间，刘戊有淫乱活动，罪大恶极，得判死刑。

汉景帝便说：该杀，不过，都是一家人，不忍心啊！这样吧，削他一个郡，把楚国的东海郡收归国有。

楚王赶紧谢恩。这样一来，真就没什么阻力，连着削了好几个王。接下来，就准备削吴王刘濞了。结果，刘濞造反了。之前的预言应验了。

吴王刘濞联合了其他几个诸侯王，大家都积极响应。最终，吴王跟楚王、赵王、胶西王、胶东王、菑川王、济南王，总共七个王一起发兵数十万造反。

汉景帝一看，慌了神了，一边组织军队前去应战，一边在宫中坐卧不宁，问晁错：你说早反祸小，你看这形势怎么办？

晁错只是个文人，真出事了，也慌了。而且，就在十多天前，发生了一件让他感觉非常痛苦的事情。什么事情呢？他父亲自杀了。

他父亲听说儿子撺掇汉景帝削藩，冲在最前面，很担心。老爷子专程从老家过来找他：你这回真是大错特错啊，你弄哪门子削藩呀？你知道你现在有多危险吗？

晁错一撇嘴：现在不削藩，皇上的江山就危险了。

一句话，把老爷子噎回去了。老爷子很绝望：你光想皇上的江山，怎么就不想想咱晁家的安危呢？我这么大年纪了，不能眼睁睁地看你死，我受不了那个痛苦。随后，老父亲竟然喝药死了。

晁错又是难过，又是郁闷，进退失据，也没主意了，他一会儿说：皇上啊，您必须御驾亲征，我在长安给您管后勤，征兵运粮什么的；一会儿又说：实在不行，跟吴王和谈，不削他了，再送给他几座城。

汉景帝开始讨厌晁错了。正在这时，他的表兄大将军窦婴求见：皇上，您现在不如把袁盎叫来，让他给您出出主意，之前先帝有什么事，都是找他。

袁盎，前面提过好几次了，他是汉文帝的大秘、红人。最早，他提醒文帝不要对周勃等功臣过分客气，张释之也是他推荐给文帝的。文帝把淮南王刘长关进囚车要发配蜀地时，袁盎提醒文帝：淮南王万一自杀了，您会落个杀弟之名，多不好。

结果，淮南王真就绝食而死。汉文帝非常自责难过，袁盎又赶紧劝慰一番，提醒文帝可以好好善待刘长的三个儿子。于是，文帝给这三个侄子都封了王。朝中上下对袁盎也都竖大拇指，认为他办事稳重。

还有一次，袁盎陪汉文帝骑马在外面玩儿。文帝兴致很高，在一个高坡上，想玩个刺激的，要骑马直接冲下去。袁盎一把给拉住了，说：

千金之子坐不垂堂，百金之子不骑衡。圣主不乘危而徼幸。——《史记·袁盎晁错列传》

皇上，我不是扫您的兴啊，古话说家有千金财富的人不坐在屋檐下，家有百金财富的人站时不倚在楼台的栏杆上，英明的君主不去冒险而心存徼幸心理。您玩这个极限运动，万一马惊了，出点事故，江山怎么办？太后怎么办？

汉文帝听后一缩脖子回宫了。

还有一次，汉文帝带着皇后、宠妃慎夫人等一大帮人到上林苑游玩。中午吃饭的时候，铺上席子，大家都席地而坐。谁在哪儿、谁在哪儿，这是皇上的，这是皇后的，这是慎夫人的，等等，全部铺好。宦官宫女们习惯性地把皇后和慎夫人的席子齐着铺，因为慎夫人受宠，在后宫里一直跟皇后是平起平坐的，甚至风头盖过了皇后。

袁盎上去就把慎夫人的席子往后拖出一块来。那意思是，慎夫人得坐到靠下首的位置。

慎夫人生气，不肯坐，文帝也瞪袁盎。

袁盎眨眨眼，也不说话，意思是：皇上，这儿人太多，我不方便解释。

回宫之后，袁盎跟文帝解释：

尊卑有序则上下和。——《史记·袁盎晁错列传》

慎夫人再受宠，那也相当于妾，皇后是主，您忘记"人彘"了吗？

汉文帝一下子阴转晴：对，我可不能让爱妃走了戚夫人的老路。

过后，慎夫人也非常感谢袁盎的提醒，赐给袁盎五十金。

不过，一代明君也受不了这样的直谏之臣。后来，汉文帝把袁盎从身边调走了。再后来，袁盎到边防陇西带过兵，也给诸侯国当过丞相，还给吴王刘濞当过丞相。不论到哪儿，他都干得挺好，很会处理关系。

袁盎唯独跟晁错合不来，两人是冤家对头。汉景帝即位之后，晁错得势，官职做到了御史大夫，相当于副丞相，监察百官，很有权力。他就给袁盎弄了一个罪名，说袁盎当吴相期间，接受吴王的财物，差点砍了袁盎的头。汉景帝觉得袁盎是个人才，杀了可惜，赦免了死罪，贬为庶人。

晁错呢，还不解气。吴王刘濞这一造反，他又给袁盎安了一个罪名，说袁盎跟吴王串通，对吴王造反肯定提前知道，却不向朝廷汇报，这跟谋反者是同罪。这罪名要成立了，就得夷九族。

晁错还没给景帝说，就有人把这个情况透给袁盎了。袁盎吓坏了，连夜去找窦婴，大致把情况说了一下：窦大将军，麻烦您跟皇上说一下，我得见皇上，跟皇上说说吴王这边到底什么情况，看看怎么应对。

窦婴也烦晁错，所以很乐意帮这个忙。于是，袁盎来到了汉景帝面前。汉景帝问：对于七国造反你有什么高见，说说。

袁盎很淡定：皇上，不足为忧，吴国那边的情况我了解。刘濞手下根本没有真正的人才能够辅佐他。如果真有大才在背后，那肯定得拉着他，不让他走这条自取灭亡之路。他手下那些所谓的豪杰之士，都是图吴国的铜盐之利，是冲着钱去的。咱们派出点间谍，带上几千金，就能把他们收买、瓦解了。

当时，晁错在一旁听袁盎这么一说，非常认同，禁不住称赞。

景帝又问：你看具体该怎么办呢？

袁盎没言语，两边瞅瞅，意思是这是机密，人多不能说。景帝就让随从、宦官和晁错都出去了。

袁盎这才对汉景帝压低了声音说：皇上，七王之所以造反，说到底，就是因为晁错出了这个削藩的馊主意。七王造反不过就是为了保住自己的封地，他们敢有当皇帝的想法吗？恐怕没有。您只要把晁错杀了，承诺不削藩了，他们肯定退兵，这个事兵不血刃就解决啦！

第 10 回 | 智囊之死

汉景帝沉默良久,最后讲了一句话:

吾不爱一人以谢天下。——《史记·吴王濞列传》

我不会因为怜惜一个人而辜负天下。

于是,他秘密授意大臣,控告晁错的罪行。十几天后,晁错在上朝的路上被拿下,然后,朝服都没脱,直接就被斩了。

中国历史上第一位号称"智囊"的人物,就落得这么个下场。这让我想起《这才是战国》里讲过的"关其思模式"。永远也不要以为自己是皇帝的什么红人,你永远只是他手里的一颗棋子,他随时都可能为了维护自身的利益把你牺牲掉。

可是,牺牲掉了晁错,七王真能退兵吗?

第 11 回

周亚夫为何
功成身败

七王号称要"清君侧，诛晁错"，汉景帝信以为真，以为把晁错杀了，七王就能消了气退兵。于是，他真就把"智囊"晁错给斩了。然后，他派袁盎和一个皇族的人作为使者去见吴王刘濞。

这两人在路上就琢磨：咱们等会见了吴王刘濞，得用什么礼节呢？还能像平时似的，咱们是天子使者，代表皇上，他是诸侯王，他得给咱行大礼吗？他要是不给咱行礼怎么办？咱反正不能给他行礼，不能辱没了皇上，否则那就是死路一条了。

说话间，就到了刘濞这儿。刘濞一听袁盎袁大使来了，也有点犯愁，不知该用什么礼节来见面，就让人去告诉袁盎：我现在是东帝了，见了面，要让他行礼，怕他为难，干脆不见了。还让人直接把他扣了，给关起来。

于是，晁错便白白地死啦。七王这边接着打，一刻也没停。当时，吴王刘濞跟楚王刘戊的联军猛攻梁国。

那边，汉景帝还盼着吴王退兵的好消息呢。从前线回来了一个将领，叫邓公，之前他也是景帝身边的大秘，景帝问他：吴楚退兵了没有啊？

邓公这人很直：皇上，怎么可能呢？您不应该杀晁错，他提的削藩建议没有错。他是忠心，您却把他给杀了，以后，谁还敢向您进忠言啊？

汉景帝被说了个大红脸，长叹一口气：唉，我也后悔。

可是，事已经干了，人也死了，后悔有什么用呢？总之，从杀晁错这个事上，可以看出汉景帝政治上的不成熟，还有人品也很差。

所幸的是，他是有两手准备的，他还有军事上的准备。他在军事上用对了人，谁呢？周亚夫。

前面说过,汉文帝临死时给他推荐了个人,帮他度过了危机,这个人就是周亚夫。

汉文帝的原话是:

即有缓急,周亚夫真可任将兵。——《史记·绛侯周勃世家》

如果出现紧急情况,可以任用周亚夫当将军。

周亚夫是周勃的次子,很有才能。有一次,著名的相面大师许负——就是当年给薄太后相过,说她会生天子,很神的那个老妖婆——给他相面,说:公子啊,三年之后你可以封侯;八年之后可以出将入相,位极人臣;然后再过九年,你得饿死。

周亚夫哭笑不得:你说的这些靠谱吗?我爹去世之后,他的侯爵已经传给我大哥了,我大哥哪天不在了,就传给他儿子。我上哪儿封侯去啊?再说了,我要是像你说的,都封侯拜相了,怎么还会饿死呢?

三年之后,果然他就被封侯了。原因是他大哥,就是周勃娶公主的那个儿子,跟公主老婆感情不好,而且还犯了杀人罪,世袭继承的侯爵被收回。汉文帝要在周勃其他儿子中再找一个贤能的,来继承封爵,人们都推荐周亚夫,于是,周亚夫被封条侯。

随后,有一次匈奴入侵边塞。汉文帝调集三军,在长安周边防守备战。当时是三支军队,三位大将各带一军,分别驻扎在霸上、棘门、细柳这三个地方。

汉文帝亲自劳军,到这三支军队视察慰问。他心血来潮,想找找马上皇帝的感觉,也学刘邦当年那样,到了哪个军营,都是纵马驰入,飞一般的感觉。

在霸上和棘门这两处大营,他都是直接驰入中军大帐。唯独到了细柳营不行,在军营门口就被挡住了。负责开路的卫队骑兵立马发火了:你们是不是疯了?皇上就在后面呢,赶紧开门!开慢了都得掉脑袋。

没想到,守门的军官不吃这套,更硬气:少废话!

第11回 周亚夫为何功成身败

> 军中闻将军令，不闻天子之诏。——《史记·绛侯周勃世家》

我们军营里面只听将军一人的，皇上直接管不着我们。没将军的话，营门绝对不开！

汉文帝也没办法，只好走正规程序，派一个宦官拿着天子之节，先进去传旨给将军：皇上要来劳军了，要进你们的军营。

将军这才传令，开营门。注意啊，这时将军并没有自己迎出来，还是稳坐中军大帐。而且，守门军官还提醒汉文帝的卫队长官：我们将军可说了，"军中不得驱驰"，你们得慢点走。

汉文帝一行人乖乖地勒着马慢慢走。走到中军大帐的门口，才见到这位将军。顶盔挂甲，一身戎装，还佩带着兵器，站在帐前，如玉树临风，见了汉文帝竟然不跪，而是不卑不亢地行了个军礼：末将周亚夫参见皇上，军营之中，军装在身，恕不能施君臣跪拜之礼！

汉文帝心中暗竖大拇指：真不愧将门虎子，这才是我大汉的将军！

他也立马挺直了身板，拿出军人的那种严肃劲儿，随行官员们也都大气不敢出，表情肃穆，郑重其事地按军中礼制慰问上下官兵。

劳军完毕，出了细柳军营，汉文帝和这帮随从大臣才算松了一口气，汉文帝说：这才叫军威啊！要都像周亚夫这样，朕还操什么心啊？

后来，匈奴并没有纵深入侵，戒严了一个月就撤了。汉文帝便把周亚夫提拔成了中尉，相当于长安的警备司令。

对于周亚夫的这段故事，不知你有何感想，我有三点看法：

第一，周亚夫如果是草根出身的将军，见了皇帝不可能这么从容。周亚夫有他父亲周勃的言传身教，对于军中的各种规则都熟悉，所以才敢这么做。

第二，这么做，也得看是跟谁。汉文帝能看出周亚夫这么做，是在尽心维护他的利益，当然没问题。换个人，比如换个宦官当监军，周亚夫这么做就会被恨死。

第三，性格决定命运。从这件事可看出周亚夫性格里的那种阳刚——我就按原则来，不管你是皇帝老子还是什么人，都得遵守规则。可是，成也性格，败也性格。正是因为他这种阳刚而少阴柔的性格,最终要了他的命。

汉文帝虽然提拔了周亚夫,但还谈不上破格重用,为的是把这个卖好的机会留给儿子汉景帝。

接下来就是公元前154年的"七国之乱",汉景帝遵照父亲的嘱咐,提拔周亚夫做太尉——这才叫重用,这算是最高军职了。我这样讲可能不大严谨,因为,除了太尉之外,还有一个大将军,由汉景帝的表兄窦婴担任。太尉和大将军,哪个更高点,不同的时期也不一样。以周亚夫这会儿来讲,他的太尉分量肯定要更重些。因为他率领的是大汉朝的精锐主力,直接去打七王中的主力,也就是吴王刘濞和楚王刘戊的吴楚联军。

大将军窦婴并不指挥打仗,他主要是作为皇亲,坐镇荥阳当监军,而且主要是监郦寄和栾布的部队,他们是对付齐国、赵国这边的反军的,是唱配角的。

主角那边形势怎么样呢?周亚夫在出发之前,召集一些心腹谋士,做了一回通盘分析。其中一个谋士叫邓都尉,以前是跟周勃干的,他提出一个方案。周亚夫听了很赞同:这个方案必须让皇上来定。

结果,他跟汉景帝汇报完之后,汉景帝很为难。为什么这么为难呢?因为,周亚夫这个方案里,又得坑害一个跟汉景帝很亲的人。这人比晁错还亲,谁呢?就是汉景帝同父同母的亲弟弟梁王刘武。

周亚夫是这样跟汉景帝说的:皇上,吴楚联军兵锋正锐,咱们朝廷的军队如果直接顶上去跟他们硬碰硬,打阵地战,很可能得胶着在一块,胜负不好说。那么,怎样打比较有把握呢?我的想法是,咱们朝廷军不要正面迎战吴楚联军,咱就放手让他们西进。他们要来打长安,就必须先打下梁国,咱也不必去救援梁国,让他们自己先扛着,梁王肯定会拼命抵抗,一定能扛一段时间。在这段时间里,朝廷军以最快的速度,直接绕到吴军背后,切断他们的粮草补给。返回头,跟梁国这边,来个东西夹击!那样的话,吴楚反军必败,剩下的那几国就好说了。

也就是说,他们的作战方案是把最大的压力给了梁王。

这一来梁王就倒了霉,苦苦支撑着,等着朝廷的援军。眼瞅着周亚夫率领

第 11 回 周亚夫为何功成身败

大军到跟前了,以为这下好了。结果,周亚夫奔北边的昌邑了,把梁王给整蒙了:这是干什么?见死不救啊?

他派出好几拨使者去找周亚夫求救,周亚夫生生就是不给派兵。梁王转头派使者大老远地回长安,向汉景帝求救。

汉景帝不能说不救:来人,立即去周亚夫那儿,命他火速增援梁国。使者啊,你回去告诉梁王一定要坚持住!

使者高高兴兴回来了,梁王一听,皇上下令让周亚夫来救援,也精神起来了:弟兄们,顶住,皇上的救兵马上就到了。

梁国跟吴楚联军就拼了命了,死扛。可周亚夫呢,因为前面已经得到汉景帝允许,都商量好了的,他没啥可怕的,最后也没救梁国。

幸亏梁国有两个能人。一个叫韩安国,这人很有谋略,很会用人。还有一个能人叫张羽。张羽特别能打,在前面冲锋陷阵。韩安国坐镇指挥。两人配合得很好,硬是把吴楚联军给扛住了。

周亚夫感觉吴楚联军的锐气消磨得差不多了,而且,他的一支轻骑兵已经成功地绕到吴军后方的淮泗口,掐断了吴楚联军的补给线。于是,他挥师南下,带兵出了昌邑,来到下邑,跟梁国这边形成左右夹击吴楚联军之势。不过,他坚壁不出,以逸待劳。

这中间,吴王刘濞其实也有一些机会,他手下的人给他提供了一些很高明的战略思路,可是,有的没被吴王采纳,有的被周亚夫给识破化解了。

最终,吴王刘濞在下邑大败。兵败如山倒,周亚夫乘胜追击,前后总共用了三个月的时间,就把"七国之乱"给平定了。

这七王被杀的被杀,自杀的自杀,也不用削藩了,直接就收回朝廷了——也不算收回来,没有改成朝廷直管的郡县,而是改封给别的皇室子弟了。这个,似乎还是有点欠考虑,将来肯定还要出事,最终到了景帝的儿子汉武帝时才彻底解决诸侯国威胁朝廷的问题。

其实汉武帝刘彻的故事从"七国之乱"被平定之后就开始了,那被重新分配的七国里面,有个胶东国就封给他了,当时他只有四岁,就成了胶东王。他大哥,汉景帝的长子刘荣,也是这时候被立为太子的。

公元前150年，汉景帝废掉刘荣，改立刘彻为太子。对于汉景帝这次废立太子，周亚夫坚决反对。当时，他还当着太尉，还是那个特别刚烈的性格。可是，反对也没用，他的反对使得汉景帝很不高兴。

不过，转过年来，汉景帝还是任命他为丞相。老神婆许负的预言又应验了：出将入相，位极人臣。

按道理讲，丞相是文官，处世方式也要改变一下，得柔和一点。而且，景帝这么器重你，你就随和一点，而周亚夫没有，还是凡事讲原则。

景帝要封个外戚，封皇后的哥哥为侯，他反对。

非刘氏不得王，非有功不得侯。——《史记·绛侯周勃世家》

皇后的哥哥有什么功啊，不行，我不同意。

匈奴那边有个王爷级的率部投降汉朝，景帝想给这个带头的封侯，好感召吸引其他匈奴也都来投降。

周亚夫还是反对：这些人虽然投降了，但毕竟是叛徒，匈奴的叛徒也是叛徒，怎么能鼓励人当叛徒呢？还怎么教育咱们自己的臣民啊？

总之，他经常跟汉景帝唱反调。再加上，梁王之前跟周亚夫结下仇了，于是他天天给窦太后说周亚夫的坏话。梁王刘武，那是窦太后的亲儿子，汉景帝的亲弟弟，窦太后亲生的儿子只有这俩。最终，周亚夫的丞相干了三年，就干不下去了，辞官回家。

周亚夫干了三年丞相，在家里又待了六年，正好九年。有一天，汉景帝举行宴会，把老臣们都召来，大家一起吃饭。

看似比较随意的一次宴会，其实汉景帝是用了心的，有他深远的想法在里面。周亚夫也被召来了，他落座之后，发现餐桌上：

独置大胾，无切肉，又不置箸。——《史记·绛侯周勃世家》

桌上只放着一盘大块的牛肉，整块炖好的，没放切肉的刀子，也没放筷

第11回 周亚夫为何功成身败

子。这怎么吃呢？

怎么吃？手抓着吃吧。这要搁别人，估计也就下手吃了。领导给你上什么菜，你就吃什么菜，你以为你想到的，领导没想到？可是，周亚夫不是别人，他的性格有刚无柔，脸色立马有点难看，回头就跟伺候吃饭的宦官要筷子：受累给拿双筷子。

汉景帝看在眼中，笑了：亚夫，你看还缺点什么呀？要不要我给你拿呀？

这话太刺耳了。周亚夫心里咯噔一下子，赶紧磕头：皇上，我什么也不缺了。

他草草吃完了饭。汉景帝刚起身，周亚夫立马扭头走了。看着周亚夫的背影，汉景帝得出了自己的结论：

此怏怏者非少主臣也。——《史记·绛侯周勃世家》

看他这个不乐意劲儿，将来肯定不能老实伺候少主啊。等我儿子当了皇帝，他肯定是个后患！

于是，周亚夫大致也就到头了。不过，总还是要有个由头的，这么大的功臣无缘无故就杀了，这是不可能的。

找个什么由头呢？就在这时，有人上告周亚夫要谋反。汉景帝心中窃喜：真是想什么来什么。

怎么回事呢？当时，周亚夫已经四十四五岁了，古人对身后事都特别讲究，有厚葬的传统，这个年纪就要着手准备了。周亚夫的儿子给置办了一些将来陪葬用的东西，包括五百件甲胄盾牌。结果，中间也不知怎么回事，没给人家搬运工工钱。人家搬运工也不是好欺负的，找人告状。这一告状就不是民事经济纠纷了，他家买的这些甲胄盾牌都是违禁物品，相当于军火。买军火，想干什么？要谋反？

汉景帝立马派人来抓周亚夫。周亚夫又气又怕，就想自杀，他夫人把他给拉住了：你又不是真谋反，你去说清楚就行了，你自杀了，不就成畏罪自杀了吗？

于是，周亚夫被关进大牢，被狱吏逼问是不是谋反。周亚夫实话实说：我买这些只是为了将来给自己陪葬用的。我身体不大好，早做准备，怎么啦？而且我是军人，拿这些东西陪葬，不行吗？我绝对没有谋反之心。

结果，狱吏接了一句：

君侯纵不反地上，即欲反地下耳。——《史记·绛侯周勃世家》

你活着不谋反，将来死了，到地下，也会谋反！

这就是宿命啊！其父周勃之前领教过狱吏的厉害，说自己带百万大军都不如一个小狱吏威风，到周亚夫这又犯到狱吏手里了。

汉文帝没成心往死里整周勃，所以，最终周勃被救了出来。到周亚夫这儿，汉景帝是想要他的命的。最终，他绝食五日，真就饿死了。

周亚夫的教训，很简单，就是因为他的性格有刚无柔。

是以立天之道，曰阴与阳；立地之道，曰柔与刚。——《易经·说卦传》

周亚夫刚正固然不错，也备受后世称道，但该柔也得柔啊，你得保住命，才能继续刚下去。

司马迁评价他：

足己而不学，守节不逊，终以穷困。——《史记·绛侯周勃世家》

周亚夫的人生悲剧，根源在于"不学"，不读书，所以不懂这些道理。

周亚夫就这么冤死了，还有一人死得也挺冤的，谁呢？就是袁盎。他忽悠汉景帝杀了晁错，然后出使吴王刘濞被扣下了。他的故事也挺传奇的。

第 12 回

汉景帝的家务事

袁盎忽悠汉景帝杀了晁错之后，作为使者去见吴王刘濞。刘濞没与他见面，直接就把他给扣了，关起来了，还派了百十人看着他。

袁盎怎么办呢？逃也逃不了，无计可施，半夜里也睡不着，忽然进来一个吴军的小军官：袁大人，外面守卫的士兵们都让我给灌醉了，睡着了，您快跑吧。吴王明天就要杀您了。

袁盎有点迷糊：这是怎么回事？敢问壮士尊姓大名，为什么要救我？

他心想：是不是刘濞在耍什么花招？

于是，进来的这个人就把情况说了一遍。原来，他以前是袁盎手下的一个小官。大半夜黑灯瞎火的，而且好多年没见面，所以袁盎就没认出来。

袁盎此前在吴国当国相时，这个人在袁盎手下，跟袁盎的一个婢女偷情。婢女其实跟小妾差不太多，这也是古代制度问题。随后，这个事被袁盎发觉了。要换成一般人，这事就闹大了，奸情出人命呀！可是，袁盎竟然假装不知道。

有一天，这个小官听说，其实袁盎已经知道了，他吓坏了，赶紧跑回家躲起来。然后，袁盎竟然追到了他家里。干什么呢？把这个婢女送来了，正式许配给了他，还让他回去继续做他的小官。

这个小官感恩戴德，一直想报恩，也没机会。这次，他正好负责看守袁盎，就把身上的钱全拿出来，买了两担酒，给看守的士兵们喝，把他们都灌趴下了。

袁盎听完也很感慨，自己当年的一点善因没想到这时会得到善报：兄弟啊，我想起来了，当年没看错你，太感谢了。可是，我不能走。我走了，你怎么办啊？我不能连累你。

这人说：您放心吧，我自己都安排好了，我也得跑。

于是，袁盎逃了出来，逃到梁王这边。"七国之乱"平定后，汉景帝也没有责怪他出主意杀晁错，任命他去给新任的楚王当丞相。又干了一段时间，因为身体不好，他辞官回家，回长安了。他每天就是斗鸡走狗，只知道玩儿，跟朝野上下的人都还保持着不错的关系，包括跟民间的一些豪杰也都有交往，在江湖上有一定的声望。

汉景帝也还是很欣赏他，遇到事情，就派人把他请来，给出出主意。中间，汉景帝遇上一桩难事。什么事呢？他母亲窦太后想让他将来把皇位传给他弟弟梁王刘武，就是挡住了吴王刘濞反军的那个梁王。

梁王跟汉景帝都是窦太后亲生的，但许多母亲都是疼小儿子的。梁王特别孝顺，要是窦太后生个病什么的，他比谁都揪心，"口不能食，居不安寝"，天天就在边上侍候着，所以，特别受窦太后的疼爱。

汉景帝也很孝顺，对这个亲弟弟也是非常好，把梁国封给他。梁国是中原腹地，战略地位很重要，粮食产量也高，可以说是最好的封地了。平常还有各种赏赐，数都数不过来，使得梁国国库里的钱、珠玉宝器，比朝廷国库的还要多。

《史记》上讲，后来梁王死时，财富不计其数。

藏府余黄金尚四十余万斤。——《史记·梁孝王世家》

他的宫室园林也都跟皇上的规格差不多。每次到长安朝见时，景帝都派人到函谷关来迎接，迎出来很远。跟景帝见面之后，入则同辇，出则同车，连他的随从们也都能随便进出皇宫。

有一次，哥俩在一块喝酒，景帝喝得有点高，兄弟亲情正浓，有句话便脱口而出：弟弟啊，哪天我要是不在了，皇位就传给你。

梁王心头一震：这可是我日思夜想的啊！我哥能当皇帝，我凭什么不能，我的才能不比我哥差，不就因为他比我大几岁吗？

可是，他嘴上不能这么讲，只能赶紧辞谢：谢谢哥哥，我可不敢有这想法。

不过，他心里还是很高兴，有了那么一丝幻想。当时，窦太后在旁边听着，直抿着嘴乐，看到两个儿子这么相亲相爱，做母亲的很高兴。

说这话，是在"七国之乱"发生之前了。"七国之乱"以后，又发生了一件事，就是汉景帝废掉了长子刘荣的太子之位。

当时，窦太后眼前一亮，以前景帝说要传位给梁王，好像还只是开开玩笑，因为下面有太子等着呢。可是，这会儿，景帝把太子废掉了，弟弟就有机会了。

于是，窦太后把景帝叫来，说：

殷道亲亲，周道尊尊，其义一也。安车大驾，用梁孝王为寄。——《史记·梁孝王世家》

什么意思？汉景帝也没听出什么意思来，而且也不敢问，他是孝顺儿子，在母亲面前一向都是"唯唯诺诺"。

回去之后，汉景帝就把袁盎还有几个亲信大臣给请来了：你们说说太后讲的"殷道亲亲，周道尊尊"是什么意思？

袁盎见多识广：皇上，"殷道亲亲"这是说殷商，商朝的帝位大多传给弟弟；"周道尊尊"，这是说周朝都是传位给长子。太后这意思是，这两种传统没有高下之分，传位给弟弟，也是有传统的。所以，太后的意思就是让您传位给梁王。

景帝哭笑不得：母亲怎么这么有学问啊，这都谁教她的？

谁教她的？当然是梁王这边教的。梁王手下有一大批文武能人，要不前面能挡住吴楚联军吗？所谓的能人，武的方面有韩安国、张羽；文的方面，当时最厉害的文人司马相如、枚乘都在梁王手下。另外，还有两个亲信，一个叫公孙诡，一个叫羊胜，都"多奇邪计"。

景帝又问：你们说能不能传给梁王呢？

第12回 汉景帝的家务事

袁盎说：当然不能，一方面，大汉朝继承的是周朝的传统，传子传孙不传弟；另一方面，历史上因为传位问题出的乱子可太多了，这是关系家国存亡的大事，不是闹着玩儿的。这事啊，您不方便跟太后解释，我们去找太后说。

于是，袁盎领着几个大臣去见窦太后。袁盎在窦太后这儿面子很大。当年，汉文帝宠爱慎夫人，慎夫人老跟当时还是皇后的窦太后平起平坐。有一次，袁盎生生把慎夫人的坐席拉到窦太后的下首，还教育了一通慎夫人。关于传位的事，他所说在情在理，最后，窦太后便打消了这个念头。

随后，刘彻被立为太子，就是后来的汉武帝。就因为这个事，梁王气坏了，恨死袁盎了，要派人去杀他。最后，真就把袁盎给暗杀了，其他参议这件事的十多个大臣也被暗杀了。此事震惊天下！

汉景帝大怒：给我一查到底！

那边，窦太后也吓坏了：完了，小儿子这祸闯大了，非得被他大哥杀了不可。我也没法活了。

于是，窦太后天天哭，饭也不吃，觉也不睡。这可把汉景帝愁坏了，一边是情——亲妈、亲弟弟，一边是法，该顾哪头呢？

大臣们又给出主意：皇上，这不是一般的案子，前面，派出去查案的那些人不行，都是纯搞法律的，不适合办这种案子。得找两个德高望重的"通经术、知大礼"的官员来接手这个案子。

于是，汉景帝找了一位退休的老臣，叫田叔，去接办此案。最后，田叔把罪名安到了梁王的两个手下亲信公孙诡和羊胜身上，对外说，整个事都是这两人主使的，跟梁王没关系，就把这两个倒霉鬼给杀了，这事就算糊弄过去了。

可真相呢，汉景帝、窦太后，还有梁王他们自己一家人都很清楚，所以关系还是很紧张。

紧张归紧张，亲情不得了啊，中间就有人劝汉景帝：皇上，舜帝的故事，您肯定知道，他弟弟叫象，要多坏有多坏，好几次都想杀死舜。可是舜当了天子之后，对这个弟弟仍然很好，从来没往心里去。

> 夫仁人之于兄弟，无藏怒，无宿怨，厚亲爱而已。——《资治通鉴·汉纪八》

兄弟之间有什么事，不能藏怒于心，也不能记过去的嫌怨，得相亲相爱，过去的事就让它过去吧。

过了一段时间，景帝的气消了。梁王一看：行了，现在去长安当面赔罪吧，这一关必须得过。

梁王就来到了长安。他多了一个心眼，到了函谷关，把随行的人都留下，自己换了一身装扮，悄悄入关，先去找他姐姐长公主刘嫖——窦太后的亲生女儿——打听一下现在到底是什么形势，可别见了面之后，直接被杀了。

汉景帝则还像往常一样，派使者到关口迎接，结果一看，都是随从，没见到梁王。窦太后一听这个，号啕大哭：完了，你准是把他给杀了！

景帝赶紧解释：真没有，这事已经过去了，我不再追究了，您怎么还不放心呢？弟弟准是怕见我，不知藏哪儿了。

就在这时，梁王现身了。

> 伏斧质于阙下，谢罪。——《史记·梁孝王世家》

这比负荆请罪还厉害，负荆请罪是背着荆条来请罪，您不解气就拿这荆条抽我一顿吧，而梁王这是背着"斧质"来的，斧质就类似铡刀，往铡刀上一趴：哥，我错了，你要不解气就铡了我吧。

景帝一看这个，还能说什么：啊，没事了，没事了，你快去看看太后吧。

哥俩这事就过去了。不过，心里都有阴影了，以前那亲密劲儿没了。又过了三四年，梁王就死了，年纪轻轻就死了，这可把窦太后给疼坏了，整日哭天抹泪的。

大姐长公主刘嫖就给景帝出了个主意。景帝按着大姐教的，把梁王几个儿子都封了王，女儿们也都封了汤沐邑。窦太后这才阴转晴。

接下来，再说说汉景帝废立太子的事。这得从汉武帝的姥姥说起。

第12回　汉景帝的家务事

汉武帝的姥姥名叫臧儿，是之前燕王臧荼的孙女。臧荼被刘邦灭了之后，臧儿流落到了关中，嫁给一个姓王的，生下一男两女。之后，这个老王死了，臧儿改嫁给长安一个姓田的，又生了两儿子。

后来，闺女长大了，臧儿把大女儿嫁给一个姓金的，生了一个女儿，小三口过着幸福的生活。有一天，大女儿回娘家，臧儿就把她给关在了家里：告诉你，不许再回去了，咱不跟这个姓金的了，没前途。我给你们姐俩都算命了，你们以后都得大富大贵。我刚找到一个门路，咱跟太子的姐姐长公主刘嫖有关系，改天我就把你送进太子的宫里去。

那个姓金的姑爷看媳妇儿几天不回来，就来丈母娘家找，结果大吵一架，也不管用。最后，大女儿真就成了太子的女人，还很受宠，生了三女一男。怀这个男孩时，这个大女儿，也就是这位王美人，跟太子讲：我做了一个梦，梦见太阳落我怀里了。太子很高兴：好，这是贵兆。

随后，汉文帝驾崩，太子即位就是汉景帝，这个男孩也生出来了，取名刘彻，就是后来的汉武帝。

更绝的是什么呢？臧儿不是算命算着两个女儿都得富贵吗？二女儿是怎么富贵的呢？很简单，复制大女儿的成功模式，也想办法嫁给了汉景帝，并且生了四个儿子，这四个儿子以后全部被封王。

这算命的也太厉害了。怎么解释呢？很难解释。《史记》里有大量的关于算命的故事，这反映了司马迁和中国古代文化中的强烈的天命观。

《史记·外戚世家》讲了刘邦、汉文帝、汉景帝直到汉武帝的婚姻情况，都带有明显的缘分天注定的意味。

其中，汉景帝的母亲窦太后最传奇。本来窦太后只是吕太后手下的一个小宫女。有一次，吕太后组织一批宫女，分别赐给各个诸侯王，就类似发"福利"。

窦太后也是其中一个"福利"，她当时特别希望被发给赵王，因为她老家是清河的，属于赵国。为此，她还专门给管这事的大宦官送了礼。

结果，真到分配时，大宦官忘了，把她发给代王了。方案名单都让吕太后过了目，已经批了。她知道后又哭又闹，寻死觅活，也不管用，只好满腹幽怨地来了代国。

结果，来了之后她就被代王看上了，怀上了汉景帝刘启。后来代王成了汉文帝，她成了皇后，再后来又成了太后。

汉景帝即位之后，本来立的皇后是薄皇后，是薄太皇太后的娘家侄孙女。可是，这个薄皇后没生儿子，也就没地位，失宠了，后来，薄太皇太后一死，薄皇后就被废掉了。

随后的皇后之位就空了，按正常来讲，栗姬比较有希望。因为，她生了两儿子，其中刘荣是景帝的长子，而且已经被立为太子了。母凭子贵，她当皇后是顺理成章的事。

但是，出问题了。长公主刘嫖有个女儿叫阿娇，想嫁给太子刘荣做太子妃，以后好当皇后。栗姬不乐意，景帝的好多妃子都是刘嫖给引进宫里来的，都年轻又漂亮，与她争宠。所以，她讨厌刘嫖：不行，太子是我生的，娶媳妇得听我的，不要长公主的闺女！

刘嫖很生气：你不要我闺女是吧，我让你儿子的太子也当不成，我闺女早晚还得当皇后。

于是，她就找王夫人：把我闺女嫁给你儿子刘彻吧，怎么样？

王夫人挺乐意，自己能有今天，得说是当年靠着长公主给牵线搭桥。而且，还有谁家闺女比长公主家的更尊贵啊，她立即就同意了。

然后，这一对亲家母结成一个联盟，携手展开后宫权力争夺战，一起对付栗姬。而且，她们背后的那两个老女人更厉害，一个后面是皇帝的亲妈窦太后，一个是大神级的臧儿。

栗姬呢，还傻呵呵地使性子呢。有一次，景帝生病，心情很差：栗姬啊，哪天我真要不在了，这帮孩子们你可都得当成自己亲生的，好好善待他们。

栗姬竟然还争风吃醋呢：谁谁的孩子，让我怎么善待啊，她们谁把我放眼里啊？她发了一通牢骚，景帝听了，要多寒心有多寒心，自己生闷气。

王夫人得知这个情况后，立即跟长公主商量出一个计谋。她们暗中找了一个大臣，让这个大臣去撺掇汉景帝：皇上，"子以母贵，母以子贵"，为什么还不把太子的母亲封为皇后啊？

第 12 回　汉景帝的家务事

景帝正生栗姬的气呢，一下子就炸了：这肯定是栗姬授意的，她这么气我，还想着当皇后？

于是，景帝把一腔怒火撒在这个大臣身上：来人，拉出去砍了！

随后，刘荣的太子之位就被废了，改封临江王。栗姬呢，活活被气死了。

又过了两年，这个临江王刘荣被告发，说是修建宫室侵占了宗庙的地方。景帝派人把刘荣叫到中尉府，给关了起来，让他交代情况。当时的中尉是西汉一个著名的酷吏，是个愣茬儿，反正让刘荣受尽屈辱。最后，刘荣竟然自杀了。

这就是汉景帝的家务事，兄弟、父子也都不过如此。接下来，汉武帝刘彻的时代就要开启了。

第 13 回

汉武帝前的万众创业

公元前 141 年正月二十七日，汉景帝驾崩。

在这十天前，太子刘彻刚刚举行了冠礼，也就是成人礼。冠礼的年纪并不确定，老百姓和诸侯王也不一样。而且，男子有冠礼，女子有笄礼。

刘彻即位，就是汉武帝，在位达五十四年之久。在之后的一千多年里，他一直保持着皇帝在位时间最长的纪录，直到最后一个王朝才被康熙皇帝打破，康熙皇帝在位六十一年。

在位时间足够长，才能做足够多的事，文治武功才突出。这是史上那些最牛的皇帝的一大共同点。

汉武帝绝对是史上最牛的皇帝之一，但也是最有争议的皇帝之一。整体上，后世对汉文帝的评价要远高于汉武帝。为什么呢？因为在以儒家思想为主流的中国文化、中国历史中，道德评判的分量是很重的。就像《左传》里面讲三不朽，立德是第一位的。

那么，人们怎样进行道德评判呢？怎么叫有道德，怎么叫没道德呢？

天地之大德曰生。——《易经·系辞下》

天地间最大的道德就是有利于万物的生存与发展。反之，就是不道德。

仁者爱人。——《孟子·离娄下》

爱人，关爱别人，尊重别人的生存与发展就是道德的；反之，损害别人的生存与发展，就是不道德的。

那么，汉武帝呢？

武帝之末，海内虚耗，户口减半！——《资治通鉴·汉纪十五》

汉武帝当了五十多年皇帝，治理国家，到最后，老百姓的生存发展怎么样呢？户口减半！

按一般的理解，这五十多年人口翻番才正常，减少了一半，只因有这一条，即使再提汉武帝有多少丰功伟绩，怎样开疆辟土、通西域、打匈奴，在位时期名将名臣辈出，也都显得很苍白。

司马迁就恨死了汉武帝，他只不过帮着李陵说了几句公道话，就被施了宫刑。可惜的是，他给汉武帝写的本纪没传下来。

不过，司马迁对汉武帝的怨气，在《史记》里的很多地方还是可以体会到的。比如，在讲经济的《平准书》里，先讲"文景之治"时多么繁荣，钱多粮多，国库里串钱的绳子都腐烂了，粮食都发霉了。然后呢，

物盛而衰，固其变也。——《史记·平准书》

到了汉武帝时期就开始衰落了。

于是外攘夷狄，内兴功业，海内之士力耕不足粮饷，女子纺绩不足衣服。——《史记·平准书》

因为常年的对外作战，国内搞大量的建设，所以消耗太大了，老百姓再怎么努力都不行。

无异故云，事势之流，相激使然，曷足怪焉。——《史记·平准书》

第13回 汉武帝前的万众创业

这一切是为什么呢？为什么汉武帝就这样把世道给搞衰落了呢？这肯定不是汉武帝乐意看到的，这是各种事、各种因素互相影响、互相作用的结果。这可能就是天道规律。

其实不能太责怪汉武帝，虽然他要负很大的责任，但很多时候都是时势使然，如果没有匈奴的不断侵扰，他也不会那么跟匈奴玩命。

汉武帝的一些劳民伤财的做法，包括对鬼神的热衷，也是受当时文化环境的影响。他的功过自有人评说，不过，谁都得承认，他引领了一个用无数鲜血和智慧铸就的伟大时代。

接下来，我想把《史记》里一篇格外重要的列传，先放到这里讲一下，把汉武帝的故事往后放放。这篇列传，就是《货殖列传》，是史上第一篇浓墨重彩地记载商人及其商业智慧的史料。

汉武帝的大时代，说到底是基于汉初几十年来黄老道家思想治下的休养生息，使商业不断繁荣，经济实力不断增强。

就像今天一样，在一个和平稳定的社会中，人们所思所想，主要是如何挣更多的钱，过上更好的生活。

虽然，刘邦在早期，认为商贾们囤积居奇，哄抬物价，使得物价飞涨，于是下令：

贾人不得衣丝乘车，重租税以困辱之。——《史记·货殖列传》

商人你有钱，也不允许你穿好衣服、坐好车，给你收重税。

可是，到了吕太后时期这项政策就不怎么执行了。而且，租税什么的根本困辱不了商人，只能转嫁给老百姓。

总之，在当时人们的眼中，商人的地位其实是很高的。

千金之家比一都之君，巨万者乃与王者同乐。——《史记·货殖列传》

拥有一千斤黄金的富豪，就相当于"一都之君"了，相当于被封侯了。拥有上万斤黄金的富豪，可以和王一样享乐。

那么，这些人都是怎么富起来的呢？司马迁给分了三类，有高下之分：

> 本富为上，末富次之，奸富最下。——《史记·货殖列传》

本富，就是在家从事农业生产，有本金，吃利息的这种，是最好的。就跟那些封侯的一样，封你几百户、上千户，他们每年都给你交钱、地租之类的，可以不劳而获，在家坐着就能收钱，这最好。

这个"本富"的"本"，主要是指土地和土地上生长的东西。具体地，司马迁列了一大串，意思就是，首先你得拥有一片地，然后在这片地上你养了五十匹马；或者养了一百六七十头牛；或者养了二百五十只羊；或者有一片年产一千石鱼的鱼塘；或者有一片山林，上面有一千多棵成材的大树；或者像在安邑这边的有一千多株枣树……在齐鲁地区的有千亩桑麻的；在渭川有千亩竹子的；有千亩粮食高产田的；或者有千亩栀子、茜草的，千畦生姜、韭菜的。诸如此类，这些人每年的收益，跟一个千户侯的年收入其实差不多。

总之，田是恒产，坐地收租，这就是"本富为上"。

"末富次之"的"末"是相对于"本富"的"本"而言的，不是"本"的就是"末"。以土地为基础的农林畜牧业之外的就是工商业，就是末富。这也是很赚钱的，只是得操心受累。司马迁也列举了一大堆，大致意思就是说，凡是在有点规模的城市里，总有那么一些干工商业的，都干得比较大。比如，做酒的，一年酿一千瓮酒；做醋的，一年酿一千缸醋；卖饮料的，豆浆、果汁什么的，一年卖一千桶；卖肉的，一年宰一千头牛羊；干粮油的，一年卖一千钟谷物；卖柴草木炭的，一年卖一千车炭；造船的，一年造一千丈长；倒木材的，一年卖一千棵树的木材；倒腾竹竿的，这是建材，一年弄一万棵竹竿；做马车的，一年制作一千辆马车；做牛车的，一年卖一千辆牛车；做漆木器具的，一年做一千件；做铜器的，一年用上一千钧的铜材；还有做铁木工具的，卖染料的，贩卖牛马的，贩卖奴隶的，卖药材的，卖棉布的……各行各业，只要是规模达到一定程度，其财富就能跟诸侯媲美了。

司马迁为什么不厌其烦地罗列这么多呢？为什么讲这么细致呢？这里面，应当有他的考虑：首先是，出于史家的习惯，他要保存一份有关当时工商业情况的史料。

令后世得以观择焉。——《史记·货殖列传》

确实，我们一看这个就知道，西汉那会儿的人干什么的都有。当然，也可想见当时的繁华。

其次，应当是为了表达他的一个认识，就是专业化，很多人能富起来，是因为：

诚壹之所致。——《史记·货殖列传》

意思就是，就盯住一样干，不论干哪行哪业，把一样干好了，都能致富。

夫用贫求富，农不如工，工不如商，刺绣文不如倚市门，此言末业，贫者之资也。——《史记·货殖列传》

意思就是，如果你只是一个穷人，没有土地，没有继承什么遗产，想靠"本富"，那不现实。怎么办呢？"农不如工，工不如商"。种地务农就不如干点手工业，干手工业不如经商。这就像什么呢？就像"刺绣文不如倚市门"，女人在家里刺绣绝对不如出来倚门卖笑更赚钱。

所以说，末业即工商业才是穷人致富的大道。

既然什么都不如商，那就创业吧！创业都干什么呢？司马迁说，他写的那一大段得有三四十个行业，都可以干。

贪贾三之，廉贾五之。——《史记·货殖列传》

贪心的商人牟取暴利，反而得利少，只能十得其三；廉正的商人薄利多销，反而得利多，可以十得其五。

为此，司马迁提到了中国古代商业智慧的一个大概念，即廉贾归富。

廉吏久，久更富，廉贾归富。——《史记·货殖列传》

就像做官，廉洁的官吏不贪污，官就能稳稳当当做得久，最终也不少挣。

同样，廉正的商人不贪利，讲诚信、讲商道，也会稳稳当当做得久，最终赚得大钱。

正因为两千多年前的中国商人就已经懂得了这些道理，所以，他们才能开创无数的商业传奇。那么，《货殖列传》中都讲了哪些商业传奇呢？还有哪些深刻的商业理念呢？

第14回

《货殖列传》
里的商业传奇

读《论语》《道德经》，应当还隔了一层，我们在脑子里要做一些身份、情境的转化；读《货殖列传》则是直截了当的。古代那些商业巨子是怎么赚钱的、怎么把握商机的，既有哲学层面的，又有操作层面的。这就是《货殖列传》要讲的。

《货殖列传》里提到了商圣范蠡。当年，范蠡辅佐越王勾践灭了吴国之后，认定：

大名之下，难以久居。——《史记·越王勾践世家》

人不能名气太大，太风光了，就会暗藏危机。而且，他很了解越王勾践这个人，只能同患难，不能共富贵。

于是，他带了些金银珠宝，就乘舟浮海而去，北上到了齐国。在齐国，他隐姓埋名，更改了名字，叫鸱夷子皮。然后，他带着三个儿子，艰苦创业：

耕于海畔。苦身戮力，父子治产，居无几何，致产数十万。——《史记·越王勾践世家》

"耕于海畔"，在海边上耕种庄稼吗？我觉得不大可能，海边上都是盐碱地，根本长不了庄稼，我认为，当时范蠡准是在海边晒盐，做盐业，才可能在比较短的时间内做到很大，积累很多财富。而且，扒盐、晒盐，这是很累的活儿，正好能用"苦身戮力"来形容。

第14回 《货殖列传》里的商业传奇

他的事业做大了,又一次出名了。齐王就把他请去,让他做相国。他又干回老本行了,在齐国做了几年相国。

居家则致千金,居官则至卿相,此布衣之极也。——《史记·越王勾践世家》

又是巨富,又是高官,集于一身,这不好,范蠡认为还得走。他安排人把相印给齐王送回去,散尽了家财,带了一些贵重的宝物,和家人一起来到了陶这个地方。他觉得这里交通便利,适合做生意,于是就定居下来。他又改了个名字,叫朱公,人称陶朱公。

陶朱公带着儿子们继续经商,不久,又做大了,又拥有了万贯家财。他的财富不是独自享用,只要积累到一定程度就会分掉。所以,司马迁称赞他:

富好行其德者也。——《史记·货殖列传》

他不仅富有,而且喜欢做仁德之事。所以,他才能被后世称为"商圣"。

最后,范蠡得以善终,老死于陶,应当就是今天山东菏泽的定陶。他的子孙们好几代也都是富豪。按中国人理解,这是由于范蠡积德的缘故。

那么,范蠡为什么这么厉害呢?有没有高人指点?确实有高人指点。他有个老师,叫计然。没听说过,是吧?这绝对是顶尖级的人物。计然的老师,你肯定听说过,谁?老子。老子,大家都知道,是道家的开山祖师。老子下面还有四大人物,被道教尊为"四大真人"。哪四大真人呢?第一位是庄子,被尊为南华真人;第二位是列子,被尊为冲虚真人;第三位是文子,被尊为通玄真人;第四位是亢桑子,被尊为洞灵真人。其中,这位文子,通玄真人,据说跟计然是同一个人。

也有人说,文种就是文子,就是计然,这个,我觉得也有可能。也就是说,文种、文子、计然是一个人。

总之,计然很厉害。《史记》里讲,他和范蠡一起辅佐越王勾践,他教给勾践一套富国之道，一套积极有效的财政政策。

修之十年，国富。——《史记·货殖列传》

按照计然的这套政策，发展了十年，越国就富起来了。

厚赂战士，士赴矢石，如渴得饮，遂报强吴，观兵中国，称号"五霸"。——《史记·货殖列传》

国家富了，就可以"厚赂战士"，有大笔的军费，改进军事装备，大幅提高军人待遇，他们打仗就更玩命了，战斗力就更强了，最终灭了吴国，成为"春秋五霸"之一。

然后，范蠡决定归隐，归隐之后干什么呢？当时，他已经想好了：

计然之策七，越用其五而得意。既已施于国，吾欲用之家。——《史记·货殖列传》

计然的这套富国之策，一共有七条，越国用了五条，就富起来了，就成功了。我归隐之后，把它们用在治家上，不也照样能富起来吗？结果，他真就富起来了，成了巨富、商圣。

计然说过一句话：

知斗则修备，时用则知物，二者形则万货之情可得而观已。——《史记·货殖列传》

周边的国家要来攻打，怎么办？要赶紧动员兵力，修筑防御工事，做好打仗的准备，这是"知斗则修备"。"时用则知物"，就是经常用什么东西，你就能比较了解这个东西。

| 第14回 | 《货殖列传》里的商业传奇

把这两条道理吃透了，充分运用于实践，套用到商业上，经营什么都没问题。这就是计然商业智慧的大纲领。简单讲，"知斗则修备"，就是要对市场有预测和判断，提前准备；"时用则知物"，就是要在不断的实践中积累经验。

商业成功的秘密无非这两条：预见和经验。而预见一般都是基于经验的，基于对自然规律和商业规律的把握。都有哪些规律呢？首先，在农业上有一些规律。

六岁穰，六岁旱，十二岁一大饥。——《史记·货殖列传》

每六年会有一次大丰收，也会有一次大旱，每十二年会有一次收成非常差的饥荒的年头。这就是一个规律，它有一个循环。究竟哪年收、哪年旱呢？可以通过观测天象来判断。

故岁在金，穰；水，毁；木，饥；火，旱。——《史记·货殖列传》

这句话究竟怎么解释，我也说不好，反正就是通过观测金星、水星、木星、火星之类的运行情况，来预测农业收成的情况。这跟现在分析气候来预测农业情况，思路是一致的。

观察天象，分析气候，不是谁都有这个本事，怎么办呢？还有没有简便一点的规律呢？有。计然讲了一条简便的商业指南：

旱则资舟，水则资车。——《史记·货殖列传》

在大旱的年头，你要投资造船；在发大水的年头，你要投资造车。

因为天道循环，市场行情也跟着循环。这个循环，用计然的话讲，就是：

贵上极则反贱，贱下极则反贵。——《史记·货殖列传》

贵到极限了，就会贱；贱到底了，就得触底反弹，就会贵。所以：

贵出如粪土，贱取如珠玉。——《史记·货殖列传》

也就是说，在最贵的时候以最快的速度卖出，就把它当粪土，一点也不要稀罕；而在它最贱的时候，要迅速买入，那是它最宝贵的时候，跟珍珠美玉一样，是最值得稀罕的。
卖出要快，买入也要快。

财币欲其行如流水。——《史记·货殖列传》

钱不能压着，资金要周转开，要有现金流，资产流动比率越高越好。
当然，有些货物必须要囤积，要占用资金，那么，就必须要注意：

以物相贸易，腐败而食之货勿留，无敢居贵。——《史记·货殖列传》

容易腐烂的东西，像水果什么的，不能囤积，利润再高也不能囤。
以上这些，都是经商的实战教学，放在当下的商业环境里，也完全适用。
另外，计然还有两个著名的经济学论断，一个是宏观经济学的：

农末俱利，平粜齐物，关市不乏，治国之道也。——《史记·货殖列传》

这是讲宏观调控，农产品价格不能太高了，也不能太低了，得平衡农民和工商业者的利益，平衡市场上的供求关系。这对于经济的稳定发展是非常重要的，是治国之道。
还有一个是微观经济学的：

第14回 《货殖列传》里的商业传奇

> 论其有余不足,则知贵贱。——《史记·货殖列传》

这其实与现代西方经济学的一个核心理论一脉相通:供求关系决定价格。

计然关于经济学、商业的智慧,《史记》里大致记录了这些。范蠡把这些智慧"用之于家",成了巨富。他在自己的商业实践中,又增加了一条经验:

> 善治生者,能择人而任时。——《史记·货殖列传》

做生意随机应变,能够跟随时代的潮流而不是苛求于人。

《货殖列传》里讲的另一位著名的商人白圭也是特别强调"时"。

> 白圭乐观时变。——《史记·货殖列传》

在时代的变化、行情的变化中,有大量商机,要好好把握。

白圭还讲:

> 人弃我取,人取我与。——《史记·货殖列传》

别人都在抛出时,我买进;别人都争着买进时,我抛出。

白圭被后世尊为"商祖"。这位商祖是怎么经商的呢?司马迁是这样描述的:

> 能薄饮食,忍嗜欲,节衣服,与用事僮仆同苦乐,趋时若猛兽挚鸟之发。——《史记·货殖列传》

能够吃清淡的食物,忍得住嗜好和欲望,穿衣简朴,可以和手下的仆人一同吃苦,一旦发现商机就跟猛兽、鸷鸟一样扑上去。

是故其智不足与权变，勇不足以决断，仁不能取予，强不能有所守，虽欲学吾术，终不告之矣。——《史记·货殖列传》

一个成功的商人，必须有智、有勇，又仁、又强，能权变、能决断、能取舍、能坚守。

《货殖列传》里还列举了好几位大商贾，各有特色，其中有一位任氏，他是发战争财的。

秦朝灭亡的时候，刘邦手下的将领们把咸阳的达官贵人都洗劫一空，他们抢的是什么呢？当然是金银财宝。可是，这位任氏当时却拼命地收购、储存粮食。然后，楚汉争霸期间，老百姓被征兵的征兵，逃难的逃难，没人种地了，大饥荒，饿死很多人。任氏的粮食大卖，一举暴富。他的子孙，好几辈都是巨富。

他给子孙留了一条家训：

非田畜所出弗衣食，公事不毕则身不得饮酒食肉。——《史记·货殖列传》

这又是中国商人的精神。"非田畜所出弗衣食"，意思是衣食花费只能从当年的田租、畜产收入里支出，不能动本钱；"公事不毕则身不得饮酒食肉"，说的是永远都是工作在前，享受在后。

第 15 回

董仲舒的"天人三策"

公元前156年的农历六月，汉武帝出生，这一年是乙酉年，酉鸡，他是属鸡的。公元前153年，小刘彻虚岁四岁，被立为胶东王。六岁，他被立为太子。他姑姑窦长公主刘嫖，想把女儿陈阿娇嫁给当时的太子刘荣，那是汉景帝的长子。可是，刘荣的老妈栗姬与刘嫖不和，不同意。刘嫖就联合刘彻的老妈王夫人，使得汉景帝把刘荣的太子之位给废了，将刘彻立为太子。

公元前141年正月二十七日，刘彻即皇帝位。其实，按周岁，还不到十五岁，放在今天最多上初三。一个初中生，就当皇帝了，而且是亲政，也没有谁在后面垂帘听政，也没有顾命大臣。这感觉还是挺不可思议的。

那么，小皇帝要怎样治理国家呢？很简单，得向人请教。

汝则有大疑，谋及乃心，谋及卿士，谋及庶人，谋及卜筮。——《尚书·洪范》

君主在解决疑难问题时，先要自己考虑，再与卿士商议，与老百姓商议，最后进行卜筮。

汉武帝出手不凡，他进行了广泛的意见咨询，做到了"谋及庶人"。他并不是作秀，而是真有问题。他详细地列出了自己的问题：

第一个问题：这个世界会好吗？

都说古代三皇五帝的时代是理想的盛世，为什么后来就不行了呢？这是不是天意呢？是上帝要惩罚人类，让这个世道越来越坏？如果真是这样，我"夙兴夜寐"，做各种治国的努力，还有用吗？

第15回 董仲舒的"天人三策"

第二个问题：灾异是怎么回事呢？

为什么有那么多灾难？为什么有那么多难以解释的现象？

第三个问题：性命是怎么回事？

为什么有的人长寿，有的人短命？为什么有的人善，有的人恶？为什么有的人聪明，有的人愚蠢？

总之，我到底应当怎样做呢？针对这些问题，那些被公选推举的贤良文学之士给出了各种各样的答案，写成对策，呈了上来。这些人的研究方向不同，有侧重黄老道家的，有侧重儒家的，也有侧重其他家的，说什么的都有。其中，有一个人的对策最称汉武帝的心，他针对这些问题都给出了深刻的回答。

于是，汉武帝又提出了一堆问题：

为什么舜帝治理天下"垂拱无为，而天下太平"，轻轻松松地就把天下给治理好了。可是，周文王却"日昃不暇食，而宇内亦治"，非常忙碌。都是圣明的帝王，为什么会有这种不同呢？

为什么古代帝王有的非常提倡节俭，而周朝的帝王却强调礼制，住的宫室、坐的车子、听的音乐都很讲排场，很铺张。这是不是很矛盾呢？

有人说，良玉不用雕琢，质朴自然是最好的；但也有人说，文饰礼节是必须要讲究的。到底哪个对呢？

都说秦朝短命速亡是因为用严刑峻法，但商朝也是用严刑峻法，为什么能传好几百年呢？

我知道，治国的关键是要发展农业，要任用贤人。可是，这方面我也下了功夫，为什么收效甚微呢？老百姓们还是活得不好，而且贤人也很难得。这是为什么呢？

这个人便又上了一道对策，把这些问题一一解答。

汉武帝看完，大悦：好！写得好！不过，有个地方，我还是不大明白，还得给我再讲讲天人感应。

于是，此人再上第三道对策。

汉武帝看完之后，一拍大腿：写得太好了，我知道该怎么办了！卫丞相，这些人写上来的对策你都看了吧？

丞相卫绾：回皇上，我都看了。

汉武帝：你感觉怎么样啊？

卫绾满脸堆笑：皇上，我也认为这个人写得最好，应当重用他，跟他观点相似的也应当重用。

汉武帝：好，就这么办！

于是，汉武帝对后世影响最为深远的一大决策，由此就开始实施了。这个决策就是著名的"罢黜百家，独尊儒术"。

从此以后，儒家思想逐渐取代黄老道家思想，虽然中间也有波折，也有阻力，但最终还是克服了阻力，逐渐成为汉武帝时期国家治理的主导思想，也成为以后两千多年皇权时代的官方主导思想，乃至成为整个中华民族最主流的文化思想。

当然，道家的思想、法家的思想等，对后面不同朝代的君主也有不同的影响，有时，儒家思想也会受到挑战，但儒家思想仍处于统治地位。

而推动汉武帝做出这个决策的主要人物，就是这位接连上了三道对策，给汉武帝解疑释惑的人——一代大儒董仲舒。

作为一代大儒、大学者，董仲舒有个最著名的故事：

盖三年不窥园，其精如此。——《汉书·董仲舒传》

天天只在屋里读书，三年来，都不往外边的园子里看一眼。

而且，他教学生也很有特点：

下帷讲诵，弟子传以久次相授业，或莫见其面。——《汉书·董仲舒传》

他讲课时，会在前面挂一个布帘，学生们只闻其声，不见其人。

他这个大师是名副其实的。他给汉武帝的三道对策，被后世称为"天人三策"。

第15回 董仲舒的"天人三策"

那么，董仲舒到底都讲了什么呢？他针对汉武帝提出的问题逐条做了回答，内容很多。不过，他讲来讲去，无非是强调一个主题，就是要"更化"，不能再延续汉初以来的黄老道家放任自由的治国思想了，得用儒家思想重建社会。

他尖锐地指出，在以黄老道家为主导的思想下，当时的社会存在两大问题。

第一个问题：贫富两极分化。

汉文帝以黄老道家思想治国的极致表现是自由铸币，是完全放任的。朝廷虽然也做了一些管制的工作，也比较严厉，但总的来讲，朝廷的职能并没有充分发挥。所以，贫富两极分化很严重，富的富死，穷的穷死。用董仲舒的话讲：

富者田连阡陌，贫者亡立锥之地。——《汉书·食货志》

因为，当时土地可以自由买卖，农民一穷了，只好卖地，富人就买地。农民把手里的地卖没了，就成了无产者，也就是孟子所说的"无恒产者"。

民不乐生，尚不避死，安能避罪！——《汉书·董仲舒传》

社会最底层的这些穷人，越来越穷，没活路了，死都不怕了，还怕国家的法律吗？显然，这是对国家稳定的一大威胁，对稳固皇权不利。

第二个问题：人心大坏，道德沦丧。

汉初时的情况更糟，整个战国时期都是民不聊生。当生存都成问题的时候，道德当然就得往后靠了。不过，士这个阶层当时还是挺强的，还保留着春秋时期的一些节操。到了秦朝，经过焚书坑儒，士这个阶层也完了，整个国家完全靠严刑峻法来统治，一点儿礼仪道德也不讲了，人心就更坏了。进而，就会形成一种博弈的局面，上有政策，下有对策，越来越多的人以能钻法律的空子为能事。

然而，汉初几十年来，因为用黄老道家思想，对此都放任不管，一切都没有改善，怎么办呢？没别的办法了，只有一条路，就是改弦更张，得改革，不能再拿黄老道家思想治理天下了，得换儒家思想。

那么，儒家思想有什么高明的呢？皇上提出的那一堆问题，儒家都有深刻而合理的解释，也就意味着儒家思想有一套完备的治国平天下的理论，最根本的有三条：

第一条：

上谨于承天意。——《汉书·董仲舒传》

包含两层意思，一方面，它强调君权神授，确立皇权的合法性；另一方面，它以天意来限制君权。

第二条：

下务明教化民。——《汉书·董仲舒传》

以"仁义礼智信"教化民众，开启民智，管好人心，建立起社会文明与道德体系。

第三条：

正法度之宜，别上下之序。——《汉书·董仲舒传》

强调一个稳定的等级秩序，即君为臣纲、父为子纲、夫为妻纲，也就是"三纲"。刚才的第二条是五常，二者合起来就是"三纲五常"，这是从董仲舒这儿来的。

"三纲五常"，再加第一条的"君权神授"，中国两千多年的封建制度，也就成型了。

这番话都讲完之后，董仲舒向汉武帝又讲了一个词，只有三个字，这三字可以说是中国政治思想的纲领。哪三个字呢？大一统。

什么叫"大一统"？

《春秋》所以大一统者，六合同风，九州共贯也。——《汉书·王吉传》

《春秋》所推崇的大一统，是全国各地风俗教化相同，九州方圆政令贯通划一。董仲舒认为，这是天经地义的，是不言自明的道理。所以，如果要"更化"，要用儒家思想来治理天下，那么，别的思想就得打压，就得清除。

汉武帝采纳了这个建议，就把董仲舒这个政治思想变成了改革实践，从此改变了历史。

汉武帝看完了董仲舒的"天人三策"之后，很高兴：儒家的理想就是修身、齐家、治国、平天下，这样吧，我帮你实现理想，给你个诸侯国，你去做丞相，好好去治国吧。你就去江都国。

于是，董仲舒去赴任，辅佐汉武帝的哥哥江都王刘非治国，结果成效还不错。公元前134年，他还建议汉武帝"令郡国举孝廉"，就是各个郡、各个诸侯国定期要向朝廷举荐忠孝廉直的人。这个建议也被汉武帝采纳了。这期间，他跟江都王讲的一句话，也名垂史册，就是：

夫仁人者，正其谊不谋其利，明其道不计其功。——《汉书·董仲舒传》

直到当代，互联网经济时代的马云也说过与之意思相近的话，他说：真正做好、做大的企业家考虑的事情大部分都跟钱无关，重大的战略决策也跟钱无关。

事实往往就是这样：开始做一件事时，多数还是因为利益；可是，做着做着，让你能一直坚持下去的，一定是这件事的意义。

董仲舒在江都国干了有十多年，被一个后起的权臣主父偃嫉妒，遭到陷害，导致江都相的职位也没了。又有权臣公孙弘算计董仲舒，推荐他去给一个特别难伺候的诸侯王胶西王做丞相，想借胶西王的手把他给杀了。董仲舒知难而退，在胶西国待了不长时间，便告老还乡了。

之后，他教学著书，终老于家。后人把他的文章编辑成书，就是《春秋繁露》，一直流传至今，里面有很多精彩的思想。

汉武帝为何能接受他的提议？他的"罢黜百家，独尊儒术"的改革能否顺利推行呢？

第 16 回

汉武帝的憋屈

公元前 141 年，汉武帝刚即位就向全国征集治国理政的建议。大儒董仲舒向他提出了"天人三策"，建议他"罢黜百家，独尊儒术"。汉武帝立即欣然接受。

怎么这么痛快呢？把国家主导思想从黄老道家变成儒家，这可不是小事啊！其中缘由，一方面是因为董仲舒讲得确实好，有理有据，高屋建瓴；另一方面，汉武帝做太子时接受的就是儒家思想，所以，他对儒家有好感，有深刻的认同感。

为什么说他受的是儒家思想的教育呢？因为他的老师是卫绾。可能别人也做过汉武帝的老师，但史书里没写，史书里只写了卫绾。

汉武帝即位时，卫绾已经做了一年多丞相，是汉武帝的第一任丞相。董仲舒对策之后，官方第一个明确支持表态的，是卫绾。

卫绾是什么来头呢？他最早只是个演马戏的杂技演员。他表演的那个节目得说是高难度，叫戏车——在奔跑的马车上面，做各种高难度的动作。

卫绾很可能是第一个青史留名的杂技演员。这样的出身，绝对是底层中的底层，肯定没有什么学问的底子。但是，这并未影响他以后的巨大成功。

这给我一个启示：从小培养起来的坚忍不拔的拼搏精神，可能比拥有知识更重要，更能助人走向成功。卫绾能从一个杂技演员，到后来成为大汉丞相，可能也是这个原因。

不过，《史记》里面主要强调的是他另一个品质：醇谨。

他先是因为给汉文帝表演戏车，演得不错，被汉文帝看中，做了郎官。后来，又被升为中郎将，就是侍卫长，成了汉文帝身边的红人。这中间，他也没

第16回　汉武帝的憋屈

有什么所谓的政绩，靠什么呢？靠品性。

醇谨无他。——《史记·万石张叔列传》

老实、谨慎，没有什么乱七八糟的想法。让干什么，就踏踏实实干什么。

有一次，太子请汉文帝身边这些大秘、侍卫去吃饭，别人都巴不得呢，因为汉文帝身体一天天不行了，太子很快就能即位，都巴望着跟太子搭上点关系，套套近乎。但是，卫绾借口生病没去。

不久，太子真即位了，就是汉景帝。汉景帝质问他：卫绾，之前你怎么不给朕面子呢？请你，你还不去。

卫绾赶紧磕头：皇上，微臣罪该万死，我是真病了，我哪敢不给您面子啊？我只是个戏车之人，能有什么面子里子的，不都是您和先帝给的吗？

汉景帝也是明白人：好吧，先帝之前嘱咐我，得善待你。这样，今天朕赐给你把宝剑，先帝是不是也赐给过你宝剑啊？

卫绾又赶紧磕头：是啊，皇上，先帝前后赐给我六把宝剑，我都在家里供着呢。

汉景帝很吃惊：噢，不会吧，都存着呢？你一把也没卖吗？你拿来给我看看。

结果，卫绾真拿来了，一看，六把剑都在剑套里，从来都没拔出来过，更别说卖了。

汉景帝暗竖大拇指：怪不得先帝这么喜欢他呢。

随后，相处久了，汉景帝也喜欢上卫绾了，他发现卫绾这人太好了。卫绾跟谁一块办个什么事，如果不小心办砸了，他都会把责任揽到自己身上；相反，要是有什么功劳，他都让给别人。

平时，他做事还特别认真、仔细，用这样的人很放心，于是，汉景帝任命卫绾做河间王刘德的太傅。

河间王刘德可谓是一代贤王，是汉武帝兄弟中最贤良的一位，他是当时的太子刘荣的同母弟弟，被封在河间国，大致就是今天整个沧州西部，国都在献县。献县这个名儿，应当就是因刘德死后的谥号叫"献王"而得来的。

为什么朝廷给他定这么个谥号呢？因为，

谥法曰"聪明睿知曰献"。——《汉书·景十三王传》

刘德生前是一个聪明睿智的王，按照谥法，就叫献王。

刘德很好学，可是当时书太少了，他就花了很大的精力，从民间搜求，花高价收购。

加金帛赐以招之。——《汉书·景十三王传》

得到一本书他就给献书者一些金帛。

因此，不只是在河间国，其他地方的人，只要家里翻出本书来，就会拿到河间国来卖给他。最后，他的藏书，比朝廷的藏书还多。所以，对于秦朝焚书之后先秦经典的保护与传承，对于中国文化的传承，刘德都居功至伟。在收集的这些经典里面，他最认同的是儒家经典。他治理河间国，也都是用的儒家思想。

当时很多的儒家学者，也都投奔到河间国来。那么，河间王刘德对于儒家的这种认同、热爱，是不是受了他的老师、太傅卫绾的影响呢？或者，反过来讲，卫绾会不会受河间王这方面的影响呢？虽然他们在一起的时间不长，但是，这种影响，我认为一定是存在的。

所以，几年之后，当卫绾做太子刘彻的太傅时，他肯定会把这种影响带给刘彻。而且，从卫绾的醇谨也可以想见，他是比较符合温、良、恭、俭、让的气质的。

太子少傅王臧，就更不用说了，有着深厚的儒学功底，是《史记·儒林列传》里提到的人物。我估计，卫绾做太傅主要是身教为主，手把手教太子读书的应当是少傅王臧。汉武帝即位之后，立即把辞职在家的王臧提拔为郎中令，相当于秘书长。可见他对王臧的信任和欣赏。

第16回 汉武帝的憋屈

另外，还有一个人，也算是汉武帝的老师，即他的舅舅田蚡。前面讲了，汉武帝的姥姥臧儿先是嫁给王姓丈夫，生了两女一男，其中大女儿就是汉武帝的母亲。汉武帝的亲姥爷死后，他姥姥就又嫁给一个姓田的，生了两个儿子，其中大儿子就是田蚡。

> 蚡辩有口，学《槃盂》诸书，王太后贤之。——《史记·魏其武安侯列传》

田蚡能言善辩，而且有学问，学习《槃盂》诸书、各种古代经典，所以，很受他姐姐也就是汉武帝的老妈王太后的赏识，觉得这个兄弟最优秀了，比那个同父同母的兄弟王信走得要近。

所以，小时候，刘彻跟这个田蚡舅舅也非常亲近。田蚡舅舅对他各方面都有影响，给他很多指点。

还有，汉武帝的表叔是大将军窦婴，平定"七国之乱"，主要就是周亚夫和窦婴带兵。窦婴也是"好儒术"。

儒家思想取代黄老道家，似乎在当时已是大势所趋，很多重臣、权贵都倾向儒家，跟汉初时的情景已经不一样了。

之所以有这种转向，除了上回提到的原因，诸如贫富两极分化、道德沦丧，这里面可能还有一个社会心理的原因，就是大商贾的崛起，给权贵们带来了心理压力，或者说是给整个士大夫群体带来了心理压力。

《货殖列传》中说，引车卖浆的、修鞋的、收破烂的，都可能积累起巨大的财富，都比王公贵族生活得滋润。他们又有钱，又有势，排场比权贵还大，权贵阶层当然会很不舒服。

更不舒服的是士，即知识分子。这帮大商贾，不但有钱，活得舒服，还很容易当官。文景时期有个选官制度"赀选"，就是家财超过五百万的富人可以自备车马、衣服，到长安候补做官，做个郎中、中郎什么的，以后慢慢再往上升。这不是跟知识分子抢饭吃吗？尤其是跟儒家知识分子抢饭吃。所以，董仲舒的"天人三策"，痛批"赀选"制度的不合理。

汉武帝把治理思想由支持自由经济的黄老道家，转向强调等级秩序的儒家，可以说是权贵加知识分子组成的士大夫阶层对商贾富人阶层的打压。后面，这种打压会更加具体化，包括"计算商车"给商贾加税，还有"七科谪"征调更多商贾去服兵役，等等。

在后来两千多年中以儒家为主导的政治思想下，士、农、工、商中商的政治地位一直都垫底。实际的社会地位，商当然要在工农之上，因为他们有钱。

对于新继位的汉武帝而言，治国的思路有了，要改革，怎么干呢？第一步要做的，就是搭建一个支持改革的能干事的领导班子。

首先，丞相卫绾不适合了，虽然他支持儒家，但是太老好人了，不干事，之前景帝的时候，他这个丞相就不作为，所以得换掉。

换谁呢？换蚡舅。田蚡觉得自己资历浅，就推荐窦婴来做丞相。田蚡和窦婴的关系很微妙，稍后再细说。

汉武帝说：好，让他做丞相，你做太尉。军政大权，你俩给我抓起来。

随后，三人一商量，还缺一个御史大夫，就是副丞相。让谁做呢？窦婴和田蚡推荐赵绾，也是一个儒家学者。再加上郎中令王臧，也是儒家学者。这一下，高官就都就位了。

正式开干。按照儒家的理念，要建造明堂——象征天人合一的大宫殿，要巡狩，要易服色，改正朔，全面改革。

可是，这些改革的措施一样都没落实呢，就被喊停了。被谁喊停了呢？被他奶奶窦太皇太后。窦太后是汉文帝思想的坚定维护者，是黄老道家的信奉者，讨厌儒家。所以，她看到小孙子汉武帝要往儒家的道上走，很不高兴。让她更气愤的是，御史大夫赵绾竟然建议汉武帝：

毋奏事东宫。——《资治通鉴·汉纪九》

皇上，您现在已经亲政了，就不要什么事都请示太皇太后了。

窦太后知道后，说：这还了得啊！小皇帝身边都是些什么人啊？这是要反啊！来人，去查查皇上身边那些人，看看是不是有问题。

第16回 汉武帝的憋屈

结果，很快赵绾、王臧就被抓了。这两人都没有什么根基，然后都自杀了。窦婴和田蚡也被免了，回家待着去了。丞相、郎中令等这套班底，都换上了窦太后信任的人。

虽然此时刘彻已经是皇帝，但是羽翼未丰，他想振翅高飞暂时还不行，还得老老实实当个乖孙子，得忍着。不然的话，窦太后说把他废掉，就能把他废掉。汉景帝生了十多个儿子呢，真要是想换谁，那太容易了。

除了这个国事，让汉武帝窝心的，还有一件家事，他也没办法，也得忍着。怎么回事呢？他能当上太子、当上皇帝，是靠着他姑姑长公主刘嫖的帮助。刘嫖是窦太后唯一的亲生女儿，跟汉景帝同父同母，很有权威。她这个忙不是白帮的，这也是一桩政治交易，她最终是为了让自己的女儿陈阿娇当上皇后。

刘嫖的丈夫姓陈，叫陈午。陈午的爷爷是开国元老陈婴。当年秦末天下大乱，陈婴是跟刘邦、项梁他们一块儿起兵的，手下也有两万之众。手下人劝他称王，但他听了母亲的告诫，带兵投奔了项梁，之后辗转归附刘邦，被封侯。而且，他的孙子娶了长公主。

不过，这门亲事，也就名声上好听，因为这个长公主可不是省油的灯，而是极其骄奢。

长公主刘嫖帮着汉武帝顺利即位，她女儿陈阿娇也当上了皇后，她就更骄横了。她今天要片地，明天要些钱，后天让给安排个官职……简直没完没了。

一开始，汉武帝还是很感恩，有求必应，时间长了就烦了。而且，阿娇皇后跟她老妈的脾气秉性是一样的。

皇后骄妒，擅宠而无子。——《资治通鉴·汉纪九》

皇后骄横嫉妒，不允许皇上看任何一个妃子，更不许碰，只能爱她一个人。

汉武帝只好忍着。可是，阿娇皇后偏偏怀不上孩子，求医问药，就是没有效果。小汉武帝表现得很烦躁，也很生硬。

他妈王太后看在眼里，很是担心，有一天把汉武帝叫来，她说：儿啊，我得提醒你，你刚即位，立足未稳就搞"更化"，惹恼了太皇太后。现在你的这个态度，肯定又要把长公主给惹恼了。这样下去，咱娘俩可就悬了。

汉武帝说：那该怎么办呢？

王太后笑了：女人好哄，你多说说好话，她就听话了，在这一点上你一定要慎之又慎呀！

于是，汉武帝尽量把不满情绪藏起来，忍着，尽量去讨好皇后和丈母娘，把各种关系大致维持好，以保住自己的位子。

可是，他的天性是张扬的，又正处于一个张扬的年纪，老让他这么憋屈着，怎么可能呢？他得发泄出去，他要可劲儿玩。他都怎么玩呢？

第17回

史上最著名的私奔

汉武帝即位之后，羽翼未丰就想改革，结果被窦太皇太后给压了下去，很憋屈；跟皇后陈阿娇还有丈母娘长公主刘嫖的关系又很紧张，也憋屈着。

可是，他哪儿憋屈得了，必须发泄出去。所以，在即位之初，窦太皇太后还活着的这几年里，国事上他说了不算，干脆就可劲儿玩吧。玩什么呢？主要是三样儿：一是玩文学，二是好打猎，三是喜好女色。

先说玩文学。汉武帝绝对是个文艺青年，在中国文学史上也是有一号的。他是个诗人，传世的有好几首诗，最有名的是《秋风辞》，写得婉约、伤感、唯美，可见他也是一个情感细腻的人。这首诗是他在四十三岁的时候写的，可惜，他年轻时的作品没有流传下来。《史记》中只记载了他刚即位不久，就从全国找来很多有文学才智之士，他每天都跟这帮人在一起讨论国家大事，还讨论文学创作。其中，有好几位都是青史留名的大文豪，最著名的就是司马相如，还有东方朔、朱买臣等，都是有故事的人。

先说司马相如。

一说古代文学，大家都知道每一个朝代有每一个朝代的特色，比如唐诗、宋词、元曲、明清小说。汉朝最著名的是赋。在写赋的这些人里面，第一把金交椅就是司马相如坐的，有"辞宗赋圣"之称。

《史记》里面，大段地照抄了他的几篇赋。这说明什么？说明司马相如的赋写绝了，连司马迁这样的大家都佩服。

不过，我对司马相如的赋没多大兴趣，他写得太铺张华丽了，这不是我喜欢的文学类型。我的兴趣还是在他的爱情故事上面，那真叫"才子佳人"。怎么回事呢？

第17回　史上最著名的私奔

司马相如是成都人，字长卿，小名叫"犬子"，爹妈疼他，给他起这么个爱称。他从小"好读书，学击剑"，能文能武，因为特别仰慕蔺相如，他长大后便给自己起名叫司马相如。

当时他家里挺富裕的，花了一大笔钱，投资让他走仕途，在汉景帝手下当武骑常侍，类似于保镖。这是玩武的，虽说他学过击剑，但毕竟天赋、兴趣还是在文学辞赋上，这才是长项，是国手级别的。

不过，汉景帝不喜欢舞文弄墨。司马相如很失望，感觉这样下去，在景帝身边不会有什么前途，于是，找机会转投到梁王刘武手下。

梁王身边有很多文人，司马相如跟着混了几年，水平大增，进入一个创作的高峰期，写出很多好作品，其中就包括后来著名的《子虚赋》。可惜，梁王短命，年纪轻轻就死了。司马相如又混不下去了，只好回成都老家。这时，家中遭遇变故，变穷了，他再想每天白吃饭、写写诗赋、转悠着玩儿，那不可能了。

怎么办呢？干点什么挣钱呢？他有一个好朋友叫王吉，在附近的临邛县做县令，听说他回成都了，就过来看他。

见了面，司马相如说：兄……兄……兄弟啊，你……你……你看我现……现在这……这情况，找个什么挣钱的道……道儿呢？

怎么司马相如还结巴上了？哈，这没办法，他天生就结巴，跟韩非子一样的毛病。注意，那韩非子也是写文章的一代宗师，可能都是因为结巴，说不利索，干脆写出来，这个写的功夫就超常了。

王吉听司马相如一说，他就帮着琢磨：嗯……哎，嫂夫人呢？

司马相如一撇嘴：哪……哪有什么嫂夫人啊，大丈夫得先立业后成家，我现在功不成名不就的……

当时司马相如到底有没有媳妇，史书里没明确地写。他至少三十多岁了，照理应当是有妻室的。可是，如果他有妻室，那接下来的故事，就不那么顺理成章了，所以，咱先假设他没有。

王吉一听司马相如还是单身，立马兴奋起来了：太好了，我有主意了。你听我的，我保证你钱的问题、媳妇的问题，一下全解决。

司马相如听王吉说完他的主意，有点犹豫：这……这……这合……合适吗？

王吉：合适呀！

司马相如：好，好吧。

于是，几天之后的临邛县城，打成都方向来了一队人马，十几号人，都是豪车骏马。

雍容闲雅甚都。——《史记·司马相如列传》

这些人都穿着讲究，气度不凡。尤其为首的这个男子，三十出头，简直太帅了，一看就不是一般人物。

县令王吉亲自出迎，迎出老远来。他把这些人安排在城里最好的客栈住下，好吃好喝好招待。

随后，每天一早一晚，王吉都过来给这个男子请安。这人呢，还爱答不理的，派手下人去告诉王吉，以后不用过来请安了，他嫌烦。

王县令一听这个，吓毛了，更加毕恭毕敬。一下子，整个临邛县城就炸开锅了。

路人甲：这是什么人物啊，这么大面子，县令都怕成这样。

路人乙：据说是皇帝身边的红人，是个大才子，我看见了，要多帅有多帅，要多大架子有多大架子。

于是，城里的富豪们都坐不住了：这么大的人物，得赶紧去巴结巴结。

临邛的富豪很多，因为有铁矿。《货殖列传》里说，当年秦灭六国，把各国的豪强都迁入关中，迁到蜀地。好多人都不乐意，都希望迁的地方能离老家近一点，就都给押送的军官行贿，希望留在汉中的葭萌县，不要再深入蜀地了。其中有赵国一家子，姓卓，本来也是巨富，靠冶铁起家的，但半路上随身财物都被人抢光了，也没什么家人、仆役。两口子只好自己推着小推车，到了葭萌县一看，这地方都是山，土质也不行，只好接着往前走。他们听说蜀地的汶山之下，有大片肥沃的土地，地里面长着大芋头，都吃不完，而且，商业环

第17回 史上最著名的私奔

境也不错,便于做生意。于是,他们就去那儿了。他们也没钱行贿,就直接被迁到了离老家最远的临邛。一看临邛这地儿有铁矿,两口子立马重操旧业,开矿铸铁,很快就重新崛起,富起来了。

到了咱说这故事的时候,卓家已经传了好几代了,还是那么富。还有一个程郑家,也是好几辈传下来的大家业。

这两家都来找王吉:县令,听说您这儿来了贵客了,能否赏个脸,到我们家去坐坐?

王吉心中暗笑:好吧,我帮你们安排,我去跟贵客说一声。你们回去准备吧。

随后,王吉又派人通知两家,都已经说好了,贵客明天就去,先去卓家。转过天来,卓家大摆筵宴,十几桌酒席,百十来个客人,都是当地有头有脸的人物。王吉也早早地就来了,可是,等了半天,贵客还没来。

这桌子上的菜,眼瞅着都凉了,人们肚子饿得也咕咕叫了,贵客怎么还不来?这时,来了一个小童仆:对不起各位,我们大官人病了,今儿来不了了。

县令王吉坐不住了,只好亲自跑过去接贵客。最终,贵客不得已,只好跟着王吉来到了卓家,出现在了众人面前。

一坐尽倾!——《史记·司马相如列传》

参加筵席的人都惊呆了,这人太帅了,气场十足。

落座之后,贵客也不说话,只是向大家微笑致意。接下来,宴会开始,喝酒。酒过三巡,王吉让人捧上一把古琴:贵客啊,我们难得有机会见到您,能不能赏脸,给我们演奏一曲?

贵客还是不说话,只是接过琴来抚了一曲《凤求凰》。这琴声,太好听了,撩人心魄,把那屏风后面的一个妹子撩拨得如痴如醉,脸红心跳,一下子就坠入爱河,不能自拔。这个妹子,不是别人,正是卓家的大小姐卓文君。

贵客呢,当然就是司马相如。这是王吉帮着他演的一出戏,车马随从都是租来的,目的就是来撩人的。

卓家不仅有钱，而且卓家这位大小姐，刚刚寡居在家，长得漂亮，又是个文艺女青年，是那种追求自由奔放的女子。于是，这哥俩就策划上演了这出司马相如琴挑卓文君的戏。

现在这个戏还得加把火。于是，酒宴结束之后，司马相如又买通卓文君的小丫鬟，偷偷地给卓文君送来了情书、信物。

文君夜亡奔相如。相如乃与驰归成都。——《史记·司马相如列传》

当天夜里，两人就私奔了，这得说是史上最著名的私奔。

他俩这边，把生米做成熟饭了，卿卿我我的。那边，卓文君她爹可气炸了：我这张老脸都给丢尽了，我就当没生过这个闺女。

司马相如虽说抱得美人归，但卓文君那是多能花钱的主啊，吃的、喝的都很讲究，差一点儿都不行。

怎么办呢？两人把身上值点钱的东西都卖了，又将就了一段，已经没有可卖的了。这时，卓文君说：相公啊，你别着急，要不我们还搬回临邛去。到了临邛，我爹不认咱们，我还有好几个哥哥呢，还有一帮好姐妹，他们肯定能支援咱们。

于是，小两口重返临邛，跟亲友们借了些钱，盘下一家小酒馆，做起了卖酒的生意。

文君当炉。——《史记·司马相如列传》

每天，卓文君亲自招呼客人，司马相如干什么呢？

自着犊鼻裈，与庸保杂作，涤器于市中。——《史记·司马相如列传》

司马相如也不充大腕儿了，每天光着膀子，只穿一个犊鼻裈。什么叫犊鼻裈呢？说白了就类似今天的三角裤头。

第17回 | 史上最著名的私奔

这绝对是最底层人的打扮了。雇的小酒保、杂工之类的都这么穿，司马相如也这么穿，大家一起忙活。

那头，卓文君她爹坐不住了，恨不得找个地缝儿钻进去：这两人跑到我面前来寒碜我啊！他也没脸见人了，只好闭门不出。

亲友们赶紧劝说：事已至此，文君再不懂事也是咱的亲闺女呀，况且这姑爷也得说是人中龙凤、一表人才，见过大世面，不就穷点吗？再说，您不是有钱吗？

最后，老卓只好给卓文君陪送了钱百万、童仆百人，还有各种各样的嫁妆，补办了婚礼。

小两口一下子有钱了，从此，才子和佳人幸福地生活在一起。

跟童话故事似的，是吧？这个童话故事发生的数年之后，长安城里的汉武帝偶然读到一篇奇文，禁不住拍案叫绝：

朕独不得与此人同时哉！——《史记·司马相如列传》

真可惜我不能跟这种大才生在同一个年代啊！

旁边一个侍从上前一步：皇上，您刚才读的这篇文章，据微臣所知，是《子虚赋》，我有个老乡叫司马相如，他跟我说过，这篇赋是他写的。

汉武帝很惊讶：不会吧，这人还活着吗？

侍从：活着啊，年纪也不是很大。

汉武帝：太好了，那你快去把这位司马先生给我请来。

于是，司马大文豪跟文艺青年汉武帝便走到了一起，他还成了皇帝的宠臣。

七八年后，汉武帝要平定与蜀地相邻的西南夷，就是几个小国。因为司马相如老家在那边，各方面情况都比较了解，汉武帝便任命他为中郎将，持节回到蜀郡，负责办理此事，就类似钦差大臣拿着尚方宝剑回了成都。蜀郡的太守及以下官员，还有乡绅土豪全都出城迎接。接上之后，县令这一级的，都负责在前面开道。

那真叫衣锦还乡啊！司马相如要多威风有多威风。而且，事情办得也很顺利，西南夷几个小国全部入贡称臣，汉武帝大悦。

这时，卓文君她爹才算彻底服气了，于是，他又给了女儿好多钱、好多仆人。

司马相如在仕途上没有什么追求，也没当多大的官。这中间，他写了一些赋，也委婉地给汉武帝提出过一些建议、意见什么的，就不细说了。晚年，他辞官回家，养病于茂陵。

司马相如病逝之后，汉武帝曾派人去他家，问有没有留下什么诗赋作品。家人说只留下一篇文章，是专门留给汉武帝的，是劝他到泰山封禅。

这是什么意思？咱们以后再说。

第18回

史上最著名的
离婚

汉武帝身边聚集的一大帮文人中,司马相如很突出。他不仅赋写得好,情感世界动人,而且他和卓文君的爱情故事也被后世津津乐道。

这帮文人里,还有一个叫朱买臣的,他的婚姻故事在后世也很有名。两个故事有相似之处,都有才子、贫穷、富贵、悲欢离合等关键词。

家贫,好读书,不治产业。——《汉书·朱买臣传》

朱买臣也是一个才子,还特别爱读书,但家里很穷,不设法置办经营产业。

朱买臣娶的是普通人家的女子。一对贫贱夫妻,种地、砍柴,就这么过着底层贫穷的生活,一晃很多年。

对于这种生活状态,朱买臣当然也想改变,只是,他并不觉得无法忍受。因为,他好读书,书中的世界能让他从现实生活中超脱出来,书中的道理也使他坚信,只要他不放弃读书,终将会成就他。

可是,他老婆不读书,他身边的亲友们也不读书,他们没有朱买臣这种体验,也就没法理解朱买臣。于是,朱买臣成为一个另类,一个不负责任的、无能的另类,这让他的老婆压力很大。两个人经常吵架。

有一次,他俩一块去砍柴。然后,一人担着一担柴,到集市上卖钱,贴补家用。跟往常一样,朱买臣肩上担着柴,手里拿着书,边走边看,扁担根本不用扶,挑扁担这个本领已经练得炉火纯青了。

他看着看着书,一高兴,唱起来了。他老婆就感觉很难堪:唱什么唱啊,家里都要揭不开锅了，你怎么就不知道发愁呢？快点走你的路吧，别看你那破书了！

朱买臣天天挨这种骂，太多了，根本不往耳朵里进了，继续唱，唱得更起劲儿了。他老婆一下子气炸了，把柴挑子往地上一摔：这日子没法过了！朱买臣啊朱买臣，这么多年了，我跟着你生儿育女，在你们家受了多少累，你天天糊弄我，说你读书能当官，能富贵，我就傻呵呵地跟你熬着。我受够了，咱们离婚，你快点把我休了吧！

朱买臣一看老婆是真急了，赶紧哄，别着急啊，我不是跟你说过吗：

年五十当富贵，今已四十余矣。——《汉书·朱买臣传》

我这个命，我到五十岁，准能大富大贵，现在都已经四十多了，差不了几年了。

女苦日久，待我富贵报女功。——《汉书·朱买臣传》

你跟我吃了这么多年的苦，是我对不起你。你再忍几年，等我富贵了，我一定好好补偿你。

他老婆大哭：别做梦了，我算是看透你了，你不饿死在山沟里就算是万幸了，还想什么富贵啊？

最终，这一架吵完，两人就离婚了。孩子怎么判的，史书也没讲，应当是跟着朱买臣。

然后，朱买臣再怎么唱歌，再怎么看书，都没人管了。背地里，估计他也得哭。史书里也有一些细节。说有一次，他的这位前妻跟现任丈夫去上坟，正好遇见朱买臣砍柴回来，看见朱买臣那可怜样儿，一看就是好几天也没吃一顿饱饭了。俗话说，一日夫妻百日恩。这女人顿时心中酸楚，把朱买臣叫过来，给了他好几个窝头、饼子什么的，让他饱餐一顿。

一晃，又过了几年，眼瞅着就快五十了，朱买臣还是那么穷。一次偶然的机会，他在衙门口打了一段时间的短工，类似于帮着搞什么普查或者审计，然后，他跟着上面的人一起到长安上报这个材料。这时，他才听说，汉武帝正在征召文学贤良之士。

于是，朱买臣决定搏一把，主动应征。

诣阙上书。——《汉书·朱买臣传》

这是个专用词语，意思就是不经过中间环节，越级，直接上书皇帝。内容就是毛遂自荐，夹上几篇自己的得意文章。

待诏公车。——《汉书·朱买臣传》

在"公车"等待皇帝的回复。这"公车"不是公共汽车，是公车府。

朱买臣在公车府等了好几天，等得花儿都谢了，皇帝也没回音。他带的干粮都吃完了，盘缠也花完了。怎么办呢？

只能出去要饭吃了。不好意思也不行了，不然就会饿死。偏巧一出门碰上一个老乡，也是吴县的，叫庄助。这个庄助也是刚被汉武帝征召上来的，很得汉武帝的赏识。

他俩才聊上几句，朱买臣的学问就显出来了，于是，庄助向汉武帝直接举荐朱买臣。

朱买臣终于站到了皇帝面前，讲了一通《春秋》《楚辞》什么的，大秀才艺，一下子就把汉武帝吸引住了：好，不错，封朱买臣为中大夫，以后就留在我身边吧。

这一下子，朱买臣就厉害了，果然五十而富贵！

可是，富贵了没几年，也不知出了什么事，朱买臣被罢了官，财产被没收，又变穷了。

所幸的是，当时汉武帝还给他保留了一个"待诏"的身份，听候录用。他就每天赖在会稽郡守邸——相当于会稽郡的驻京办，蹭吃蹭喝。刚开始，来往

第 18 回　史上最著名的离婚

驻京办的会稽郡官员还都敬着他,毕竟他曾是皇帝身边的大秘。可是,日子长了,大家就开始烦他了,但毕竟他还有"待诏"的身份,也不好撵他走。

就这样,过了很长时间,汉武帝要打东越,才忽然想起朱买臣来了:那个叫朱买臣的,老家是会稽郡的吧,紧挨着东越,这人水平挺高,这回正好用上。来人,去把朱买臣给我召来。

于是,朱买臣再次站到了皇帝面前。汉武帝让他说说对于打东越的看法。朱买臣早就想好了,所以应对自如。

汉武帝大悦:好!讲得太好了,就这么办。封朱买臣为会稽郡太守,回去准备征兵,打东越。

朱买臣赶紧磕头:谢主隆恩,微臣一定不负圣恩。

朱买臣接过太守的印绶,捧着,谢过皇帝,出宫去了。出了宫门之后,他把这个印绶往怀里一揣,就回那个会稽郡驻京办了。正好,会稽郡好几个官吏来办事,都是会稽郡不小的官,正在院里一块儿喝酒呢。

看朱买臣进来了,谁也没当回事,都没搭理他,继续喝。朱买臣呢,还跟平常一样,蔫蔫地进了屋里。

驻京办主任的职务低,他上不了院里那张桌,但人还不错,他见朱买臣回来了:老朱啊,咱俩一块吃吧。

他俩就在屋里吃。吃饱了饭,这个驻京办主任不经意间,瞥见了朱买臣衣服底下露出的那一小块丝带。他怎么看都觉得像印绶。

印就是那个印章,有玉质的,有金制的,有银制的,上面刻着"太守之印"或者"将军之印"什么的。另一面是个印纽,有孔,孔上穿个丝带,就叫绶。绶也分不同的颜色、尺寸,代表着不同的官位级别。

驻京办主任对绶是很敏感的,他一伸手,就把朱买臣这个绶带给抻出来了,印也出来了,上面写着"会稽太守之印"。

这哥们立马愣住了,瞪大眼睛瞅着朱买臣。朱买臣也不说话,只是笑眯眯地瞅着他。

这个主任三步并作两步跑到院子里:各位大人,别喝了,我要汇报个事儿——朱大人现在是咱们的太守了。

那几个官吏都已经喝高了：你……—……边……去！谁当太守，跟咱也没关系，继续喝！

主任：别喝啦，我是说，朱大人朱太守正在里屋呢。

官吏：哪个朱太守啊？

主任：就是朱买臣朱大人啊，我刚才看见，他带着太守印绶呢。

官吏：开什么玩笑啊？你小子胆大了，敢跟我们开玩笑。

主任：您要不信，您进屋看看去啊。

有个官吏平时最看不起朱买臣，他快步走到屋里。这时朱买臣身穿崭新的官服，佩戴着印绶，正襟危坐。

这小子一下子就慌了，扭头就跑：啊……是真的呀！

院里这几个人也都惊呆了，酒也醒了，赶紧按官职排好位置，在院子里给朱买臣行礼。

朱买臣缓步走到院中：好了，各位免礼，免礼。

随后，朱买臣离开长安，回会稽赴任。会稽郡的官吏们听说新的太守要来了，就都来迎接。而且，发动境内沿途的老百姓们清修道路，坑洼的地方填平，脏乱的地方打扫干净，得让新太守看着舒服。

朱买臣这真叫衣锦还乡，官吏们簇拥着，老百姓夹道欢迎。这队人马慢慢来到了会稽郡的治所吴县，也就是朱买臣的老家。

当时，可能还没有属地任职回避的制度，或者，这是汉武帝的一次特例。

朱买臣坐在车里，来到了吴县，一眼就看见人群之中有一个熟悉的背影。谁啊？正是他的前妻，他前妻跟现任丈夫正在清修道路，在欢迎他的人群之中。

朱买臣心中，肯定也曾预想过很多遍跟前妻重逢的情景。朱买臣该怎样面对这次重逢呢？他有怎样的表现呢？

买臣驻车，呼令后车载其夫妻。——《汉书·朱买臣传》

朱买臣一时间百感交集，不知如何是好了。只当作没看见，就过去了，过去之后，就掉泪了，停下车，命人载上他的前妻和她的现任丈夫。

到太守舍，置园中，给食之。——《汉书·朱买臣传》

朱买臣把前妻和她的现任丈夫拉到了太守的府邸，安排好住处，每天好吃好喝好招待。

朱买臣肯定以为，这就是他兑现当年那句"女苦日久，待我富贵报女功"的承诺的方式。虽然你改嫁了，但我照样要把你养起来，连你现在的丈夫一起养起来，不让你再挨饿受累。

然而，他的前妻却再次感到莫大的压力，就像当年她跟一个"异类"天天生活在一起时，承受的压力一样，只是这一次的压力更大了。结果，悲剧发生了。一个月后，他的前妻竟然上吊自杀了。朱买臣大恸，怎么会这样呢？可是后悔也来不及了。他只好拿出一大笔钱，送给前妻的现任丈夫。

悉召见故人与饮食诸尝有恩者，皆报复焉。——《汉书·朱买臣传》

朱买臣把几十年来给自己饭吃、有恩于自己的人，全部请来，该磕头的磕头，该还钱的还钱。

这就是正史里面，关于朱买臣与他妻子的故事。

朱买臣干了一年多的会稽太守，征讨东越有功，被汉武帝封为主爵都尉，位列九卿。他的儿子后来也做到了太守级的官员。

不过，朱买臣最终的结果并不好，没得善终，这是怎么回事呢？后面会讲到。

第19回

大隐东方朔

这回再讲一个汉武帝玩文艺期间招上来的奇人。他是实实在在的奇人,民间传说他是星宿下凡。而正史中讲:

东方朔字曼倩,平原厌次人也。——《汉书·东方朔传》

也就是说,东方朔是今天山东惠民这块儿的人。他从小父母双亡,是哥哥嫂子把他拉扯大的。他酷爱读书,儒家的、道家的乃至诸子百家的,无所不通。

听说新即位的小皇帝广招天下文学贤良之士,征集治国之道,他就闷在家里,写了一通,都是写在小竹简上的,差不多都是一尺来长、半寸来宽,写了多少片竹简呢?三千多片。装了满满一小车,给拉到了长安。公车令找了两个侍卫,费了很大劲才抬到了汉武帝面前。

汉武帝拿起最上面那一卷,摊开一看:嚯!这人够能吹的啊!

东方朔说:我十三学书,十五学剑,十九学兵法,肚子里面装着八十多万字的书,都背得滚瓜烂熟。我长得还帅,有一身好武艺,而且人品好。

可以为天子大臣矣。——《汉书·东方朔传》

我太适合做皇上的大臣了。

汉武帝让他身边的大臣也看看。

身边的大臣接过来,看了几行就看不下去了:皇上,这小子准是个精神病，太自以为是了。

汉武帝说：敢吹牛的人，那都不是一般人，我喜欢。你再往下看看，写得还是很不错的。传旨，让这个东方朔待诏公车府，当个郎官。

东方朔很高兴，一下子从社会最底层进了翰林院。像他这样，自己跑来应召的人，实在太多了，能被留下的那是极少数。接下来，就等着皇上召见吧。也不可能什么都不干，干等着，于是就玩儿。宫里玩儿完了，城里玩儿，他跟宫里宫外的郎官、宦官，出来进去的艺人什么的，都混得很熟。

他这人性格好，能说会道，又爱开玩笑，而且有几分邪性，爱搞个恶作剧，所以，很快，上上下下的人就都知道了有个郎官叫东方朔，特有意思。

汉武帝有时会从身边人嘴里听说有关东方朔的一些趣事。可是，他一直也没太在意，过了很长时间都没召见东方朔。

有一天，汉武帝在未央宫里溜达，迎面碰见一帮小侏儒，就是一个小戏班子，他们经常到皇宫里来唱戏。这些人一看汉武帝来了，立马都跪地上大哭：皇上饶命啊！求求您开恩，不要杀我们。

这可把汉武帝给哭愣了：何出此言啊？我什么时候说要杀你们啦？你们这是听谁说的？

小侏儒们一把鼻涕一把泪地说：是东方朔告诉我们的，说您嫌我们这些人小什么都干不了，也不能种田，也不能打仗，白糟践粮食，要把我们杀光光……

汉武帝说：噢，东方朔这小子玩恶作剧玩到我这来了，我倒要看看他这是演的哪一出。来人，去把东方朔给我叫来。

不一会儿，东方朔高高兴兴地来了。汉武帝这是头一次见到东方朔，果然是很帅的一个人，而且笑眯眯的，一点儿也不拘束，不像别的郎官到了他面前就跟老鼠见了猫似的。东方朔很放松，挺招人喜欢。不过，汉武帝还是板着脸：东方朔，你吓唬这帮小侏儒干什么啊？居心何在？

东方朔赶紧磕头：皇上，微臣罪该万死。可是，我有话要跟您说啊，我要不用这个办法，见不到您。

汉武帝问：你要跟我说什么啊？

第19回 大隐东方朔

东方朔回答：皇上，您看看这帮小侏儒，三尺高的个头，每月拿的工资是二百四十钱，外加一口袋粟；您再看我这个头，九尺多高，我一个顶他们仁，可是，每月拿的工资也是二百四十钱，外加一口袋粟。

朱儒饱欲死，臣朔饥欲死。——《汉书·东方朔传》

这个待遇，对他们来说，够撑死他们的；可是，不够我吃的啊，我在公车府待诏，待了这么久，都要饿死了。总之一句话：要给我涨工资、提待遇。或者，您要是瞧不上我，干脆就让我回家吧！

无令但索长安米。——《汉书·东方朔传》

不要让我只是白吃长安米。

这话把汉武帝逗得哈哈大笑：没问题，给东方朔提高待遇，以后待诏金马门，不用在公车府了。

从此之后，东方朔就跟当年冯谖似的食有鱼、出有车了，不仅待遇提高了，而且也能经常见到皇上了。

有一天，汉武帝找了一帮研究《周易》象数的高手，一块儿玩射覆。什么叫射覆呢？《西游记》里有一集是唐僧师徒来到车迟国，遇到虎力大仙、鹿力大仙、羊力大仙三个妖怪在车迟国当国师。唐僧跟一个大仙斗法，看谁能猜中柜子里到底放了什么东西，这就叫射覆。一般都是拿个碗什么的，倒扣在一个东西上，让人们猜这个东西。射是猜的意思，覆就是覆盖、扣上的意思。这是很多研究《周易》占卜的人都要玩的。

西汉的这场射覆，可能是正史文献上第一个关于射覆的记载。当时，汉武帝提前拿碗扣住一个东西，让象数高手们射。结果，张三说是这个，李四说是那个，王五又说是别的，汉武帝都摇头：不对，不对……一个射中的也没有。

这时，东方朔站出来：皇上，微臣也学了一点《周易》，我来射射吧。

于是，东方朔坐到那个碗面前，拿起占卦用的蓍草，开始推衍卦象。片刻之后，他脸上便浮现出得意的笑容：回皇上，微臣射出来了。碗里的这个东西，像龙，可是没有犄角；像蛇，可是它有脚；而且它善于在墙上爬。所以，我断定，不是守宫，就是蜥蜴。守宫，就是壁虎。

东方朔射对了没有呢？射对了。汉武帝大悦：对了，就是一只壁虎，厉害啊！赏东方朔帛十匹。那么，东方朔还继续吗？如果继续射中，会奖励更多。

东方朔回答：臣继续。

于是，汉武帝又找了一个别的东西扣在碗里：你再射射这个。

结果，东方朔又给射中了。他又接连射中了好几个，获赏的帛已经攒得很高了。

当时汉武帝身边有个倡优郭舍人，级别很高。这个人很聪明，也有一个好故事传世。说汉武帝小时候有个奶妈，他是吃奶妈的奶长大的，对她感情不一般，当了皇帝之后，还管她叫"大乳母"。每次大乳母进宫来看他，汉武帝都赏赐一大堆布匹什么的。大乳母想要的，他都一概答应。大臣们见了大乳母也都毕恭毕敬的。有一次，大乳母的孙子闯了祸，当街打劫，抢人财物，这罪过依律就得砍头。

汉武帝听说后：不行，不能判死罪。

可是，他手下执法的人都是酷吏，执法很严：皇上啊，死罪能饶，活罪难免，最低也得判个充军发配，全家发配边疆。

汉武帝也很无奈，不能乱了法制：好吧，发配吧，能保住命就行了。

大乳母一下子傻眼了，也不敢来求汉武帝，因为，这已经是照顾了，再张口，那不是得寸进尺了吗？怎么办呢？她跟这位郭舍人很熟，就请郭舍人给想想办法。

郭舍人想了想，教给她：您这样，您发配临走时，要跟皇上去见个面，辞个行。等见面的时候，您不要说话，只管哭就行了。哭几声，您就走，一边走，一边回头瞅皇上，还是别说话，回几次头，瞅几眼就行。

随后，大乳母就按郭舍人教的，来向汉武帝辞行，临走时哭着，一步三回头，还不住地看汉武帝。郭舍人正在汉武帝旁边，张口就骂：老太婆，你还瞅什么瞅，还不快走，你还以为皇上吃你的奶啊，皇上早就不是小孩儿了！

第19回 大隐东方朔

快走！

汉武帝听郭舍人这么一说，心里一疼，就唤起了小时候的记忆，眼泪直往下掉：大乳母，别走了，不用发配了。汉武帝立即赦免了大乳母全家。

从这个故事可以看出，汉武帝是个重感情的人；也可以看出，这个郭舍人非常聪明。这会儿，他看东方朔风头这么足，有点不服气，便说：皇上，我想跟东方朔赌一把，我来给覆个东西，让他射，他要是射中了，我愿受罚，挨一百板子；他要是射不中，赏他的那几十匹帛归我。您看行吗？

汉武帝很高兴：好啊！

郭舍人拿着碗出去了，到院子里面，他把碗扣在树杈上寄生的一种菌上面。

然后，他回来说：东方朔，你射吧。

这难度可太大了，菌的形状什么样儿的都有，质地也说不上是金、木、水、火、土里的哪一种，而且还在树上长着。东方朔这回确实费了点劲，射了老半天，又是占卦又是琢磨，最终怎么着？射中了。太神奇了！

于是，那个郭舍人倒霉了，被绑树上打了一百板子，打得龇牙咧嘴、哭爹喊娘的。

东方朔很解气：活该，还想刁难我！

然后东方朔把那个郭舍人又捉弄了一通，旁边的人一下子都服了，这个东方朔是真有两下子。

汉武帝很高兴：好，升官。

东方朔升为常侍郎，成了汉武帝身边的大红人。汉武帝遇到的各种疑难问题都找他解答，尤其一些稀奇古怪的东西，别人叫不上名字来的，东方朔都知道。

有一年，不知从哪儿跑来一只像麋鹿一样的动物，跑到皇宫里来了。到底是个什么呢？谁也说不上来。汉武帝手下的博士们见多识广，也都说不上来。

汉武帝让人把东方朔叫来：你看看，这是个什么东西啊？

东方朔一笑：启禀皇上，我还真知道。不过，皇上，我有个请求。

愿赐美酒粱饭大飨臣，臣乃言。——《史记·滑稽列传》

您先赏给臣一桌好酒好菜，我就说。

汉武帝说：没问题，来人，给东方朔备饭，好酒好菜啊！东方朔你赶紧说这是什么。

东方朔还不说，嬉皮笑脸地：皇上，微臣还有一个请求。我看上了一片鱼塘，特别好，您赐给我吧。您只要答应这个，我就告诉您这是什么。

汉武帝兴致很高，大笑：好你个东方朔，还蹬鼻子上脸了，好，朕答应你。

东方朔这才说：这个东西叫驺牙，《山海经》里面有记载的，不信您可以让他们去查一下。而且，我还知道，一般要是驺牙出现，就预示着近期可能有敌国的人来投诚。

果然，一年之后，匈奴的一个大部落有十万之众来投降大汉。于是，东方朔又得到了很多赏赐。得了那么多赏赐干什么呢？娶媳妇，他娶了很多很多的媳妇。

徒用所赐钱帛，取少妇于长安中好女。——《史记·滑稽列传》

谁家有漂亮姑娘，他就想办法娶到家里。过一年，新鲜劲儿过了，就换！一年换一个。

他做什么事，都跟正常人不一样。有一回，他喝醉了酒，甚至在皇宫大殿上撒尿，换成别人，肯定就是死罪了，但汉武帝喜欢他，所以他没事儿。

有一次，正是夏天，汉武帝给郎官们发防暑福利——一人一块肉。几个大整块的牛腿、牛肋扇被拎到东方朔他们办公的地方。结果，主持分割肉的官员迟迟不来。东方朔烦了，自己动手，拔出佩剑，割下一块，就回家了。

一会儿，分肉的官员来了，很不高兴：这不是一般的肉，是皇上赐的，他随便割了就走，这是大不敬！

这个官员就给打了小报告。汉武帝一听：好！这回我非得治治这个东方朔。

一会儿，东方朔来了。汉武帝问：东方朔，你说说吧，你不待诏，没经我批准，就敢自己割肉走人，是什么意思啊？

东方朔又是满脸堆笑，说了一通，愣是把汉武帝给逗乐了：这么说，你这是英雄行为，不待诏是勇气；割肉时的样子，还很酷；没割多少，说明你还挺照顾别人；割肉回去是给老婆吃的，说明你是模范丈夫。我真服了你了。好了，赐酒一担，肉百斤。

总之，东方朔是一个异类，很多人干脆管他叫"狂人"。

有一次，几个郎官的长官，官职比较高的，正在一起说东方朔的坏话。汉武帝正好听见，说：

令朔在事无为是行者，若等安能及之哉！——《史记·滑稽列传》

要不是因为东方朔有点疯疯癫癫，就你们怎么可能比他的官大啊？

汉武帝为什么这样说呢？因为东方朔除了这些扯着玩的事儿，还做了很多正经事，是一个直言敢谏的人。

朔虽诙笑，然时观察颜色，直言切谏，上常用之。——《汉书·东方朔传》

表面上，他不大正经，实际上，特别善于察言观色，善于把握跟汉武帝说话的时机、分寸和方式，而且，他有一肚子学问、道理。所以，别人不敢开的玩笑他敢开，别人不敢跟汉武帝说的话他敢说。总之，东方朔是汉武帝身边一个很重要的人物。

但是，因为他的狂，他的不正经，还有在他的正经思想里法家思想多一些，汉武帝一直没有重用他。

一开始，他还想着进取升官，为国为民做点事，建功立业什么的，后来，就无所谓了。他想归隐山林，做个高人隐士，可又一想，自己喜欢美女，喜欢喝酒，喜欢跟人开玩笑，喜欢热闹，干脆就把这个朝廷、这个宫殿当作隐居的地方吧。

于是，后世便有了一个说法："小隐隐于野，中隐隐于市，大隐隐于朝。"

东方朔还写了一篇形式新颖的大赋来自我安慰。这篇赋被后世称为《答客难》，非常精彩。

再后来，东方朔死了。《史记》中记载他比汉武帝死得早，说他临死时，给儿子留下一首《诫子诗》，是这样写的：

首阳为拙，柱下为工；饱食安步，以仕易农；依隐玩世，诡时不逢。——《汉书·东方朔传》

意思是说，你不要跟饿死在首阳山的伯夷和叔齐学，因为节操而不食周粟，活活饿死，那是傻瓜；要跟做周朝柱下史的老子学，老子也是大隐于朝，善于全身避祸，那才是聪明人。

第20回

卫子夫霸天下

汉武帝刚即位就要搞改革，却遭到实际掌权的奶奶窦太皇太后的打压，那干点什么呢？索性就玩儿呗。玩儿什么呢？其中一项就是玩打猎，而且是微服出行，都是半夜从皇宫里出发，带着一帮侍卫，都不穿皇家的衣服，自称是平阳侯，也就是他姐姐平阳公主的丈夫曹寿。他还约好一帮富家子弟，一起去，一块儿玩。后半夜赶路，天亮的时候，赶到打猎的地方，那里是一片山林荒野，野兽比较多。

驰射鹿豕狐兔，手格熊罴（pí）。——《汉书·东方朔传》

什么野兽都有，鹿、野猪、狐狸、兔子，甚至还有大熊。很刺激，什么都打，汉武帝都是亲自上手。

也不都是在荒郊野外，有时打着打着，追着追着，就进了一片庄稼地。他们这一队人马冲过去，这一地庄稼也就被他们给糟蹋了。

老百姓告到了县令那儿：县太爷，有帮坏小子打猎，把我们庄稼都给毁了，据说领头的是皇上的姐夫平阳侯，您敢管不敢管呀？

这个县令还不错，不畏权贵：天子犯法与庶民同罪，有什么不敢管。再说，他说自己是平阳侯就真是平阳侯吗？没准是个骗子呢。来人！跟我一起去堵堵他们。

随后，还真堵上了，他们把汉武帝这帮人给围住了。

汉武帝不想暴露身份，打发几个侍卫去跟县令交涉：县令啊，我们平阳侯在这儿，侯爷的面子你得给吧？

第20回 卫子夫霸天下

县令说：既然是平阳侯到我们小县了，那我得拜见拜见！

侍卫烦了，抡鞭子要抽这县令。

县令大怒：来人，把这几个狂徒给我拿下。

县令这边人多，一拥而上，把这几个侍卫给制服了。

最后，汉武帝打发人拿着皇宫里的东西，来跟县令挤眉弄眼地暗示了半天。这个县令终于明白了：这哪是平阳侯啊，这是皇上微服打猎。这才放了他们。

还有一次，半夜里他们这一帮人，有十多个，要投宿旅店。开旅店的老头儿一看，都是小青年，骑着马，挎着剑，大半夜的，一看就不是良民：我这关门了，住不了了。

可是，老头儿哪儿挡得住这帮人，他们一下就把老头儿推开，进了店：我们又不是不给钱，为何不让我们住啊？老头儿，给上点酒。

老头儿正气呼呼的：没酒！

说着，就要打起来了。就在这时，老板娘出来了，她招呼着汉武帝他们，老头儿就从后门出去了。干什么去了呢？他找了一帮村里的小青年：小兄弟们啊，我这来了十多个人，一看就不是好人，带的钱挺多的，你们跟我过去，咱一块收拾他们，钱归你们。

小青年们拿着刀、带着剑，悄悄地从后门进来，只等着这帮人睡着了，就动手。结果，多亏这个老板娘有心，生生把老头儿给灌醉了，把小青年们都给劝走了，这才避免了一场血拼。

随后，汉武帝知道了整个情况，回去还召见了老头儿和老板娘，重赏。这事被汉武帝的老妈和奶奶知道了，都担心他，于是开始扩建上林苑，把打猎的地方都划进来，把老百姓都撵出去。其间，东方朔还劝谏过，不要伤害老百姓，但也没管用。

听完这段故事，你脑海里的汉武帝是一个怎样的形象呢？有没有一种京城四少的感觉？《史记》里还讲了他的一个故事，也是这种感觉的。

《这才是秦汉》里讲过，刘邦给两个韩信封王，其中一个是韩王信，叛逃到匈奴，然后死在匈奴那边了，他的一个儿子逃回大汉，被封为弓高侯，弓高侯有个孙子，叫韩嫣。韩嫣跟汉武帝年龄相仿，关系不一般。如何不一般，稍后再说。

有一天，韩嫣跟汉武帝单独在一起，很神秘地告诉皇上，说皇上还有一个姐姐在民间呢。然后，韩嫣就跟汉武帝讲了一个秘密，是关于皇上他妈王太后的身世。汉武帝听完之后，心中五味杂陈，立即派人去调查。果然，他这个大姐金氏就住在长陵，已经为人妇，生儿育女了，当天正在家里。

汉武帝就去接他这个姐，一群侍卫就把他大姐家给包围了。她大姐这一家子哪儿见过这个阵势啊？他大姐吓得钻到床底下，侍卫们找了半天才找到。然后，她跟汉武帝上了车。

回车驰还，而直入长乐宫。——《史记·外戚世家》

长乐宫就是他妈王太后住的地方。

汉武帝这种简单粗暴的做事方式，太有个性了。由此，也就能理解，为什么后面他做什么都轰轰烈烈，都搞得天翻地覆的。他就是这种性格。

关于汉武帝的爱情，前面已经讲了一个，就是金屋藏娇。他跟表姐陈阿娇算是青梅竹马，两小无猜，但是两人步入婚姻生活之后，就不行了。特别是成了皇帝和皇后之后，两人就没了感情。只是因为，陈阿娇背后有她老妈长公主刘嫖，还有窦太皇太后，所以汉武帝只能忍着，表面上还过得去，但是心早已不在这儿了。当时汉武帝只有十八九岁，后宫一大帮女人呢。

而且，好多人为了讨好他，在不断地给他物色新人。有一次，汉武帝到他姐平阳公主家去。平阳公主就把提前物色好的十多个美女给叫出来，一一排好，让汉武帝挑。

汉武帝斜着眼，扫了一遍，一个也没看上。后来酒宴开始，中间有歌舞助兴。就在这个环节，上来唱歌的一个歌女让汉武帝一见钟情。这个歌女不是别人，正是后世大名鼎鼎的卫子夫。

第20回 卫子夫霸天下

> 武帝起更衣，子夫侍尚衣轩中，得幸。——《史记·外戚世家》

中间汉武帝起来去厕所，卫子夫跟随前去侍候他换衣服，然后就被宠幸了。

> 上还坐，欢甚。——《史记·外戚世家》

回来席间落座，汉武帝高兴坏了，赏了平阳公主一千斤金子，并要带走刚才的歌女。

平阳公主也很高兴，终于没白费劲。她把卫子夫送上车，拉着卫子夫的手说：

> 行矣，强饭，勉之！——《史记·外戚世家》

真没看出来啊，你这个丫头还真行，以后进了宫，铆劲吃饭，要努力！

怎么还铆劲吃饭呢？努力干吗呢？铆劲吃饭是为了保养好身体，然后，要努力怀上孩子，生出个皇子来。陈皇后不是生不出来吗，你要生出来了，那就厉害了，就能上位了。以后当上皇后，可不要忘了我。

她以为这卫子夫进了宫之后得多得宠呢。然而，卫子夫进了宫就再也没有见过汉武帝。一晃就是一年多。中间，可能远远地，卫子夫也看到过汉武帝到后宫找别的女人，可是一次也没有找过她。

这是为什么呢？没道理啊！刚看上的，为什么一年多都没再宠幸过呢？汉武帝都在忙什么呢？

《史记》《汉书》都没写，只写着：

> 武帝择宫人不中用者，斥出归之。——《史记·外戚世家》

汉武帝把后宫里"不中用"的女人都挑出来，打发出宫了。

什么叫"不中用者"呢？我理解，就是没有被他宠幸过的。那这个卫子夫算是"中用"，还是"不中用"呢？她自从进了宫，一年多也没被宠幸过。所以，卫子夫很委屈，要求皇上把她打发回家。

美人一哭，是很动人的，"梨花一枝春带雨"。汉武帝一下子又怦然心动了，又宠幸了一次，然后，卫子夫就怀孕了，慢慢就成了汉武帝最宠爱的女人。

卫子夫谨记平阳公主临别时的教诲"强饭，勉之"，把汉武帝牢牢拴在自己身边，铆足劲怀孩子、生孩子。

可是，铆了半天劲，生了三个孩子，也是白搭，为什么呢？都是女儿。女儿不管用，当不了太子。

她就有点泄气，身材各方面也不如以前有优势了。怎么办呢？再接再厉吧。终于在公元前128年，她给当时二十八岁的汉武帝生出了第一个儿子刘据。

这可把汉武帝高兴坏了，立即就给了卫子夫皇后的名分。而这时，卫子夫入宫已经整整十年了。

那么，那个陈阿娇陈皇后干什么去了呢？她不是皇后吗？她的皇后之位已经在两年前被废掉了。怎么回事呢？陈皇后眼睁睁地瞅着，拥有高贵出身的自己竟败给了一个歌女，卫子夫大得宠幸，孩子一个接一个地生。这让她这个骄妒的皇后情何以堪，于是，她一哭二闹三上吊，好几次差点死在汉武帝面前。

这可能是每个面对变心男人的女人的第一反应。有的男人，一看这个架势，可能立马就怂了。而有的男人，已经铁了心了，女人这样闹，只能增加他的反感和厌恶。汉武帝属于第二种。窦太皇太后已经死了，汉武帝早就翅膀硬了，干脆就不再搭理陈皇后了。

陈皇后这个"第一反应"，没有实现预期的效果。怎么办呢？她又用接下来十多年的时间，想了很多办法，结果都没用。最终，绝望的她就想到邪道上去了，找来一个叫楚服的女巫，通过一种叫"媚道"的巫术，要把汉武帝的魂给勾回来。结果，汉武帝发觉了，大怒，正好抓住这个事，把那个女巫还有相关的三百多人都给杀了。

第 20 回 卫子夫霸天下

陈皇后吓坏了,她妈老长公主刘嫖也吓坏了,磕头跪地来央求汉武帝。最终,陈阿娇的皇后之位被废掉,从后宫搬出,迁居长门宫。这之后,陈皇后的故事在正史上就没了。

再说卫子夫,她被立为皇后的第一年,她弟弟卫青就崭露头角,被封侯了。四五年后,卫青达到事业的巅峰,因为大败匈奴战功卓著,他的三个儿子也被封了侯。

于是,出身底层的卫氏,飞黄腾达。

贵震天下。天下歌之曰:生男无喜,生女无怒,独不见卫子夫霸天下!——《史记·外戚世家》

那么,卫子夫还记不记得当年平阳公主送她上车时说的"即贵,无相忘"呢?当然记得,而且,真正成了一家人。她做了平阳公主的弟媳妇,而平阳公主也成了她的弟媳妇。

怎么回事呢?就是在卫青三子封侯的时候,可能他的结发妻子已经不在了,这一点史书没有写清楚,应当是死了。平阳公主也已经寡居好几年了,想着再嫁一次。嫁谁呢?身边人异口同声:嫁卫青。

平阳公主大笑:

此出吾家,常使令骑从我出入耳,奈何用为夫乎?——《史记·外戚世家》

卫青之前只是我家的一个骑奴,常常跟随我出出进进,我怎么能嫁给他呢?

身边人赶紧说:公主啊,此一时彼一时。英雄不问出处,现在卫青是大将军,他姐姐是皇后,三个儿子被封侯,跟您绝对般配。

平阳公主一琢磨:也是,现在除了皇上,就是卫青了。

然后,她去给皇上一说,这事就成了。

丈夫当时富贵，百恶灭除，光耀荣华，贫贱之时何足累之哉！——《史记·外戚世家》

人生就是这样，"成者王侯败者寇"，你只要富贵了，以前你落魄时的样子，没人会记得的。

又过了两年，卫子夫的儿子刘据被汉武帝立为太子，她外甥霍去病也被封侯。这样的富贵可谓是空前绝后了。那么，是不是说，卫子夫就是汉武帝最爱的女人呢？下回接着说。

第 21 回

汉武帝的一生所爱

上回说到汉武帝对卫子夫极其宠爱，把原来金屋藏娇的陈皇后废了，立卫子夫为皇后，立卫子夫的儿子为太子，给卫子夫的弟弟卫青父子四人封侯。他姐姐平阳公主还嫁给了卫青。那么，卫子夫是不是汉武帝的一生所爱呢？

及卫后色衰，赵之王夫人幸。——《史记·外戚世家》

卫子夫生完儿子，当上皇后，应当有三十多岁了，便开始色衰爱弛了。这时，后宫里一个来自赵国的妃子王夫人，取代卫子夫，成为最受汉武帝宠爱的女人。而且，王夫人也给汉武帝生了一个儿子，叫刘闳，比刘据小一点。

汉武帝对王夫人宠爱到什么程度呢？有两个故事。

当时，卫青刚刚崭露头角，有一次打了胜仗回来，汉武帝召见，赐金千斤。卫青高高兴兴拉着金子出宫门，刚到门口，有个人就把他拦住了：卫将军，我是待诏公车府的郎官，我姓东郭，有点事想跟您说，不知您方便不方便？

卫青是很谦逊的一个人：东郭先生，您说。

于是，东郭先生凑到卫青跟前，小声说：卫将军，我给您提一个建议，您刚才得了皇上一千金的赏赐，我建议您拿出一半来，给王夫人的父母送去。她家里挺穷的，很需要钱。您要是能这样做，对您一定有好处。

人主闻之必喜。此所谓奇策便计也。——《史记·滑稽列传》

卫青听完很高兴：好，谢谢先生指教。

随后，他真就给王夫人的父母送去了五百金。王夫人无以为报，只能在汉武帝面前大唱卫青的赞歌，捎带着对她的竞争对手卫子夫也好感大增：皇上，您也多往皇后姐姐那边跑跑吧。

汉武帝当然很高兴：卫青还真会办事，这样一来，我的家庭更和睦了。不过，他自己肯定想不出这个主意来，一定有高人指点。

他把卫青找来一问，果然如此。好！这位东郭先生是个人才，升官，做郡都尉吧。

一下子东郭先生厉害了，官至两千石。之前这位东郭先生要多穷有多穷。《史记》里讲到东郭先生时，说了一句名言：

相马失之瘦，相士失之贫。——《史记·滑稽列传》

一个穷苦之人的才华，常常是被人忽视的。

接着说王夫人。连卫青都得巴结她，可见她有多受汉武帝的宠爱。可惜的是，这位王夫人红颜薄命，担不起这万千宠爱于一身，没几年就死了。临死前，她最挂心的就是她的儿子刘闳：皇上，您可千万好好照顾闳儿啊！

汉武帝：你放心吧，天下所有的诸侯国，所有的城市，你挑吧，你说把闳儿封到哪儿，我就把他封到哪儿。

王夫人：那请您把闳儿封到洛阳吧。

当时，除了长安，就数洛阳了，算是东都。汉武帝很为难：洛阳有武库敖仓，是大汉朝的战略要地，从未封给过诸侯王。这个实在是不行，除了洛阳哪儿都行，你随便挑。

王夫人不说话了，那脸色，那眼神……

汉武帝立马慌了：你别不高兴。

关东之国无大于齐者。——《史记·三王世家》

所有的诸侯国里面，没有比齐国更大的了。以前光一个临淄便有十万户，而且土地肥沃。就把闳儿封为齐王吧。

王夫人这才露出了笑脸。

可惜这个刘闳命也不长，十几岁就死了。不然，很有可能成为刘据之后的太子人选。

王夫人之后，汉武帝最宠爱的女人是李夫人。李夫人出身于曲艺世家。

父母及身兄弟及女，皆故倡也。——《史记·佞幸列传》

父母、兄弟姐妹，都是倡优。"倡优"指的是擅长歌舞杂耍的艺人。

《史记》里说，李夫人也是平阳公主推荐给汉武帝的。汉武帝对李夫人的姿色和才艺都非常满意，又听李夫人说，她哥哥李延年很有音乐天才，于是，他把因为犯法被施宫刑正在宫中当狗监的李延年召来。

果然，李延年是一位天才的音乐人。他长得好，唱得好，跳得好，音乐创作更是了不得，把汉武帝写的诗、司马相如写的赋，都给谱上曲，编成舞。

当时汉武帝正研究礼乐方面的一些活动，如祭天、祭地什么的，这些场合都得有配乐。李延年全部给搞定了。也不是他自己弄，是让他领导一个班子，就是后世著名的汉乐府。

当年，刘邦最后一次回沛县唱《大风歌》的时候，亲自组织了一个一百二十人的合唱团，那算是汉乐府的前身。惠帝、文帝、景帝时，都还保留着这么一班人。到汉武帝这里，由李延年领导着，这个机构壮大起来了。他不但负责创作表演，还有一个更政治化的工作：

采诗夜诵。——《汉书·礼乐志》

就是派一些人，到各诸侯国去，到民间去，把老百姓编的诗词歌谣、顺口溜、段子都给收集回来，整理好了，在宫掖之中唱给皇帝听。

李延年作为最著名的乐府领导者——协律都尉，在中国音乐的发展史上也是青史留名的。

第 21 回 | 汉武帝的一生所爱

不过,《史记》是把他写在《佞幸列传》里的,跟邓通在一个传里,这是为什么?因为,他跟邓通一样,跟皇帝的关系不一般。

与上卧起,甚贵幸,埒(liè)如韩嫣也。——《史记·佞幸列传》

经常跟汉武帝同睡同起,非常显贵,大得宠幸,简直都赶上韩嫣了。

韩嫣也是被写在《佞幸列传》里的,可以说,他才是汉武帝第一个爱的人——男人,比陈阿娇还要早。

今上为胶东王时,嫣与上学书相爱。及上为太子,愈益亲嫣。——《史记·佞幸列传》

汉武帝做胶东王时,就跟韩嫣在一起学习写字。等当了太子之后,他更加亲近韩嫣。

赏赐拟于邓通。——《史记·佞幸列传》

等汉武帝当了皇上之后,韩嫣的待遇可以比拟邓通。

只是,韩嫣不如邓通谦卑谨慎。有一次,他跟汉武帝一起去打猎,汉武帝有事在后面还没出来,他便乘坐副车走在前面,后边跟随着好多车马。正好碰见汉武帝的哥哥江都王刘非。江都王远远看着皇家车队过来了,他以为是皇上呢,赶紧招呼身边人:快跪下,快跪下,皇上来了。

大家齐刷刷都跪在道边上,等着车队过去。过后才知道,上面是韩嫣,根本不是皇上。

江都王气炸了:我一个王爷,我怎么能跪你?你连个招呼也不打,也不下车,也不解释?

于是,江都王直接去找王太后告状。王太后对于汉武帝每天跟韩嫣混在一块儿也很不满,大怒,找了个罪名,赐韩嫣死。汉武帝怎么央求也不管用,当时他刚即位，翅膀还不硬，生生没有救下韩嫣。随后，作为对韩嫣的补偿，他把韩嫣的弟弟也召到身边，"亦佞幸"。

对于李夫人的登场，《汉书》里讲的是另一个版本，很唯美。《汉书》中说，汉武帝先宠幸的李延年。有一次，李延年给汉武帝表演歌舞，唱道：

北方有佳人，绝世而独立，一顾倾人城，再顾倾人国。宁不知倾城与倾国，佳人难再得！——《汉书·外戚传》

唱得汉武帝心醉神迷，想入非非：世间真有这样倾国倾城的美人吗？

还没等李延年说话，旁边平阳公主就把话抢过来了：有啊，李延年的妹妹就是，不信，你看了就知道了。

于是，汉武帝立即召见。果然是倾国倾城的妙龄美女，长得漂亮，舞跳得也美，这个李夫人大得宠幸。

不久之后，她也给汉武帝生了一个儿子。可惜，李夫人也是红颜薄命。临死前，汉武帝几次去看她，她都蒙着被子，不让汉武帝看：皇上，我这病得不成样子了，您就不要看我了。我只希望，将来您能好好关照我的家人。

汉武帝说：这没问题，但你总得让我看一眼吧。

李夫人还是拒绝：我这妆容不整的，不能见您，那样太失礼了。

汉武帝说：你只要让我看一眼，我立即赐给你家千金，兄弟都封高官。

李夫人还是蒙着被子。最后，汉武帝烦了，一甩袖子，走了。

旁边服侍的人都埋怨李夫人：看一眼就看一眼吧，为何要把皇上惹得不高兴呢？你有什么话，面对面地托付皇上，不更好吗？

李夫人苦笑一下：

夫以色事人者，色衰而爱弛，爱弛则恩绝。——《汉书·外戚传》

皇上这么宠我、爱我，无非是因为我漂亮。如今我一脸病容，要多难看有多难看，要是让皇上看了，他会可怜我吗？而且这张难看的脸，会把之前的美好都破坏掉，他会厌恶我，恨不得把我快点忘掉。那样的话，他还会照顾我家兄弟吗？

李夫人死后，她那美丽的容颜和优美的舞姿，一直深深烙印在汉武帝的脑海中，每每想起，便伤悼不已。

正好，这时候汉武帝对鬼神之道比较感兴趣，招揽一些半仙什么的。有个齐国人叫李少翁，自称能通灵招魂。

这位李少翁主动请缨：皇上，我能把李夫人的魂招回来。

汉武帝很兴奋：太好了，李先生，你赶紧吧。

于是，李少翁布置了一个类似电影放映的场景。汉武帝远远地坐着，忽然帷帐上便出现了一个美女的投影，真就跟李夫人一模一样。

汉武帝恨不得冲上前去，可是，李少翁有言在先，只能远观，要是走近了，就把李夫人的魂给吓跑了。

于是，汉武帝强忍着，远远地看了一小会儿"电影"，那个身影，或坐或走，像极了李夫人。

汉武帝泪流满面，当即赋诗一首：

是邪，非邪？立而望之，偏何姗姗其来迟！——《汉书·外戚传》

他命李延年把这首诗谱上曲，他要天天听。

他还写了一篇《悼李夫人赋》，成为中国文学史上第一篇悼亡赋，写得非常唯美、伤感。

汉武帝提拔了李夫人的另一个哥哥李广利。于是，李广利真就厉害了。不过，最终的结局很悲惨。

有这么一个说法：忘记一个人，只需两样东西——时间和新欢。

过了一段时间，汉武帝就有了新欢，又爱上了——不是一个人，是两个人，两个新欢：

> 尹夫人与邢夫人同时并幸。——《史记·外戚世家》

同时宠幸两个女人——尹夫人和邢夫人，她俩都是倡优。

这两个女人被宠幸的时间都比较长，可惜都没有生出皇子来。随后，她们便湮没无闻了。

真正影响了历史的，是汉武帝晚年宠爱的一个女人，她给汉武帝生了一个儿子，最终这个儿子成了汉武帝的接班人，可是这个女人的结局却很悲惨。

以上这些人，包括男人也包括女人，就是汉武帝一生中所爱过的人。这是写进史书的，没写进来的，应当还有很多。

第22回

一场酒局引发的血案

上回讲了汉武帝的一生所爱，有两个地方值得注意：一个是，因为他爱卫子夫，所以，他把卫子夫的弟弟卫青给提拔起来了，整个卫家就厉害了；另一个是，因为他爱李夫人，所以，把李夫人的哥哥李广利也给提拔起来了，整个李家也很厉害。

一个女人，一旦成为皇帝的女人，就意味着她身后的家族都成了皇亲国戚，专业的说法叫什么？叫外戚。外戚一直是整个皇权时代一支非常重要的政治力量。如果这个女人后来成了皇帝的老妈，成了皇太后，而且皇帝年幼，那么，这个外戚就更厉害了。

吕太后执政时，她娘家吕家就是外戚，差点把刘姓江山给毁了。陈平、周勃他们灭了吕家之后，之所以选代王刘恒来当皇帝，就是因为刘恒的姥姥家薄家没什么厉害人，比较老实，估计将来这个薄姓外戚成不了什么气候。而薄太后只有一个弟弟薄昭，让汉文帝逼着自杀了，薄家便没有什么政治影响了。

汉文帝的窦皇后，有一个哥哥和一个弟弟，哥哥叫窦长君，弟弟叫窦广国，本来都是平民百姓，底层出身，从小也没受过什么教育，暂时还看不出来是不是善茬儿。但是，陈平、周勃、灌婴很紧张：

吾属不死，命乃且县此两人。——《史记·外戚世家》

咱们一天不死，这个命就在这两人手里攥着呢。

他们这是让吕家给吓成惊弓之鸟了。怎么办呢？

第 22 回 一场酒局引发的血案

> 不可不为择师傅宾客。——《史记·外戚世家》

不能让这两人自由生长，得找一些老成持重的人，给他们当老师、做朋友，把他们往好道儿上领。

果然，"近朱者赤，近墨者黑"。窦皇后的这两个亲兄弟，在一群贤师益友的影响下谦让有礼，后来都被封侯，老老实实去封地待着去了，他们的儿子也都没有参与过朝廷的事务。

不过，窦皇后还有一个叔伯侄子，叫窦婴，有那种行侠仗义的豪杰气质，敢说真话。

前面讲过，窦太后疼小儿子梁孝王刘武，恨不得将来汉景帝能把皇位传给他。有一次，汉景帝喝醉了，真就跟刘武讲：弟弟啊，等我千秋百年之后，就传位给你。

窦太后在旁边听着，非常高兴。窦婴当时也在场，他立即把话接过来：皇上，您喝多了，这话可不能随便说。天下是高祖的天下，父子相传的规矩可不能坏！

窦太后就烦了：我没这个侄子，你不是我们老窦家的人。

不过，汉景帝还是很感激这个表兄的。所以，"七国之乱"的时候，他要找个亲信做大将军，就选择了窦婴。

窦婴不负众望，荐举贤才，把袁盎、栾布等一批在家待着的老臣、老将都聚集起来，一块儿带兵。他自己也有古之名将的气概，汉景帝赏赐给他的金银财宝他都分给了手下将领们，自己什么都没要。最终，他与周亚夫一起，平定了"七国之乱"，然后被封侯——魏其侯。

窦太后一下子对这个侄子刮目相看了，姑侄俩的关系又好了。魏其侯窦婴也就顺理成章地成为窦氏外戚的代表人物，在汉景帝时期，有着极高的权威。朝野上下很多人都投到他门下。

不过，中间也出过一个问题，就是在汉景帝废栗太子的时候，窦婴是栗太子的太傅，他当然坚决反对，但反对也不管用。

窦婴一气之下称病不上朝，到山里隐居去了，每天带着一群人，又喝又玩。不过，几个月之后，他又蔫蔫地回来了。

怎么回事呢？因为有个门客提醒他：侯爷啊，您这不是在争面子，这是在作死啊！皇上、太后让您给栗太子当太傅，结果，栗太子被废了，这事怪谁？能怪皇上吗？得怪您这个太傅没教育好太子，照理您就该谢罪自杀。您这倒好，摆出这么个架势来，意思就是错都在皇上呗。

窦婴傻眼了，倒吸一口凉气，赶紧跑回来了。后来，汉景帝手下的丞相卸任，窦太后极力推荐窦婴。

汉景帝反对：窦婴确实有才能，但他也有毛病。

沾沾自喜耳，多易。难以为相，持重。——《史记·魏其武安侯列传》

他这个人总是自我感觉良好，把事情都看得太容易。这种性格，带兵可能没问题，两军相争，勇者胜，但不适合做丞相，丞相要处理大量繁重的事务，都得认真对待才行。

最终，窦婴没当上丞相。汉景帝让卫绾当了丞相，卫绾是特别周密严谨的人。卫绾这个丞相干了三年，汉武帝将其免掉。换了谁呢？

汉武帝本来想换田蚡。田蚡是汉武帝的亲舅舅，王太后最欣赏的同母异父的兄弟，可以说是新晋外戚的代表，跟汉武帝的关系特别好。汉武帝即位之初很多政策，包括尊儒改革什么的，都是田蚡帮着出的主意。

当时，田蚡也是跃跃欲试，此前他已被汉景帝封为武安侯，非常显贵，现在更是积极网罗党羽，推举名士，要形成自己的势力，想盖过窦婴等老权贵。

不过，他手下有个门客叫籍福，提醒他：田侯爷，您得看清形势，现在真正的实权还是窦太皇太后抓着呢，老太太很早就想让窦婴当丞相。而且论树大根深、资历辈分、朝野威望，您暂时还不如窦婴，所以，您不能冒进。我看，您不如做出个姿态来，主动推举窦婴来做这个丞相，您自己呢，当太尉，这样还能落个让贤的好名声。

于是，田蚡便很委婉地，把这个推举窦婴的意思传递给窦太后、王太后还有汉武帝。窦婴这才当上了丞相。

第 22 回 一场酒局引发的血案

窦婴和田蚡都喜欢儒家,支持汉武帝改革。窦太皇太后被惹烦了,把他俩都给罢免回家,丞相、太尉都换了别人。

汉武帝只好玩了四五年。直到公元前 135 年,窦太皇太后死了,二十一岁的汉武帝才终于雄起。他奶奶死了不到十天,他就迫不及待地把丞相免了,换成了田蚡。可见,田蚡在汉武帝心中的分量之重。

话说,群众的眼睛都是雪亮的。之前的几年,虽然田蚡没有什么职位,但是,谁都清楚,老太皇太后活不了几年了,田蚡掌大权那是指日可待的事。所以,出现了这样的事:

> 天下吏士趋势利者,皆去魏其归武安。——《史记·魏其武安侯列传》

原来跟着魏其侯窦婴混的官吏、门客,都转投到武安侯田蚡门下。
田蚡那真叫炙手可热,到了什么程度呢?

> 当是时,丞相入奏事,坐语移日,所言皆听。荐人或起家至二千石,权移主上。——《史记·魏其武安侯列传》

只要田蚡说的事儿,汉武帝没有不听的。有的人一点儿经验也没有,田蚡直接就能举荐担任"两千石"之职。

所以,在很多人心中,田蚡比皇上的权力还要大,皇上都要听他的。另外,他的能力确实也很强。汉武帝影响后世的最重要的改革——"罢黜百家,独尊儒术",可以说就是田蚡一手完成的。

田蚡提拔的人太多了。有一次,他又去找汉武帝:皇上,哪儿哪儿那个太守的位子空出来了,我觉得可以让那谁干……

汉武帝烦了,但他对田蚡该怎么言听计从还怎么言听计从,该怎么优宠还怎么优宠。

这时,老外戚魏其侯窦婴当然很失落,身后没有窦太皇太后给撑腰了,门客们也都去投奔田蚡了。

所幸的是，有个人很仗义，一直都跟在窦婴身边，不离不弃，这人叫灌夫。灌夫是武将出身。"七国之乱"的时候，他父亲是周亚夫帐下大将，不幸战死。当时，灌夫也在军中，按军法，他不用继续打了，可以送灵柩回家安葬父亲。可是，他坚持要留在军中，砍几个吴军将领的人头回来，为父报仇。他带着十几个家奴，冲入吴军中，砍杀数十人，又拼死杀了回来。他身负十几处重伤，幸好救治得力，才保住性命。

随后，灌夫便名闻天下了，得到汉景帝的赏识，做过代国相、燕国相、淮阳太守、太仆等高官，也积累了很多财富。

而且，他完全是豪杰性格，越是牛的人他越不服，越是老实的人他越敬重，所以，在江湖上也很有威望。后来，也不知因为犯了什么法，他被免了官。这时候，虽然他还是很有钱，也有名气，但毕竟没有官位了，很多人又弃他而去。

这中间，他跟窦婴越走越近。窦婴毕竟是外戚权贵，他想从窦婴这儿借点势，窦婴也正好需要一个有分量的追随者，因此两人非常投机，情同父子的感觉。

有一天，灌夫去拜望丞相田蚡。闲聊时，田蚡随口提及：灌老兄啊，有时间咱们一块去看看魏其侯吧。

窦婴一听田蚡要来，很高兴：这个田丞相还真不错，还念点旧情。老婆子，你赶紧安排，买酒备菜，叫下面人把里里外外连夜都拾掇干净了。

窦府上上下下忙活了一宿。第二天，天刚亮，窦婴就打发人在门口瞅着，看田丞相要来了，赶紧汇报。结果，等到中午，田蚡也没来。于是，灌夫来到丞相府请田蚡，但田蚡还睡觉呢。

灌夫：丞相啊，昨天您不是跟我说好今天一起去魏其侯家吃饭，您怎么还没起来呢？人家一家子从早晨等到现在，等您到了就开宴呢。

田蚡故作惊讶：老灌啊，说什么呢？昨天我说了吗？你听错了吧？要不就是我喝多了，说什么都忘了……好吧，去就去吧。

然后，田蚡慢条斯理地刷牙、洗脸、上厕所、穿衣，反正就是各种磨蹭。

灌夫越着急，田蚡就越磨蹭。好不容易出了丞相府，一路上田蚡也是慢悠悠，等到了窦婴家都下午了。灌夫气得够呛。

酒席间，田蚡很傲慢。灌夫就烦了，说话也不大讲究了。所幸，窦婴感觉还不错，毕竟新贵田蚡来了，而且人家来得晚点也有理由。最后，大家喝到半夜，"极欢而去"。

不过，随后又有一件事，使得他们彻底翻脸了。怎么回事呢？

田蚡看上窦婴长安城南的一块地，这是一块很好的地。他还不想花钱，派了门客籍福去找窦婴，绕了半天圈子，想让窦婴把这块地白送给他。

窦婴一下子就烦了：田蚡不能这么欺负人啊！

灌夫听说后，找到籍福，把他给臭骂一通。籍福这个人很聪明，回去跟田蚡汇报，还是尽量委婉地说，尽量维持双方的关系：丞相啊，窦婴也没说给，也没说不给，不过，您别着急，他这一把年纪，也活不了多久了。稍后，我一定给您办好。

这其中包含了小人物的办事智慧。

可是，随后田蚡就知道了实情——籍福是被骂出来的，大怒：他窦婴也太不识抬举了。之前他儿子杀人，死罪啊，是我给救下的，他给我几顷地怎么啦？这地，他现在要给我，我还不要了呢！我让他们好看！

之后不久，田蚡就搜集了灌夫横行乡里的一些罪状，告到了汉武帝那儿。

汉武帝一翻白眼：这完全是你丞相的事，你看着办吧。

灌夫这边也不含糊，也搜集了很多田蚡不可告人的事儿，准备跟田蚡来个鱼死网破。还是籍福和一些比较持重的门客中间给调停，这才不了了之。

又过了一段时间，田蚡娶了一个皇室的姑娘做夫人，婚宴举办得很盛大。王太后专门下诏，列侯宗室都要参加。

魏其侯窦婴也收到了请柬，要地的那个事过去时间也不短了，他想借这个喜宴向田蚡示好。于是，窦婴去赴宴，顺便还叫上了灌夫。

两人来到了丞相府，田蚡也很高兴。

但是，一喝上酒，又不行了。为什么呢？

> 武安起为寿,坐皆避席伏。已魏其侯为寿,独故人避席耳,余半膝席。——《史记·魏其武安侯列传》

当时都是席地而坐,地上铺块席子坐上面,其实,用现在说法就是跪上面。先是武安侯田蚡起来敬大家酒,在场的人都离开席子,磕头,表示感谢。

然后,窦婴也开始敬酒。可是,在场的,除了跟窦婴有老交情的故人"避席耳",其他大部分人都没离开席子,欠了欠身子,就完了。这立马就看出世态炎凉了。

灌夫的眼里不揉沙子。轮到他敬酒时,他不能跟田蚡、窦婴似的一杯酒把大家伙都敬了,毕竟人家级别高。他得一个一个地敬,而且是先给对方斟满,再一起干了。

先从谁敬呢?当然是先从田蚡开始。田蚡一点也不客气,也不避席:别倒满了,我喝不了。

灌夫这火又要上来,可还是赔着笑脸。说着,他就给倒满了。

田蚡还是不以为然:你给我倒满了,我也干不了。

灌夫说:那我先干为敬。

可田蚡只是抿了抿,沾了沾。灌夫这个气啊,弄了个大红脸,但只好忍着,继续敬下一位。敬了几位之后,敬到了一个不太显贵的官员面前,这人正跟旁边的人说话呢,也没避席,没拿灌夫当回事的感觉。灌夫的火一下子就爆发了,把人家大骂一通。

田蚡很不高兴:灌夫啊,今天可是我大喜的日子。

灌夫的火更大了:我管你什么日子呢?

在场的人一看情况不妙,都悄悄起身走了。窦婴很尴尬,赶忙起来,拽着灌夫往外走。

田蚡这回生气了,挺好的喜宴,让灌夫给搅了,于是他让武士把灌夫给摁在地上了。

籍福一看这形势,赶紧打圆场。他又过去劝灌夫,想让灌夫给田蚡道歉谢罪。

第 22 回 一场酒局引发的血案

灌夫气疯了,就是不道歉。田蚡让人把他关进了大牢。随后,田蚡下令,按着之前搜集的关于灌夫的罪状,抓捕相关人等,全部判为弃市罪,杀头示众。

怎么办呢?窦婴说:豁出去了,拼了我这条老命,也得把灌夫救出来。

他夫人拉住他不让去,让他替一家老小考虑考虑。但是,他背地里还是上书给汉武帝。

汉武帝让他们来个朝廷辩论。于是,大臣们都被召集来,窦婴和田蚡一边一个,开始辩论。

窦婴先说。他就把灌夫之前给国家做了多大贡献说了说。然后又说,灌夫只是酒后失言,罪不至死,其他那些罪名都是诬陷。

田蚡立马辩解:我没诬陷他,他干的那些坏事都是罪不容赦的,我有证据。

窦婴立马急了:他干的那些坏事,比你还差得远呢。你受贿卖官,骄奢淫逸,吃喝玩乐,不干正事。

田蚡毫不含糊,把窦婴也数落了一通。

双方各执一词,公说公有理,婆说婆有理。怎么办呢?汉武帝就问大臣们是什么意见,让韩安国先说。韩安国是御史大夫,就是之前"七国之乱"时在梁王手下带兵挡住吴军进攻的韩安国。

韩安国很聪明,他谁也不得罪:皇上,魏其侯说的灌夫是天下壮士,非有大恶,不该杀,这是有道理的;丞相说的灌夫黑白两道,横行民间,也是事实。究竟怎样处置,还得圣上您自己裁决。

汉武帝又问汲黯。汲黯也是了不起的人物,他以直言敢谏名垂青史。他说:皇上,我认为魏其侯说的在理。

汉武帝又问另一个大臣,这个大臣先是支持魏其侯,随后又觉得不妥,好像丞相也占理。

汉武帝怒了:到底怎么解决呀?

其实,这三位表态的大臣,按比例,还是支持魏其侯窦婴。

可最终,灌夫还是被杀了,窦婴受此事牵连也被杀了。

为什么呢？说到底就是因为，田蚡是汉武帝的亲舅舅，是汉武帝最信任的人。

灌夫、窦婴被杀之后，只过了两三个月，田蚡也死了。他莫名其妙地病死了，病得很奇怪，最后，就好像有人在拿鞭子抽他似的，老说胡话：饶了我吧，饶了我吧，我错了。

怎么回事呢？汉武帝找了个大仙来给看，说是窦婴和灌夫的鬼魂回来找田蚡算账，要拿鞭子抽死他。

这个新老外戚斗争的故事就这样结束了，三人都没得善终。这可能是《史记》里讲得最细致的一个故事。那杀身之祸是怎么来的呢？《汉书》里是这样总结的：

然婴不知时变，夫亡术而不逊，蚡负贵而骄溢。凶德参会，待时而发。——《汉书·窦田灌韩传》

窦婴不懂得此一时彼一时的道理，灌夫完全是个不知轻重的愣头青，田蚡骄狂，这三人的三个毛病碰到一块，就成了一个炸弹，到了某个时间点，比如一个酒局，就炸了。

其实，窦婴在朝廷辩论时，没有说到点子上，田蚡有一个致命的把柄，他没说出来。如果说出来，可能也不是这个结局。什么致命的把柄呢？以后再说。

窦婴死是在公元前132年十二月，田蚡死是在公元前131年三月，在这之前一年多，汉武帝做了一件大事，拉开了大汉帝国决战匈奴的序幕。

第23回

汉武帝一共打了多少仗

公元前 135 年，窦太后死了。二十一岁的汉武帝终于解放了，于是在治国思想、意识形态方面，儒家思想逐渐取代黄老道家成为主流。朝廷设立了"五经博士"，对儒家学者特别优待，很多儒生被提拔到统治集团中来，逐渐形成了所谓的"士人政治"。汉武帝影响中国历史的头一件大事——"罢黜百家，独尊儒术"，基本上就搞定了。

他将要做的第二件大事，也正在拉开序幕。什么大事呢？打匈奴算是其中一部分，准确地说，是发动战争拓展疆域。不光打北边的匈奴，还打东南的东越、闽越，打南边的南越，打西南夷，打西边的西域。

他是转着圈打，这两年在东南边打，过两年在北边打，又过几年在南边打，又过几年在东边打。而且，打哪边也不是一个大决战就能结束的，都是打打停停，打了好几十年，才打下大汉帝国这个宏大的版图。

中间，究竟打了多少仗呢？我大致统计了下。

先是，公元前 138 年，汉武帝十八岁，打了一次东南的闽越。这算是"七国之乱"的延续。此前，吴王刘濞造反，联合了东越王。东越王和闽越王，都是越王勾践的后辈子孙。秦朝时，都归属番君吴芮，后来因支持刘邦，被封王。刚开始只封了闽越王，跟南越差不多，算是大汉藩属国。汉惠帝时，又分出一个东越王，也叫东瓯王。

吴王刘濞造反时，想联合闽越和东越。闽越不支持他，东越支持他。吴王刘濞兵败后，东越被朝廷收买，把刘濞给杀了。

刘濞的儿子刘子驹逃到了闽越。别看之前闽越不支持刘濞，这会儿倒是接纳了刘子驹，而且刘子驹跟闽越王关系很好，忽悠闽越王打东越。

东越就向朝廷求救。救不救呢？当时的太尉田蚡不想救：越人反复无常，让他们互相掐，不用管。

庄助不同意：皇上，您是天子，统摄天下，小国向咱求救，要是救不了那没办法，能救为什么不救啊？

汉武帝很大气：好，救！庄助，你直接去会稽郡，调会稽郡的兵马，去办这个事。

庄助很厉害，到了会稽郡之后，太守见不到虎符，不想发兵，被庄助连哄带吓唬，最终成功发兵，救东越。闽越一看这状况，就撤了。东越则干脆举国迁入江淮一带。

过了三年，公元前135年，闽越王又打南越国。南越国很聪明，上书朝廷：皇上啊，我们是您的藩属国，得听您的。闽越来打我们了，您看该怎么办？

当时，窦太后刚去世。二十一岁的汉武帝不再受羁绊，任命大行令王恢和大农令韩安国为将军，征讨闽越。闽越国吓坏了，起了内讧。闽越王的弟弟余善，联合王室的一些人，把闽越王给杀了，向汉军投降。大汉朝廷便重新册封了一个闽越王，史称"越繇王"。随后，又把余善分出来，立为东越王。然后，大汉军队班师回朝。临走时，带兵的将军王恢派番阳县县令唐蒙去见南越王，一来是为了让他们死心塌地效忠大汉皇帝，二来是为了刺探一下南越国的情况。南越国这边盛情款待唐蒙。

唐蒙是个有心人，宴席中间，他吃到一种果酱，就问从哪儿弄来的。

南越这边的人也没多想，告诉他这不是当地产的，是进口的枸酱。

道西北牂柯（zāng kē）。牂柯江广数里，出番禺城下。——《史记·西南夷列传》

唐蒙听了，心头一震。噢，从西北方向有条牂柯江，一直流过南越国都番禺，而且这条牂柯江有数里之宽。枸酱就是从这条江上运进来的。

那么，南越人说的西北方向是哪儿呢？唐蒙没有深问，只说想带走点枸酱。

唐蒙回到长安之后，把这个枸酱拿给一个蜀郡的商人看：你看看这东西，见过没有？

这个商人见多识广：这个东西我知道，就是枸酱，是蜀地的特产，别的地方没有。不过，有不少人偷渡出关，把这东西卖给蜀地南边的一个蛮夷之国，叫什么夜郎。夜郎就在南越的西北方向，他们之间通过那个牂牁江有很多交往，南越肯定是从夜郎买的这个。

唐蒙很高兴，立即上书汉武帝，献上一条奇计：皇上，这南越国名义上是大汉的藩属国，实际上，咱也管不着人家，人家想称帝就称帝。以往，咱想打它，只能从长沙郡、豫章郡往正南打。这条行军线路很不好走，大军不好过去，所以，咱就一直没打它。现在，我刚发现了另外一条路，就是从西南角，从蜀郡，经夜郎国，再沿牂牁江，顺流而下，就可以出其不意，打南越一个措手不及。

汉武帝听完，很高兴：好，这思路不错。可是，这个夜郎国是什么情况呢？

唐蒙说：皇上，您派我去一趟，凭大汉的实力，肯定能"不战而屈人之兵"，让它向大汉称臣。

汉武帝：好！就这么定了。

于是，大汉开拓西南的序幕正式拉开。唐蒙，带着一个大型使团，成功出使夜郎国。

夜郎国王第一次见到汉朝的使节，很好奇，问：

汉孰与我大？——《史记·西南夷列传》

远道而来的朋友啊，你说说，是你们汉朝大，还是我们夜郎大啊？

"夜郎自大"这个成语就是从这儿来的。

不过，最后谈的结果还不错。夜郎向大汉称臣，名义上成为大汉朝的一个郡——犍（qián）为郡。司马相如也出使西南，说服了另外两三个西南夷小国，向大汉称臣。接下来，汉武帝发动征调了巴蜀地区的很多人，修建巴蜀通往西

第 23 回 汉武帝一共打了多少仗

南的道路。这个大工程持续了很多年,消耗了大量的人力、物力。

与此同时,汉武帝的关注点转向了北方。就在打闽越的两年后,公元前133年,汉武帝二十三岁,这一年终于跟匈奴开打了,也就是马邑之战,但这一仗没有真打起来。

直到四年后,卫青带兵出战匈奴,从公元前 129 年一直打到公元前 119 年,连打了十年,这是汉武帝对外战争的高潮。

也不是不停地打,中间也有休整的间隙,是打一年歇两年。这一点其实很重要,纵观汉武帝一生,虽然打了无数的仗,被人诟病穷兵黩武,但是依然能晚场善收,其中很重要的一点是:他有自己的节奏,是按着一种战争节奏在打,有张有弛。而且,整个战争的高潮,是在他生命的前半期完成的,后面他有较充裕的时间去消解战争的负面影响。

在这个战争高潮中,卫青、霍去病横空出世,飞将军李广也千古留名。另外,因为战争带给内政极大压力,要解决很多问题,于是,涌现出了很多能臣、酷吏,像公孙弘、张汤、主父偃等人都是很有故事的。另外,张骞也是这时候登场的。总之,这十年北方匈奴之战,是整个汉武帝故事的高潮,特别是公元前 119 年的漠北之战,重创匈奴。

对外战争高潮之后的六七年,都没再打仗,直到公元前 112 年,打南越。这时,汉武帝已经四十四岁。为什么打南越呢?跟女人有关。

这要从公元前 135 年打闽越救南越那次说起。当时的南越王是赵胡,赵佗的孙子。赵佗在公元前 137 年已经死了,活了一百零三岁,据说是史上最长寿的皇帝。

大汉朝救了南越,南越王赵胡为表忠心,就把当时的太子婴齐送到长安做人质,美其名曰"入宿卫",其实是到长安来给皇上站岗值班的。

婴齐在长安待了十多年后,父王赵胡死了,他就带着从长安娶的老婆樛(jiū)氏和儿子,回国继位。

继位不久,婴齐也死了。于是,樛氏成了太后,她儿子成了南越王。汉武帝听说这个情况后,很高兴。为什么呢?因为这位南越太后樛氏,老家是邯郸的,是个中原人,对大汉朝感情肯定很深。现在,她跟儿子统治南越,南越不就好办了吗?

于是,汉武帝找来一个人,叫安国少季,这人是樛氏嫁给婴齐之前的恋人,让他出使南越,把南越变成大汉的一个普通诸侯国。

三岁一朝,除边关。——《史记·南越列传》

三年来长安朝见一次,撤销边防关口。

安国少季到了南越,樛太后一看老情人来了,老公又刚死,立马旧情复燃:我们娘俩都听你的。

但这樛太后娘俩立足未稳,不是他们想怎么着就能怎么着的。南越国的丞相吕嘉是三朝丞相,树大根深,非常有权威:要出卖我们南越,丧权辱国,休想!

樛太后一掂量,只靠她娘俩,肯定不行。安国少季就把这个情况告知了汉武帝。

汉武帝把这个问题想简单了,只派了两千人过去增援樛太后。结果,这两千人刚进南越,吕嘉就发动了政变,把樛太后娘俩杀掉,另立新王,把汉武帝派去的这两千人也给消灭了。

汉武帝大怒,任命卫尉路博德为伏波将军,主爵都尉杨仆为楼船将军,各统大军,浩浩荡荡打入南越。也不能说浩浩荡荡,他们走的线路就是之前唐蒙说的以往比较难走的那条线路。最终,在公元前111年冬天,汉军攻克南越国都番禺。吕嘉保着新立的南越王乘船,从海上出逃,但不久都被逮住了,南越国彻底灭亡。

对此,司马迁有一句耐人寻味的评价:

吕嘉小忠,令佗无后。——《史记·南越列传》

吕嘉本来是一片忠心,所以反对樛太后"比内诸侯"。可最终怎样呢?被灭掉的南越国直接被划分成了几个郡,彻底并入大汉版图。而且,赵佗的子孙

第23回 汉武帝一共打了多少仗

很可能也被杀光了，或者都成了阶下囚。

南越国这个大问题解决完之后，夜郎之类的西南夷就是小问题了，捎带着也都解决了。大致就是，打南越时，除路博德、杨仆外，汉武帝还调集了一支巴蜀地区的军队，走夜郎这边的牂牁江这条进军线路。此前费了那么大劲儿修的路，这次终于派上用场了。只是，这支军队还没到，南越就已经被灭了。于是这支军队顺道灭了且兰等几个小国。夜郎国王吓坏了，到长安朝见汉武帝，向汉朝称臣了。随后，另一个比较大的滇国也彻底臣服。

于是，在公元前109年，整个西南夷地区，就是今天的贵州、云南一带，也被划分为几个郡，正式纳入大汉版图。

另外，东越也被捎带着解决了。打南越时，东越王余善首鼠两端，一开始，主动请求助战，要帮着一块儿打南越。但直到南越打完了，也没看到他的军队。于是，楼船将军杨仆上书汉武帝要求灭了余善。

汉武帝有点犹豫，军队刚打完南越，"士卒劳倦"，就没同意。余善听说了，先发制人，直接起兵，还封一个手下叫"吞汉将军"，非常嚣张，势头很猛。

汉武帝还是发动几路大军，从几个不同方向打。很快，余善就被闽越王设计给杀死了，然后闽越王向汉军投降。东越、闽越也被正式并入大汉版图。

闽越王因为有立功表现，继续受优待，还是诸侯国君，只是不叫闽越王了，降为东成侯，万户侯。这也了不得啊！对此，司马迁大发感慨：春秋战国那么多诸侯国君，他们的子孙到了汉武帝这会儿，早不知干什么去了，但越王勾践的子孙竟然还是王侯。

其先岂尝有大功德于民哉，何其久也！——《史记·东越列传》

莫非是他家的先祖做了什么利国利民的大好事，积了大功德吗？

他家的先祖是谁呢？

盖禹之余烈也？——《史记·东越列传》

他家祖先是大禹，大禹治水，救天下百姓于水深火热之中，那是多大的功德呀！要不能传这么久吗？

打完东越之后，汉武帝紧接着又打了一个小国，也跟一个圣人有关，这个圣人跟大禹也有关。哪个小国呢？就是朝鲜。朝鲜怎么还跟圣人有关呢？哪个圣人呢？箕子。

可能很多人没听过这个圣人，不过，他在中国文化中的地位是很高的。

箕子本是商纣王的叔叔，也是太师，辅佐教导商纣王的。一开始，商纣王还没那么坏，慢慢就变坏了。坏人也有个成长的过程。

有个著名的典故"纣为象箸而箕子怖"，是《韩非子》里说的。说是有一天，箕子发现商纣王竟然用了一双精美的象牙箸，就是象牙筷子。箕子就被吓着了：坏了，大王今天用了象牙筷子，明天就得用玉杯，然后各种餐具都得跟这双筷子匹配，都得升格，再随后，衣食住行也得升格，越来越奢侈，这是亡国的节奏啊！

果然，商纣王越来越昏庸无道，不管箕子怎么相劝都不听：你快别烦我啦，再烦我，我就杀了你。

后来，商纣王把比干给杀了，还挖出心来。箕子吓坏了，怎么办呢？

乃被发详狂而为奴。——《史记·宋微子世家》

披头散发，装疯卖傻，没身为奴，总算保住了性命。

随后，武王伐纣，灭了商朝，听说箕子非常贤能，就把箕子找来：箕子先生啊，你现在不用再装疯了，你教教我治国的方略吧。

箕子对周武王印象还不错，因为周武王并没有对商朝贵族斩尽杀绝，还给保留着一片封地，还能绵延祭祀。于是，他把一篇绝世文章献给了周武王。

这篇文章叫《洪范》，它在中国政治哲学史上的地位绝对可以用"崇高"来形容。据说它是当年大禹治水的时候，上天赐给大禹的，后来又传到了箕子手上。只是因为，它被收录在《尚书》里，所以才不像《道德经》或者《大学》那样有名。

那么，它都讲些什么呢？

洪，大也。范，法也。——《尔雅·释诂》

洪范，就是大法的意思。

其实，按我的理解，叫大框架可能更合适。它是一个修身、齐家、治国、平天下，天人合一的大框架。其中分九个方面，用它的说法叫"九畴"，分别是：五行、五事、八政、五纪、皇极、三德、稽疑、庶征和五福六极。这里面，最著名的，就是五行。

周武王看完这篇《洪范》之后，非常满意：箕子啊，太感谢你了，你能传承这套绝学，太了不起了，这样吧，我把朝鲜封给你。

于是，箕子成为有文字记载的朝鲜半岛历史上第一任君主。《汉书》上讲，当时的朝鲜本来还都是蛮荒地区，箕子去了之后，以礼义教化人民，又教给耕织技术。

教其民以礼义，田蚕织作。——《汉书·地理志》

箕子的箕氏王朝一直延续到刘邦建立汉朝之后，共存续了八百多年。刘邦打燕王卢绾的时候，卢绾弃城而逃，逃到了匈奴。当时还有一个人，叫卫满，在混乱中也带着上千人跑了，跑到了朝鲜。

据说，当时的朝鲜王叫箕准，他收留了卫满，让卫满带着自己的人驻扎在朝鲜西境，帮着防备大汉。结果，没想到卫满反咬一口，在公元前194年打跑了箕准，自己做了朝鲜王。而箕准则跑到了朝鲜半岛的南半边。

那时候，朝鲜半岛就是分南北两边的。箕准占领了朝鲜半岛南边的部落小国马韩，继续做了一段韩王，后来，被马韩人给灭了。

卫满的朝鲜王位传到了他的孙子右渠，就跟汉武帝是同一时期了。汉武帝本想用收服夜郎的方式，派个使者去，让右渠到长安来朝见，然后"比内诸侯"。结果，右渠不来。

这个使者感觉回去没法交差，怎么办呢？他竟然在返回国境边上时，把给他送行的一个朝鲜小王爷给刺杀了。然后，他禀报汉武帝，他杀了朝鲜的一个将领。

汉武帝一高兴，封他为辽东东部都尉，在汉、朝边境带兵。

右渠气坏了，攻杀了这个辽东东部都尉。这下汉武帝师出有名了，派出两路大军打朝鲜：一路由灭南越的楼船将军杨仆带领，走海路；另一路由左将军荀彘带领，走辽东陆路。

这个仗打得很不容易，过程不细说了，最终，公元前108年，朝鲜王右渠被手下杀死，向汉军投降。于是，朝鲜被分为四个郡（乐浪郡、临屯郡、玄菟郡、真番郡），正式并入大汉版图。

这一年汉武帝四十八岁。战争停歇了三四年，他又开始派李广利打西域、打匈奴，又打了好多年。

第 24 回

汉帝国拉开
决战匈奴的序幕

上回把汉武帝一辈子打的仗大致串了一遍，重点讲了打南越、打西南夷、打东越、打朝鲜。

这些战争跟打匈奴都没法比。为什么呢？因为打这些地方，大汉帝国都是有绝对优势的，基本是有胜无败。而匈奴不一样，可以说，一直都是匈奴欺负大汉帝国的。就连刘邦亲自带兵去打匈奴，都打不过，被困白登山，差点回不来了。后来，他竟然想把亲闺女嫁给人家，以讨好匈奴。这招还挺管用，用和亲的办法，维护了与匈奴的和平。后来的皇帝们，一看老祖宗都用这个办法，也就用这招用上瘾了，特别是大汉和盛唐。

刘邦死后，匈奴大单于冒顿就更不把大汉帝国放在眼里了，派使者给吕太后捎信来，颇有挑衅之意。

吕太后勃然大怒，要发兵匈奴。她妹夫樊哙要求太后给他十万兵马，他去把匈奴给灭了。

季布在旁边看不下去了。这个季布就是当年那位催刚化柔，好几次差点杀死刘邦，又投奔刘邦的季布。他说：

樊哙可斩也！——《史记·季布栾布列传》

太后，依我看，高祖皇帝那么英明神武，都打不过匈奴，你能灭匈奴？你的意思是不是你比高祖还牛啊？前面，秦朝要不是把兵力都用于打匈奴，陈胜能壮大起来吗？樊哙，你说你安的什么心？

太后啊，匈奴不就是夷狄吗？咱用不着跟他们较劲吧？

第24回 汉帝国拉开决战匈奴的序幕

吕太后一琢磨：有道理。好，季布，先帝没看错你，咱让着他们。

于是，好吃好喝，大汉把匈奴使者招待一番，还派了使者带着重礼回访冒顿。冒顿也不好意思了，双方继续和亲。

后来，有一次匈奴右贤王带兵渡过黄河来侵扰，当时汉文帝刚刚即位，他派灌婴带着八万五千大军把匈奴打了回去。

冒顿也不想全面开战，就派使者过来解释说：那是右贤王擅自行动，请多原谅。还有，我们匈奴刚灭了月氏，兼并了楼兰、乌孙等，现在实力还是很强的。

匈奴对大汉是连哄带吓唬。汉文帝当然更不愿意打仗，他以黄老治国，讲究"清静为天下正"，能不打仗尽量不打仗，于是对使者说：好，回去告诉你们大单于，咱们继续和亲。

不久后，冒顿死了，换上他儿子老上单于，而这时汉朝内部出问题了。

汉文帝送一个宗室公主出塞，去给老上单于做阏氏，要有随行的宦官。当时，选中了一个大宦官，叫中行说。中行说不乐意去，可是，管这个事的非让他去不可。

最后，中行说放下一句狠话：

必我行也，为汉患者。——《史记·匈奴列传》

如果一定要我出行的话，我必定会成为汉朝的心腹大患。

到了匈奴那边，中行说就投降了老上单于，竭尽全力挑拨离间，破坏和亲。他也很有才能，把大汉这边一些先进的治国理政经验也都传授给老上单于；大汉朝这边怕什么，哪块比较薄弱、哪块好打等，他也都告诉了老上单于。

结果，公元前166年，大汉和匈奴打了一次大战役。老上单于率领十四万大军，一直打到离长安只有三百里远的雍甘泉，才撤回去。

这可把汉文帝吓够呛，因为，他调兵遣将应对匈奴入侵时发现了一个大问题，满朝挑不出几位真正能带兵打仗的可靠的将领。从当时的记载看，他用的那几位将领，只有栾布有些名气，其他的几位都不知名。

汉文帝很着急。有一天，他经过郎中署，就是郎官们办公的地方，看见里面有个老头，六十多岁，气质不凡：老人家，您这么大年纪怎么还做郎官啊？您是哪里人？

老郎官赶紧施礼：微臣叫冯唐，我爷爷是赵国人，那还是秦朝以前呢，他是个带兵的将领。后来，我父亲做过代国丞相，于是举家搬到了代国。

汉文帝：噢，那您是名门之后啊！这样说来，有个人您肯定听说过吧？

冯唐：皇上，您说哪位？

汉文帝：李齐。我听老人们说，当年巨鹿之战时，张耳能坚持那么久，主要是靠赵将李齐给撑着，这人太厉害了。

冯唐说：李齐。我知道，我父亲跟他有交往。不过，他也不算太厉害，李牧、廉颇那才叫真厉害。我爷爷跟李牧是朋友，跟我讲过他们的很多故事。

汉文帝很高兴：太好了，您快给我讲讲。

于是，冯唐讲了一通。汉文帝听入迷了，拍着大腿说：哎呀，这才是名将啊，真是太厉害了。我手下要是有廉颇、李牧这样的将领，就不必为匈奴担忧了。

汉文帝话音未落，冯唐立马说了一句：

陛下虽得廉颇、李牧，弗能用也。——《史记·张释之冯唐列传》

皇上您手下即便有廉颇、李牧这样的人才，您也不知道用啊！

汉文帝的脸，一下就黑了，一甩袖子，走了。

随后，他又让人把冯唐叫到了宫里。汉文帝问他：您怎么就知道，我手下即便有廉颇、李牧这样的人也不用呢？

冯唐回答：皇上，我给您举个小例子。比如，原来有个太守，就是在边境云中郡的太守，叫魏尚。魏尚是一个很会带兵的将领，也跟李牧似的，财散人聚，有一丁点好处都跟手下士卒分享，所以能得士卒死力，战斗力很强。匈奴打过几次云中郡，都败得很惨。但是，魏尚他自己对士兵没有赏罚权，要赏谁、罚谁，都得上报朝廷批准。而朝廷这边，相关的规定又都非常苛刻，往往是赏的没几个，罚的一大片。甚至，因为一次魏尚上报战功时虚报了六个，他就被罢官了，还坐了一年牢。这样，名将根本没办法施展才能。

当年，李牧为什么行？那是因为：

军功爵赏皆决于外，归而奏之。——《史记·张释之冯唐列传》

也就是说，赵王允许他军队中因功封爵奖赏的事，都由他在外决定，归来再奏报朝廷。

冯唐给汉文帝上了一课，就跟前面张释之给汉文帝上课一样，讲得入情入理。汉文帝听着不住地点头，虚心接受。随后，汉文帝立即重新起用魏尚，也把冯唐提拔成车骑都尉。

张释之给汉文帝上一次课就能升一次官，冯唐给汉文帝讲完这次课，也升了官。因为有这个共同点，所以司马迁把他俩放在了一个传里——《张释之冯唐列传》。

可惜的是，冯唐接下来没有张释之那么幸运。虽然被提拔为高级军官，但是，他已经六十多岁了，而且，汉文帝朝一直没有大的战争，中间周亚夫驻扎在细柳营那次也没怎么打，到了汉景帝时也没有对外的战争，都是以和亲为主。等到汉武帝又要打匈奴时，要找能知兵带兵的宿将，才又想到他。这时，冯唐已经九十多岁了，干不了了。本来很有才能的人，一辈子也没有机会建功立业，所以，后来的读史之人都为他惋惜。

话说，到了汉武帝即位的第八年，即公元前133年。这年边城马邑的一个土豪聂壹，通过王恢上书汉武帝，献上了一条引蛇出洞、诱敌深入的计策，来打匈奴。

年轻的汉武帝非常兴奋：好！这主意不错，我早就想攻打匈奴了，要一雪我曾祖父刘邦被困白登山的耻辱。

不过，他也知道匈奴很强大，事关重大，必须慎重。于是，他把大臣们都召集来：大家议一下，看看聂壹的谋略怎么样，打还是不打？

当时，有两个主要的大臣，也就是之前带兵打闽越的大行令王恢和大农令韩安国，各执一词，王恢支持打，韩安国反对打。两人你一言我一句，辩论了一大通。最后，汉武帝跟田蚡等重臣又商量了一下，决定：打！

于是，这年六月，汉武帝动员三十万大军，埋伏在马邑及周边，同时派土豪聂壹做间谍，去忽悠匈奴大单于：大单于啊，我痛恨大汉朝，热爱匈奴，我带着人已经起义了，把马邑拿下了，估计汉朝那边很快就要派兵过来镇压，您赶紧带兵先过去接管吧……具体怎么说的，史书不可能写太细。最后这个大单于，叫军臣单于——老上单于的儿子、冒顿的孙子，他真信了，带着十万大军就奔马邑而来。结果，过了边境线，进入了汉朝这边之后，走了百十来里，一个人影也没有。

军臣单于正犯着嘀咕，手下人来报：大单于，大事不好，我们刚抓住了一个汉军的尉史，说他们在马邑有伏兵三十万，咱们上当了，快撤吧！

军臣单于一听，吓出一身冷汗：等会儿……这个……我琢磨琢磨。确实上当了，赶紧撤！另外，把那个尉史带过来，好吃好喝好招待。他是上天派来的救星呀！就这样，匈奴大军全身而退。

埋伏在马邑的三十万大军白忙活了。中间，王恢带着三万人，埋伏在边塞附近，是打算在匈奴进了马邑后，断其后路，打后面粮草辎重的。所以，在匈奴撤兵的时候，他是有机会跟匈奴开战的。可是，那样的话，就不是只打粮草辎重了，就成了跟整个匈奴部队打了。

拿自己三万弟兄，打匈奴十万主力军，那都得搭进去啊！可是，不打吧，这是我提议的事，朝廷又投入这么多人力、物力，无功而返，肯定是死罪啊！怎么办呢？

王恢一时很难决策，最后一咬牙：得了，有罪我自己受吧，掉脑袋掉我一个人的，不能把三万弟兄的命都搭上。于是，他带兵回来了。

汉武帝勃然大怒：军人就是打仗的，能怕牺牲吗？我发动数十万大军，即便不能实现原来的战略构想，哪怕你打一个小仗，我也好跟天下人交代啊！你一仗没打，置我于何地？

最终，王恢自杀。

王恢自杀了，反对打匈奴的韩安国就升职了，成为御史大夫。一年多后，

第 24 回 汉帝国拉开决战匈奴的序幕

田蚡得怪病死了，韩安国成了代理丞相，他算是达到了人生事业的巅峰。

韩安国是个有故事的人，都有什么故事呢？这里简单讲讲。

最早"七国之乱"的时候，韩安国是梁王刘武的手下，是他率兵挡住了吴王刘濞的大军，战功卓著。随后，梁王刘武骄傲自满，进进出出的排场都跟天子一个规格了，把汉景帝给惹恼了，窦太后也很生气。

刘武有点害怕：韩安国，你看怎么办呢？

韩安国说：没事，大王，我去劝劝太后和皇上，应当没什么大问题。

于是，韩安国跑到长安，先找到长公主刘嫖，一把鼻涕一把泪地跟刘嫖哭诉了一通：长公主，您可能还不知道，现在皇上和太后正误会着梁王呢，嫌梁王搞得排场太大了，超规格了。其实，梁王这么做，是有他一番良苦用心的。他就是为了让世人都看看，太后和皇上多么宠着他，多么疼他，皇室多么团结一心。可是，他听说，太后和皇上不理解，他就特别委屈，天天哭，连饭都不吃了，我们都看不下去了，都跟着哭……

韩安国一边说一边哭，弄得长公主刘嫖也跟着掉泪：行了，我去跟太后说说去。

窦太后最听这个大闺女的话，又最疼小儿子梁王，一听这个情况，立马找来汉景帝，一家子把话说开，和好如初，梁王更受优宠了。韩安国也得了一大堆赏赐，名显于世。

不过，人这辈子不可能总是一帆风顺。韩安国这人有个毛病，就是比较贪财。有一次，他因为犯法被关进了监狱。管他的狱吏叫田甲，是个酷吏，对韩安国严刑拷打。

韩安国说：你做这么绝，就不想想死灰难道不会复燃吗？

死灰独不复然乎？——《史记·韩长孺列传》

田甲说：要是再燃烧我就用尿浇灭它。

过了不久，梁国内史的职位空缺，汉朝廷派使者任命韩安国为梁国内史，由囚徒直接担任两千石级的官员。死灰真就复燃了！

田甲一下子傻了，逃跑了，躲起来了。

韩安国把囚服脱下，换上官服，并不派人去搜捕田甲，只慢声细语地讲了一句话：

甲不就官，我灭而宗。——《史记·韩长孺列传》

田甲不回来就职，我就夷灭你的宗族。

没过几天，田甲乖乖回来了，肉袒请罪。韩安国笑着说：你可以撒尿了！像你们这些人值得我惩办吗？韩安国居然友好地对待他。

这是很经典的一个故事。

不过，这次韩安国是被朝廷直接起用的。梁王刘武跟他的关系，已经稍微差一点了，不那么宠信他了。刘武现在最宠信的人，事后证明是两个投机分子：一个叫公孙诡，一个叫羊胜。之前刘武想当皇太弟，就是这两人撺掇的，刺杀袁盎也是他俩的主意。朝廷派人到梁国追捕这两个人，刘武想包庇，把他俩藏匿在自己的王宫里。

当时，外面能搜的地方，朝廷来的人都给搜遍了，只剩下梁王宫了。怎么办呢？这时的形势非常紧张。

别人谁也不敢言语。韩安国必须出这个头，他又哭了。他哭着来找刘武：大王啊，我有话必须跟您说，不管您爱听不爱听，说完我就……去死。

刘武问：你这是干什么啊，至于吗？

韩安国说：大王，我问您，是之前的栗太子跟皇上亲，还是您跟皇上亲？

刘武说：当然是栗太子啊，人家那是亲生父子，兄弟当然要远一步。

韩安国说：那我问您，栗太子有什么罪过吗？您可能都说不上来吧。可是，他说废就被废了，说抓就被抓了，最后在牢里自杀了。有句老话，可能说得狠了点：

虽有亲父，安知其不为虎？虽有亲兄，安知其不为狼？——《史

第24回 汉帝国拉开决战匈奴的序幕

记·韩长孺列传》

虽有亲父，怎么能知道他不是凶残的猛虎？虽有亲哥哥，怎么能知道他不是凶残的豺狼？

您可千万不要高估了您在亲父、亲兄心中的分量啊！现在也就仗着您的亲妈太后还在，哪天太后不在了，给您来个大义灭亲，您也没办法。好了，我知道这话说得大不敬，我说完了，您现在赐死我吧！

刘武吓呆了，一把抱住韩安国，也开始哭：安国啊，谢谢你跟我说这么掏心掏肺的话，我听你的，马上就把公孙诡、羊胜交给朝廷。

结果，这两位顶着所有的罪名自杀了，这事就了了。于是，汉景帝和窦太后更加看重韩安国。

几年之后，梁王刘武死了，换了他儿子当梁王，韩安国又犯法了，被免官。怎么办呢？送礼，给田蚡送了五百金，再次"死灰复燃"，入朝当了汉武帝的大农令。他带兵去打闽越，跟着一起打马邑之战。

马邑之战的第二年，就发生了田蚡要杀灌夫，跟窦婴当庭辩论的事。当时，韩安国两不得罪。田蚡很不满，退朝之后，把韩安国找来大骂一通。

韩安国一笑：丞相啊，您今天这个表现可不太好。您是丞相，是皇上的亲舅舅，跟一个失了势的人对骂，您觉得合适吗？您就应当说，皇上，窦婴说得都对，都是我不对，我对不起您的信任，我辞职。这样，您有面子，皇上也有面子，窦婴只要是要脸的，就得羞愧自杀，这多好啊！

田蚡一下子服了：有道理，我刚才真是太着急了，没想到这些。

田蚡死后，韩安国代理丞相，没干几天，就把腿摔断了，在家休养。结果，丞相被一个叫薛泽的大臣接任了。

之后，汉武帝没再重用韩安国。再后来，他在边塞带兵，病死军中。

韩安国在梁国时，提携过很多贤能之士，包括一个著名的学者壶遂，是司马迁的同事兼好友，一起研究修订律历什么的。司马迁非常钦佩壶遂的学问和人品，称其特别有才、特别低调、特别厚道。由此，司马迁对韩安国的印象也特别好，给他一个独立的列传，还称赞他：

> 智足以当世取合,而出于忠厚焉。——《史记·韩长孺列传》

他的才智足够迎合世俗,但有一颗忠厚之心。

决战匈奴的序幕已经拉开,而汉武帝不再重用宿将韩安国,他要重用谁呢?

第 25 回

李广的
射雕英雄传

公元前133年，汉武帝与匈奴开战，马邑之战无功而返。接下来的三年，匈奴那边没什么动静，就没打。直到公元前129年，匈奴又来侵扰，攻入上谷郡，烧杀劫掠。

汉武帝大怒，组织反击，四位大将各领一万大军，四路大军分别从上谷郡、代郡、云中郡、雁门郡四个郡出塞，攻打匈奴。

哪四位大将呢？都是了不起的人物，太有名了：卫青！李广！几乎尽人皆知。另外两位大将名气小一点，一个叫公孙贺，一个叫公孙敖，这两位都是汉武帝的郎官、舍人出身，估计当年都是跟汉武帝一块打猎的，玩得特别好的弟兄。后面，两人都还有故事，特别是公孙贺，他还是卫青的大姐夫。卫青有三个同母异父的姐姐，大姐叫卫孺，嫁给了这位公孙贺。后来，公孙贺还当了十多年丞相，卫青大姐便成了丞相夫人。

卫青的二姐叫卫少儿，嫁的人一般，不过，她生了一个非常了不起的私生子，就是霍去病。

卫青的三姐更厉害，就是卫子夫，嫁给了具有雄才大略的皇帝汉武帝，当了差不多四十年皇后。

不过这三姐妹的出身低微，甚至亲爹是谁，史书上都没留下一笔，史书上只写了亲妈是卫媪。

这个卫媪是夫姓卫还是自己姓卫，《史记》三家注里也没说清楚。《史记》说卫青的生父叫郑季，是平阳侯手下的一个小官吏。

与侯妾卫媪通，生青。——《史记·卫将军骠骑列传》

郑季跟平阳侯的小妾卫媪私通，生了卫青。

是这意思吗？要是这意思的话，这卫媪就尊贵了，她女儿卫子夫就是侯爷的庶女了，即便不如嫡女的地位，总也不至于当歌女。所以，不是这个意思。

这个"妾"，实际是女奴的意思。卫媪只是平阳侯家里的一个女奴，或者用《汉书》的说法，她只是平阳侯的"家僮"。她老公到底是谁？说不好。

卫青是私生子，而且生下来之后是跟他爹郑季一起生活的，他的处境可想而知。他从小便给平阳侯家放羊，稍大一点后，又给平阳公主当骑童。当时，他肯定想不到，那个高高在上的女主人，有一天竟然成了他老婆。

卫青虽然处于社会的底层，但他对于未来的富贵还是有一些憧憬的。有一次，有个人给他相面，说他将来会封侯。他苦笑：少挨点打骂就不错了，上哪儿封侯去啊？

结果，没过几年，卫子夫进宫受宠，"一人得道，鸡犬升天"。

卫青跟他母亲这边一直没断联系，干脆改姓卫，也进宫混了个差事，巴望着沾上这个同母异父姐姐的光，将来升个官儿。可他万万没想到，光没沾上，却差点招来杀身之祸。

卫子夫得宠，那个陈阿娇陈皇后虽然愤怒，又不敢把卫子夫怎么样，便拿卫青出气，让她妈长公主刘嫖把卫青给抓了，要杀头。

危急时刻，好朋友公孙敖挺身相救，带着几个壮士，把卫青营救了出来。这事搞得动静挺大。汉武帝知道了：来人，去把卫青叫来。

这姐夫、小舅子一见面，很投缘，汉武帝就把卫青留在了自己身边。

赏赐数日间累千金。——《资治通鉴·汉纪九》

几天时间便赏给卫青上千金。

之后，由汉武帝主持，把大姨子卫孺嫁给了太仆公孙贺；二姨子卫少儿虽然没嫁人，但有个相好，叫陈掌，也给他升了官。另外，那个救卫青的好朋友公孙敖也升官了。

看上去，卫青比卫子夫面子还大，因为之前卫子夫已经受宠，但家人并没怎么沾光。

大将军青侍中，上踞厕而视之。——《史记·汲郑列传》

后来，卫青已做到大将军了，要找汉武帝汇报事情，正赶上汉武帝在厕所里。怎么办呢？正常人，就得等会儿。卫青不用等，直接进厕所去聊。

公元前129年出击匈奴，卫青是第一次带兵打仗，首战告捷，杀敌数百。相较于他以后的战功，可能这次微不足道，但意义非比寻常，这算是大汉朝出战匈奴的第一次胜利，而且还端掉了匈奴的一个基地——茏城。汉武帝大悦，给卫青赐爵关内侯。

另外的那三路，战况不理想，都败了。最惨的就是飞将军李广，竟然被匈奴俘虏了。幸运的是，他又神奇地逃了回来。李广绝对是个传奇。

一个人怎么才能成为传奇呢？简单说，就是这个人得有好故事。人活一世，能留下一个好故事，就很不错了。能留下几个好故事，就称得上是传奇了。

李广都有什么好故事呢？咱从头说。他是秦朝名将李信的后人。当年李信带领秦军打燕国，很厉害。秦始皇要打楚国，王翦说得带六十万大军，李信说二十万足够。李广就是这个李信的后人，出身名将世家，祖辈都有一身骑马射箭的好功夫。汉文帝时，青年李广就已参军，在抗击匈奴中很快崭露头角，被提拔到汉文帝身边做武骑常侍。

不打匈奴时，李广就跟着皇帝一起去打猎。他的表现太突出了，要多勇猛有多勇猛，而且是个神射手，百步穿杨，指哪射哪。

汉文帝太喜欢他了：真可惜了你这身武艺，要是当年战乱时你在高祖皇帝手下，肯定能被封个万户侯，可惜没赶上好时机啊！

可是，他哪里知道，后面李广赶上好时机了，照样也没被封侯。

什么好时机呢？头一个就是"七国之乱"。李广在周亚夫麾下，跟着打吴王刘濞，名扬沙场。可是，因为他中间私自接受了梁王的封赏，所以回到朝廷后，便没给他记功。

随后，他被调到边疆做太守，与匈奴挨着的那几个郡，比如上谷郡、雁门郡、云中郡、代郡等几个郡，他都做过太守。

> 匈奴日以合战。——《史记·李将军列传》

跟匈奴大仗、小仗天天打，他都是身先士卒，打起仗来不要命。朝廷里的人都担心他，说：

> 李广才气，天下无双，自负其能，数与虏敌战，恐亡之。——《史记·李将军列传》

他这人艺高人胆大，如若光耍大胆，真要战死的话，那就太可惜了。所幸的是，他属于胆大心细的那种，总是有惊无险。打到后来，匈奴都服了：汉朝那边有个叫李广的将军太厉害了，简直是个"飞将军"。

那么，到底李广怎么个艺高人胆大呢？这方面，有个故事讲得太精彩了，比金庸武侠小说里讲得更让人心驰神往。

有一次，李广这边有一支骑兵小队在外面转悠，正好碰上三个匈奴人。他们便上去围住了这三个匈奴人，结果这支骑兵反倒被三个匈奴人给消灭了。

领头的那位，跑得快，死里逃生，回来向李广汇报了一番。

李广立马明白了：这准是匈奴里面专门的射雕手，都是神射手。我去会会他们。

于是，李广带上百十来个骑兵追出来了，追出了好几十里地，真就追上了，因为那三个射雕手都没骑马，走得慢。

追上之后，李广传令手下：散开，你们谁也别动手，看我的。

他自己催马上前，单挑这三个射雕手。结果怎么着？最终，两个射雕手被射死，一个被生擒，李广毫发无伤。

这就叫高手。李广怎么这么厉害呢？家学是一方面；另一方面是天赋，李广天赋异禀。

广为人长，猿臂，其善射亦天性也。——《史记·李将军列传》

他身材高大，两臂如猿，胳膊比一般人长出一大截来，跟个大猩猩似的，拉弓就能拉得特别满。

还有比天赋更重要的，是后天的苦练。李广每天弓不离人、箭不离手，与人喝酒，别人一般会玩玩划拳，他不，他得比射箭，谁输了谁喝。

专以射为戏。——《史记·李将军列传》

射箭是他人生最大的乐趣，再加上家学和天赋，所以他达到了这种出神入化的地步。

有一次去打猎，李广突然发现不远处的草丛里蹲着一只老虎。他连忙拿起弓箭，使尽全力射了过去。凭他百发百中的箭法，自然射中了，但是老虎不叫也不动，怎么回事呢？走过去一看，原来是块大石头，形状像老虎，再看那支箭，箭头整个都射进了石头里。

竟然能把箭射进石头里，李广自己也没想到。回到原来的位置，再射这个石头，无论如何也射不进去了。

李广就想，这说明什么呢？自己当时太紧张了，所以力量就超出了以往。为何这么紧张呢？说明我怕老虎啊。不行，我怎么能怕老虎呢？于是，有一段时间，他迷上了射老虎，头两次还比较紧张，再往后，就不怕了，一个郡的老虎都让他给射死了。中间也让老虎扑伤过，不过，他乐此不疲。

接着前面的说，李广制服匈奴射雕手之后，正要回去，忽然听得远处战马奔腾，数千匈奴骑兵进入了视野。

匈奴这边被吓了一跳：汉军怎么知道我们来这儿啊，提前派出百十来个骑兵在这等我们，这是为何啊？是不是有埋伏？不好，停止前进，赶紧列阵，准备战斗。

李广这边的兵那就更害怕了，拨马就要跑。李广把眼一瞪：慌什么？大家

第25回 李广的射雕英雄传

不要怕,咱们跟匈奴打了这么多年交道,还不了解他们吗?他们用兵也是很慎重的,咱们只要沉住气,不慌不乱不跑,匈奴肯定不敢上来,他肯定怕咱们有埋伏。听我号令,前进!

他手下这些骑兵也不含糊,迎着匈奴这边就上来了,在距离匈奴军阵还有二里多地时,停下了,坐地上歇着。

匈奴更奇怪了:这是要干什么啊?猜不透。都先别动啊,先瞅着点儿。

中间,匈奴这边有个白马将军往李广这边探头探脑的。李广飞身上马,一箭将其射落马下。然后,再次下马解鞍,歇着。匈奴更不敢动了。这时,天色渐渐暗下来,匈奴最终也没敢动,撤兵了。李广全身而退。

这个故事,比诸葛亮那出空城计可刺激得多啊!不过也真够悬的。

李广就是这风格,平常就是这样带兵,不循常理,非常洒脱,从不讲究什么行军布阵,对士兵的军容军纪也没有很严的要求,士兵们都比较放松。而且,他绝对是有古之名将之风,一辈子做两千石的高官多年,家无余财,都分给手下了。有时在沙漠里带兵,没水,都渴得够呛,忽然前面有水源了,他都是先紧着手下们喝,然后他才喝。

不过,他也不是什么都放松,该较真的地方他也较真,比如,他非常重视侦察敌情。一旦开战,他眼珠子就瞪起来了,要求手下必须稳住,等敌军进入射程,有把握射中了,才能开弓射箭。所以,他带的兵很有爆发力,不避险难,很能打。

但这种短兵相接,也容易陷入困境,如果对方有绝对优势时,你跑都跑不了。跟卫青出战的这次,就是这个情况,匈奴兵力有绝对优势,李广吃了大亏。大单于提前有令:李广,我要活的,我得见识见识这个飞将军。

匈奴真就把李广给俘虏了。当时李广身负重伤,匈奴给弄了一个特制的网式担架——一个大网片子,四个角拴在两匹马上,中间撑开,把李广兜住,往回走。

李广一看,这怎么办呢?得了,装死吧,装得跟奄奄一息似的,不省人事。押送他的匈奴兵看李广已经这样了,就放松了,不怎么盯着了:这快死的人了,肯定跑不了,真要死了,也没办法,回去交差就完了。

谁也没想到,走到半路上,李广突然飞身而起,把这个大网兜当蹦蹦床了,一下子弹到旁边一个匈奴骑兵的身后,一把夺过弓箭,把匈奴兵推落马下,自己骑着马,拨马就跑。

后面数百匈奴骑兵追他,愣是没追上。这好像也有点夸张,不过,也可能因为两个原因:一是李广提前瞅好了,他要抢的这匹马不一般,是匹快马;二是,他手里有箭,回身啪啪啪一箭一个,追他的匈奴就不敢追了。

最终,李广成功逃回。不过,回来之后,又是战败,又是被俘,仍然是个死罪,当斩。怎么办呢?

赎为庶人。——《史记·李将军列传》

交了一定数额的赎金,死罪便免了,回家做平头百姓。

这种赎罪制度,专业说法叫"赎刑"。李广正好借此机会在家休养了几年,没事就会会朋友,喝个小酒,打个猎什么的。

有天晚上,他去找一个乡间的朋友喝酒,回来得有点晚。经过霸陵亭的时候,被霸陵尉给叫住了,霸陵尉就相当于现在的高速收费站站长。李广当时只带了一个随从,这个随从很生气,大喊一嗓子:快放行,这是"故李将军"。

当时这个霸陵尉可能喝了不少酒:什么?故将军?哼,今将军也不行。深夜一律不得通行,老实等天亮再说吧。

生生没让过去,李广只好在霸陵亭外面睡了一宿。他哪受得了这委屈,可是,没办法,只能忍。

没过多久,匈奴再次大举入侵,汉武帝重新起用李广,接替刚刚病死的韩安国,做右北平太守。赴任前,李广请求带上那个霸陵尉。到了右北平,李广就把这个霸陵尉给杀了。然后,他上书汉武帝,主动谢罪。

汉武帝批复:朕用你,是让你冲锋陷阵保家卫国的,不是听你这些破事的!

李广虽然杀了霸陵尉,出了心中的怨气,但是,还有一个更糟心的事,是什么呢?就是他错过了一次最好的被封侯的机会。

第 26 回

李广难封与
名将声望

公元前 129 年，李广与卫青一起打匈奴，被俘后死里逃生，回来之后，定为死罪，赎为庶人。

然后，得考据一下了。

顷之，家居数岁。——《史记·李将军列传》

转眼间，就在家里待了好几年。

可是《资治通鉴》里写的是李广只在家里待了一年，转过年来便去右北平做太守了。我认为《资治通鉴》写得不大对，这样的话，就不好解释"李广难封"了。

因为，如果李广第二年就当了边郡右北平的太守，那么，这一年卫青再次出战匈奴，斩首数千。再转过年来，公元前 127 年，卫青再次出战匈奴，从云中郡往西打，收复了原属秦朝的黄河河套地区，就是黄河"几"字形那块，随后，汉武帝接受主父偃的建议，在此设立朔方郡。因为这次战役的胜利，卫青手下的两个将领苏建和张次公都被封侯。

又过了三年，公元前 124 年，匈奴右贤王来打朔方，卫青等将领率十万大军，分三路，出塞六七百里，把这个右贤王打了个措手不及，俘虏了十多个匈奴小王、一万五千多人、上百万的牛羊，大胜而归。

汉武帝大悦，把卫青封为大将军——类似三军总司令，万户侯，三个儿子都还在襁褓之中呢，也被封侯了。公孙贺、公孙敖等十个将领也都被封侯。

公孙敖被封的什么侯呢？合骑侯。

以千五百户封敖为合骑侯。——《史记·卫将军骠骑列传》

他是侯了，那么，他这一千五百户的封地，就是什么啊？就是一个小诸侯国，合骑侯国。

那么，这个合骑侯国在哪儿呢？一般认为，就是我家乡黄骅的郛堤城。前几年，郛堤城考古发现大量儿童瓮棺墓葬，轰动全国。后来，中日韩三国的专家一块儿来考察，初步认为，这个可能就是合骑侯国遗址的郛堤城。

接着说李广，很可惜的是，这两次大战，他都没参与。为什么？因为李广还在家里歇着呢。这样解释，比较合理。

在右北平太守任上，他干了很短的时间，就被汉武帝召回来，接替石建，当了郎中令。郎中令是相当重要的职位，是真正的天子近臣，赵高当年就是郎中令。

李广接替的这位前郎中令石建也是有故事的人。前面说，汉武帝刚即位就要改革，弄了个儒生叫王臧的当郎中令，结果窦太皇太后把王臧给杀了，换了一位老成持重的人当这个郎中令，就是石建。

石建是什么来头呢？他的父亲叫石奋，石奋十五岁就是跟着刘邦的一个小跟班，没什么文化，但是刘邦喜欢他。

爱其恭敬。——《史记·万石张叔列传》

恭是待人恭敬，敬是做事认真。这方面他很讨刘邦喜欢。

有一次刘邦问他：小石头啊，你家里还有什么人？

石奋说：只有母亲和姐姐，母亲双目失明，姐姐会弹琴。

刘邦一笑：好，那就都接来吧，你孝敬你老妈，你姐给我做妃子。

于是，这个小石头成了皇亲国戚。到了汉文帝时，他已算是元老了，可照样还是恭谨。

> 恭谨无与比。——《史记·万石张叔列传》

没有人能像他这样待人恭敬、做事严谨的了。

汉文帝非常信任、欣赏他，让他做太子太傅。太子即位，就是汉景帝，石奋四个儿子都官至两千石，算上他，一家子一共五个两千石，加一块正好一万石。于是，汉景帝送给他一个外号，叫"万石君"。

那么，这位万石君都是怎么恭敬、恭谨的呢？

《史记》里是这样说的：汉景帝即位之后，万石君退休在家养老。赶上朝廷搞什么庆典活动时，都会请他来参加。他年纪已经很大了，而且那么德高望重，照理说可以端着点了。可他不，只要是一进皇宫的门，立马小步快跑，看到皇上的座驾，不论皇上在没在上面，都站直了打敬礼。他对朝廷的各种礼仪都严格遵守，半点也不含糊。

在家里，子孙在去赴任之前，来给他请安，如果是穿着朝服来的，他也得穿上朝服才见面，而且这时称呼子孙都不直呼其名，而是按官职来称呼。

有时，皇上想他了，派宦官给他送点好吃的来，他都把这吃的先供起来，趴地上磕完头再吃，就跟皇上在跟前似的。

在他的言传身教之下，几个儿子也都如此，非常恭谨。大儿子就是石建，给汉武帝当郎中令。有一次，他给汉武帝写了一个文件，汉武帝给批复回来。他一看，发现这个文件上有个"马"字，马（馬）字下面应当是四个点，他竟然只写了三个点，立马冒汗，吓坏了，好一通自责。

不过，石建这样，绝对不是怯懦。他作为郎中令每天都跟在汉武帝身边，汉武帝接见大臣时，他都在场。不论汉武帝说什么，他都一声不吭，等大臣们都走了，他才开始说话，把存在的问题不卑不亢地指出来。

而且，石建是个大孝子。他当郎中令时，年纪不小了，老父亲万石君还在世。他每五天从宫里回家一次陪老父亲，亲自给老父亲洗衣服，连仆人也不用。

因此，汉武帝非常敬重石建，虽然是窦太皇太后给他安排的这个郎中令，可他一点都不反感，一直让石建在这个位置上干到去世。后来，他还让石建的

第 26 回 | 李广难封与名将声望

弟弟石庆当了丞相。石庆也是要多恭谨有多恭谨。

前面讲过的以醇谨著称的建陵侯卫绾，跟万石君也在一个列传里。司马迁认为，孔子所谓的"君子欲讷于言而敏于行"，正是说的他们这样的人。

那么，汉武帝让李广这样的武将来接石建的班，做郎中令，是不是反差太大了呢？或者，李广身上是不是也有万石君父子类似的品质呢？还真有一点，就是"讷于言而敏于行"，李广也是这样的。

> 广讷口少言。——《史记·李将军列传》

李广嘴笨，沉默寡言。

> 余睹李将军悛悛如鄙人，口不能道辞。——《史记·李将军列传》

李广去世时，司马迁已经二十多岁了，他们有交集，司马迁亲眼见过李广。他以为李广这么了不起的英雄，肯定是雄姿英发，但实际看上去"悛悛如鄙人"，完全是一个忠厚老实的小百姓的样子，不善言辞。中国传统文化对于这种风格的人，一般都比较青睐。

李广做郎中令没多长时间，便又回到边疆，以郎中令身份带兵，他的长处还是打仗。而且，只有打仗，才有望封侯，这是李广的梦想。

很快，机会又来了。公元前 123 年，汉武帝再次命大将军卫青带领着六个将军，六路大军出战匈奴，李广也在其中。结果，这次战役后，又有三人被封侯。

有没有李广呢？咱先留个悬念，先说一下卫青的表现。

在这次战役中，卫青手下的右将军苏建和前将军赵信带领的几千人，遭遇了单于的主力，苦战一整天，全军覆没。赵信以前是匈奴降将，这次，他又投降回匈奴了。苏建则杀出一条血路，带着几个人突围，死里逃生，回来向卫青请罪。

那么，卫青该怎样处置苏建呢？他问手下几个幕僚：你们什么意见？

> 可斩以明将军之威。——《史记·卫将军骠骑列传》

有个幕僚认为应当杀了苏建，严肃军纪，以提升大将军在军中的权威。

另外两个幕僚则认为：不对，将军，兵法上讲，越是能打的军队，扎硬寨、打死仗这样的铁军，遇到大敌，越容易遭受惨败。因为他们不跑、不逃、不撤，所以，苏建带着几千人跟匈奴单于主力几万人苦战一整天，全部战死，而且毫无二心，怎么能杀呢？

卫青最后决定把苏建押回朝廷，请皇上发落。回朝之后，苏建被赦免了，赎为庶人。汉武帝赏赐卫青一千金。卫青受高人指点，把这一千金拿出一半来，送到了汉武帝的宠妃王夫人家里。从这两件事，可以看出卫青很会做人，也很会讨汉武帝的喜欢。

照理说，卫青不仅有很高的军功，而且又深谙生存智慧，应当受到朝野上下的一致称赞，但实际不是这样，天下人对他的评价并不高，他没有多高的声望。

这是怎么回事呢？有一次，苏建跟卫青提起了这个问题，他说：大将军，您声望不够高，是因为您有点高冷，与各界人士接触太少。您看，您是不是也招点门客，养养士，把声望往上提一提啊？

卫青摇摇头：别，我感觉这样挺好，当年窦婴、田蚡声望高，宾客盈门，结果呢？皇上恨得牙根痒痒。我没声望就没声望吧，这不是什么坏事。

那么，谁的声望高呢？当然是李广，匈奴那边都管他叫"飞将军"。还有一位声望高的，是个后起之秀，谁啊？霍去病。其实，霍去病也不养士，也没门客，为什么他的声望会高于卫青？说到底，是因为一个字：酷！

霍去病的故事更惊险、更刺激，更英雄主义、更浪漫传奇。李广的声望，也是源于此。

那么，霍去病的"酷"体现在哪儿呢？

霍去病是卫青二姐卫少儿的私生子，是卫青的外甥，很讨汉武帝的喜欢。公元前123年的这次战役，是他第一次跟着出征。他在卫青手下做骠姚校尉，

第26回 李广难封与名将声望

只有十七岁！

他带着八百骑兵冲锋陷阵：

直弃大军数百里赴利，斩捕首虏过当。——《史记·卫将军骠骑列传》

也许是"初生牛犊不怕虎"，不知天高的少年霍去病，离开大军几百里，孤军深入，直插匈奴后方的一个基地，打了匈奴一个措手不及，歼敌两千多人，包括匈奴单于的祖父、叔父以及相国等官员，勇冠全军。

汉武帝大悦，赐其一千六百户食邑，封冠军侯。在这次战役中，有三个被封侯的。霍去病是一个；还有一个封给了一个边防太守，以上那几次他都跟着出战，战绩都不错；另外一个封侯的名额，是不是李广呢？很可惜，不是。李广又失望了。这个被封侯的，也是一位著名人物——张骞。

公元前139年，汉武帝即位不久，听投降的匈奴人说，西边有个国叫月氏，跟匈奴有仇，他便想：我可以联合月氏，对付匈奴啊！派谁出使月氏呢？他命人发了公告，招聘大使。

张骞当时是个郎官，主动应诏。汉武帝很高兴，让他带使团出使月氏。可是，谈何容易？要想去月氏，必须得通过匈奴控制的河西走廊，没别的地方能绕过去，怎么办呢？没办法，硬着头皮上吧。张骞的使团进了匈奴控制区之后，就被匈奴给抓住，扣下了。这一下被扣了十多年，他才逃出来，历尽千辛万苦，终于找到了大月氏。他又辗转访问了几个西域的小国，才往回返。回来的路上，他又被匈奴抓住了，然后又逃了出来。

为什么张骞总能逃出来呢？匈奴怎么不杀他呢？

骞为人强力，宽大信人，蛮夷爱之。——《史记·大宛列传》

张骞身材高大有力，是个壮士，而且性格豪爽，诚信待人，所以，匈奴很喜欢他，还把匈奴女子送给他做老婆。

其实，张骞还得益于他的随从——仆人兼保镖，此人叫堂邑父。堂邑父是个匈奴人,善于射箭,有一身好武艺,对张骞忠心耿耿。他们长途跋涉,经常走过无人区,没有饭吃,堂邑父便想办法"射禽兽给食"。

历尽千难万险,公元前 126 年,张骞回到长安,距他出使时,已经过了十三年,去时他带了一百多人,回来时,身边只剩下一个堂邑父,还有个匈奴老婆。

随后,公元前 123 年这场战役,他随卫青一起出战,因为他有长期的沙漠生存经验,知道哪里有水有草,给卫青行军提供了很大帮助,加上前面出使西域的功劳,所以被封为博望侯。

张骞在西域待的这十多年,掌握了西域诸国的很多情况。汉武帝听他汇报完,眼前便展现出了一个新大陆,他心想:这真叫天外有天,一路向西,竟然还有这么广阔的天地呢!

但是,连接大汉朝和这个新大陆的必经之路——河西走廊地区——被匈奴占着呢,这不行,得把河西走廊打通!

于是,两年后,公元前 121 年,汉武帝派霍去病出征,要他拿下河西走廊。霍去病拿下河西走廊的战役,分两次进行。头一次是从陇西出发,一路向西北,

转战六日,过焉支山千有余里。——《史记·卫将军骠骑列传》

焉支山在酒泉东边,是匈奴一个重要的军马养殖基地,到现在还有亚洲最大的军马场。

霍去病打下焉支山,继续向西打,一直打到了玉门关。玉门关是后来才修建的,这就是河西走廊的西头了。

这次战役,霍去病只用了六天时间,便横扫了盘踞在河西走廊的好几个匈奴部落,杀了两个首领折兰王和卢侯王,歼敌八千多,还缴获了不少战利品,包括休屠王祭天的金人。后世考证,这个祭天金人很可能就是佛像。这是佛教元素第一次进入中国历史。

不过,这次闪电战很像定点清除,没有驻军占领,河西走廊还在匈奴手

里。所以，两个多月后，霍去病再次出兵河西走廊，换了个路线，从北地郡出发，先打居延，再往南打到祁连山。

同时，汉武帝派李广和张骞各自领兵在几千里外的右北平出兵北进，牵制东线的匈奴，防止匈奴互相救援。

李广带着四千人的骑兵部队，走在前面，跟匈奴左贤王四万主力遭遇，被人家团团包围。手下将士们都害怕了：这得一个打十个啊，怎么打呀？

李广让大家别紧张，命令小儿子李敢带领几十名骑兵冲过去。匈奴这边，挨着的就死，碰上的就亡。李敢的敢死队像一支箭，射透了重重人墙，冲出了包围，又冲了回来。这下，军心稳住了。

李广带着手下将士，与人数十倍于己的匈奴苦战两天，死者过半。这时，张骞才带着另外一万骑兵赶了上来。他走错路了。

匈奴左贤王这才撤去。

霍去病那边，本来也是派了公孙敖带兵策应的，而公孙敖也走错路了。霍去病没等他，又是孤军深入，攻无不克、战无不胜，斩首匈奴三万多人，俘虏两千多，包括单桓王、酋涂王，还有七十多个小王。

汉武帝大悦：朕再给你增加五千户封地。你手下的赵破奴等人，也都封侯。

张骞、公孙敖贻误军机，依律当斩，但出钱赎为庶人。

李广虽然表现不俗，但毕竟没立什么功，手下还死了那么多人，封赏又没他的事儿。这时候李广也是一把年纪了，那么拼命地打了一辈子仗，好几个以前跟他混的，都被封侯了，唯独他封不了。

那么，接下来，李广是否还有封侯的机会呢？冠军侯霍去病还有怎样酷的故事呢？李广和卫青、霍去病之间又将有怎样的恩怨呢？

第27回

霍去病
封狼居胥

公元前 121 年，骠骑将军霍去病两次带兵出击河西走廊，都大获全胜，杀了两个匈奴部落首领折兰王和卢侯王，还俘虏了两个王，即单桓王和酋涂王。还有两个王跑了，一个叫浑邪王，另一个叫休屠王。

这两王挺难受的，两头受气，这头被霍去病打，那头还被匈奴大单于骂：你们这两个废包，败这么惨，我要杀了你们！

他俩很害怕，大单于君无戏言，不是随便开玩笑的，真有可能杀了他俩。他俩一盘算，干脆投降汉军吧。于是，他们就想办法跟汉军这边秘密接触。

汉武帝很高兴，派霍去病去办理此事。霍去病第三次带兵渡过黄河，进入河西走廊，接受两个王投降。

谁知，休屠王后悔了，又不想投降了。因为，据说大单于没想杀他，只想杀浑邪王。他这一犹豫，浑邪王便动手了。浑邪王杀了休屠王，把休屠王手下的兵马全部收编。这么一折腾，军心大乱，好多匈奴远远看着汉军来了，都跑了。

眼看着就要失控，浑邪王已经驾驭不了局面。怎么办呢？就在这时，骠骑将军霍去病快马飞驰，进入匈奴大营，与浑邪王相见。

咱们可以想象一下当时的情景，霍去病不可能是带着成千上万人冲过来的，那就乱套了。最多带着百十来个人，甚至更少，带着几个随从快马驰入匈奴大营。这叫什么？这叫单刀赴会。"单刀赴会"这个词是《三国志》里说关羽的。如果霍去病不这样做，不冒这个险，等着走正常的受降程序，还说不定会出什么乱子呢！战场上的情况都是瞬息万变的，没什么规律可循，也没有定法。

此前，汉武帝要给霍去病找两个老师，教教他兵法，但霍去病谢绝了。

顾方略何如耳，不至学古兵法。——《史记·卫将军骠骑列传》

霍去病说，打仗靠的是谋略智慧，靠随机应变，当机立断，这都是从古代兵书上学不来的。

总之，这个单刀赴会的举动，展示出了霍去病的英雄气概。用司马迁的话讲：

有气敢任。——《史记·卫将军骠骑列传》

霍去病有勇气，敢想、敢干、敢闯，非常了不起。

估计，浑邪王一下子也被折服了，索性"一不做，二不休"，杀！把不愿意投降的、想跑的匈奴杀了八千人。他率四万人投降，至此，原来由匈奴占据的河西走廊地区，完全被汉朝拿下。

汉武帝大悦，给投降的浑邪王封万户侯，对他手下的人也都给了很好的安置。

汉武帝给霍去病增加了一千七百户封地，还送给他一处豪宅，作为他的侯府，让他搬过去安个家。

匈奴未灭，无以家为也。——《史记·卫将军骠骑列传》

霍去病说，匈奴不灭，就决不安家！

霍去病平时非常内敛，很少说话。不过，不说是不说，一旦说出句话来，便很有分量，可以说有天生的将才气质。

接下来，汉武帝休整了一年多。因为发生水灾，还想着练兵打西南，所以，一年多没打匈奴。

也因为匈奴没来侵扰。整个匈奴主力都跑到了漠北，大漠的北边。为什么

第27回　霍去病封狼居胥

跑到漠北呢？公元前123年，卫青带兵打匈奴那次，右将军苏建和前将军赵信带领的几千人遭遇单于主力，苦战一整天，全军覆灭。苏建只身逃回。赵信以前是匈奴降将，本来就是匈奴人，再次投降匈奴。之后，他很得大单于伊稚斜的器重。

伊稚斜是军臣单于的弟弟，公元前127年军臣单于死后，他夺得了单于之位。

赵信给伊稚斜单于献计：

益北绝幕，以诱罢汉兵。——《史记·匈奴列传》

我们往北往后撤，跟汉朝拉开距离，汉军再想来打，就得在大漠里长途跋涉，累就把他们累死了，然后我们再打他就很容易了。

单于觉得有道理，于是，全部撤到漠北，就在今天的蒙古国境内。

汉武帝不罢休。公元前119年，他又发动十万骑兵和数十万步兵出征漠北。李广很兴奋，终于又等来一次封侯的机会。

等汉武帝把出兵的草案拿出来一看：大将军卫青带五万骑兵，骠骑将军霍去病带五万精锐骑兵。另外，公孙贺等几个将领负责什么，草案上都写清楚了。

李广一看，没有自己，于是去找汉武帝。

汉武帝笑着说：你都这么大年纪了，何苦出去受累呀，在家好好养老，让他们年轻的去打吧！

李广：皇上，我知道您心疼我，可是，我不老啊！不信您把卫青、霍去病喊来，我跟他们比一下。

最后，磨得汉武帝没办法了，只好让他在后面管粮草物资，但李广不同意，非要做前将军，打前锋。汉武帝最终同意了。可他刚走，汉武帝就把卫青叫来了：卫青，你这次带兵去漠北，我有个事要嘱咐你，就是关于李广的。

> 李广老，数奇，毋令当单于，恐不得所欲。——《史记·李将军列传》

李广年纪这么大，而且，历来运气都不好，你尽量不要把重要的任务交给他，直接打单于的仗不要让他上，我怕他会误事。

所以，卫青率领大军出塞，在得到关于单于的准确位置的情报后，他对兵力做了部署，命前将军李广与右将军赵食其合兵一处，从侧翼包抄，走一个曲线。他自己带着公孙敖走直线，正面攻单于。

李广便说：卫将军，我从年轻时便带兵跟匈奴打，打了一辈子仗了，也没碰上过一回单于，这次，我好不容易跟皇上争取了这个机会，你就让我打前锋吧，战死在单于阵前，我也愿意。

卫青不说行，也不说不行，而是让老将军先回去，他再想想。

李广走后，卫青就命令手下长史，相当于司令部参谋：你现在马上过去，到李广那儿，通知他们马上执行这个作战计划。让他们侧翼包抄，马上出发！

卫青跟李广面对面的时候，客客气气，给李广留足面子。转过身来，他就下军令，军令如山，半点也不能含糊。

李广气得够呛。他带病就出发了，可能走得太着急了，向导、线路等都没准备好，所以迷路了。

卫青与公孙敖这一路正面上去，跟单于的仗都打完了，李广他们还没赶到。

卫青跟单于的这场仗打得非常惨烈，杀声震天，风沙蔽日，两边拼了命了，伤亡差不多。不过，汉军兵力上优势明显。最终，伊稚斜单于只带着几百个骑兵杀出汉军的包围，夺路而逃。汉军在后面紧追不舍，追出了二百多里地，差点就抓了活的。

卫青这一路打到了匈奴的寘颜山（今蒙古国杭爱山南端分支）赵信城，先后斩了一万九千多人，然后凯旋。

回来的路上，到了漠南，他才遇到李广和赵食其的军队。李广先来拜见卫青：对不起，大将军，我们迷路了，贻误了军机，听候你的处置。

卫青什么也没说，他还是给李广留着面子。李广垂头丧气，回去了。

第27回 霍去病封狼居胥

卫青立即叫来人：你们去给李将军送点点心、酒什么的，给他压压惊，他现在肯定压力很大，先安抚一下。然后，让他把迷路的情况，详细说一下，你们写个报告，回头我给皇上报上去。

果然，李广的情绪非常低落，可以想象他当时的心情，肯定非常复杂，又气又恼，气的是，卫青不让他走直线打前锋；恼的是自己迷路，这又是一个死罪，可能又得费老大劲求人花钱赎为庶人。

所以，面对来问他迷路情况的人，他一言不发。他们回去跟卫青复命：这个李将军什么都不说。

卫青的火一下子就起来了：李广不说，你们不会找其他人吗？一个一个约谈，全部追究责任！

卫青还是给李广留着面子，不想直接去责难李广。可是，李广不能装糊涂啊，看着部下被约谈，他终于说话了：不用找他们，都是我的责任，我跟你们回去交代情况。

于是，他带着几个部下，再次来到卫青这儿。这边就安排人询问情况，做笔录。此时，李广的情绪低到了极点，他跟手下讲：弟兄们啊，我李广从年轻打到现在，跟匈奴打了大小七十余战，一次也没碰上过匈奴单于，这次终于有机会了，还弄成这样，这都是命啊！既然我命该如此，我都六十多岁了，终不能接受刀笔之吏的审讯。说完，他自刭而亡。

广军士大夫一军皆哭。百姓闻之，知与不知，无老壮皆为垂涕。——《史记·李将军列传》

一代名将，就这样自杀了。全天下的老百姓，都为他哭泣。

其实李广如果再迟疑几天，先不急着自杀，他就会听到一个好消息。什么好消息呢？就是，他一辈子梦寐以求的封侯，虽然自己没实现，但是，他的小儿子李敢帮他实现了。

就在这次漠北之战中，李敢是霍去病手下的军锋。霍去病和卫青各带五万骑兵，霍去病这边都是精兵，是预备打单于的。结果，情报没弄准，汉武帝以为单于会坐镇王庭，也就是今天蒙古国的首都乌兰巴托。所以，汉武帝让霍去病带兵出代郡，直奔乌兰巴托。可在这里坐镇的不是单于，而是匈奴左贤王。

爱谁谁，打吧！双方大战，李敢一马当先：

夺左贤王鼓旗，斩首多，赐爵关内侯。——《史记·李将军列传》

夺了左贤王鼓旗，且斩首众多，被赐爵关内侯。

匈奴左贤王大败而往北逃了。霍去病率领精锐骑兵，在后面追，一直追到了瀚海，就是今天俄罗斯境内的贝加尔湖。整个战役，抓了匈奴的三个王，八十多个高官，杀死及俘虏匈奴七万多人。

然后，霍去病代行天子之礼，在狼居胥山举行了祭天仪式，在姑衍山举行了祭地仪式。其中的意义，可能就是对天地鬼神的一次宣示，对先烈，包括整个战争中牺牲的人们的一次告慰。

这次漠北之战给了匈奴几乎致命的打击，大漠以南他们是不敢来了。而大汉朝同样付出了巨大的、沉痛的代价，单就这次漠北之战，损失如下：

两军之出塞，塞阅官及私马凡十四万匹，而复入塞者不满三万匹。——《史记·卫将军骠骑列传》

出塞的时候，战马总共是十四万匹，回来的时候，不到三万匹，死了十万多匹战马。

李广因为没有听到儿子的好消息，上演了一出悲剧，但他肯定想不到，他的悲剧竟然还会产生连锁反应，悲剧衍生出新的悲剧。

第28回

汉武帝征服西域

公元前119年的漠北之战，卫青打到了燕然山（今为杭爱山），大胜；霍去病更大胜，打到了贝加尔湖，封狼居胥。从此匈奴远遁，不敢到大漠以南来了。

只可惜，李广自杀了。所幸的是，他的小儿子李敢当时在霍去病手下，战功卓著，被封关内侯。回来后，他接替李广继续做汉武帝的郎中令。

从中可以看出汉武帝对李广的器重。李广一共有三个儿子，都在汉武帝身边干过，都很得汉武帝器重。

大儿子叫李当户，早年，韩嫣还在的时候，有一次韩嫣挑逗汉武帝，表现得有点过分了，李当户在旁边就看不下去了，抬手就打韩嫣，把韩嫣打得抱头鼠窜。

汉武帝很赞赏：真是将门虎子，明知韩嫣跟我不是一般关系，但为了维护我照样敢打韩嫣，了不起！我喜欢。

可惜的是，李当户命不长，年纪轻轻就死了。

李广的二儿子也做到太守级别，也是年纪不大便去世了。总之，李广父子是很受汉武帝优宠的，如果说他不自杀，回来后也可能不是死罪。正因如此，李广的悲剧便更加感人。

上回说，悲剧会衍生出新的悲剧。什么新的悲剧呢？他小儿子李敢不久也死于非命。怎么回事呢？从漠北回来后，李敢就知道他父亲死了，而且前前后后的情况也都了解了。他就恨上了卫青。

乃击伤大将军。大将军匿讳之。——《史记·李将军列传》

第28回 汉武帝征服西域

李敢把卫青给打伤了。卫青呢,也没声张,忍了。

具体怎么打的,史书没讲。按《资治通鉴》里写的,是从漠北回来的一年多后,才打的。很可能是赶上某个场合,一直憋着气的李敢爆发了,对卫青连骂带动手。

卫青那真正是"一人之下,万人之上",李敢再怎么受汉武帝优宠,跟卫青也是没法比。卫青如果不是让李敢打,李敢不可能打得了他的,他心中肯定是对李广怀着几分歉疚,所以能体谅李敢。

虽然卫青忍了,没声张,但是外面的人渐渐都知道了。这时有个人大怒,谁啊?霍去病。自从漠北之战回来后,霍去病威名远扬,被封大司马,跟卫青完全平级了,势头甚至盖过了卫青。不过,两人的关系非常好,亲舅和亲外甥呀!

所以,霍去病听说李敢把亲舅舅给打伤了,气坏了。有一天,汉武帝出去打猎,霍去病和李敢都陪着,李敢冲在前面,霍去病在后面抬手一箭,就把李敢给射死了。

还是那句话,李敢再怎么受宠,跟卫青、霍去病比还是差太远了。汉武帝竟然没追究霍去病一丁点的责任。又是一个悲剧,李敢比李广死得还要可悲。

从这件事上,也能看出霍去病跟卫青截然不同的性格特点。卫青是很厚道、很低调的一个人;而霍去病刻薄寡恩,心狠手辣!漠北之战中,李敢是他的军锋,冲锋陷阵的,要没有李敢,他能不能封狼居胥还不好说呢!这样的人,再怎样冒犯你,也不至于置其于死地呀!

对于霍去病的这种性格,《史记》里也做了一点分析。

然少而侍中,贵,不省士。——《史记·卫将军骠骑列传》

他很小的时候便得汉武帝优宠,就大富大贵了,从来没受过苦。这样的人会怎样啊?不容易有同情心,不为别人考虑。霍去病对手下的将士就比较冷酷。还拿这次漠北之战来讲,临出塞的时候,汉武帝派人给他送了好几十车好吃的。等打完仗回来时，这好几十车好吃的都没动，多数都坏了，直接扔掉，也不给手下士卒们吃。好多士卒都饿肚子，缺衣少粮，打不起精神来。他不管，自己该吃吃，该玩玩。

这种做派，可以说是有违名将之风的。很多名将，吴起、赵奢、李广等都是跟士卒同甘共苦的，同打虎同吃肉，有钱都跟大家分。霍去病截然不同，这说明什么？说明不管黑猫白猫，逮着老鼠就是好猫。用仁，能得人；用威，能治人。一个仁，一个威，这两个字，能抓住哪个字，都可以带好队伍，都可以打胜仗。当然，两个字都能抓住是最好的。而对于一些天才，是不能用常理来衡量的，尤其不能用世俗的道德来评判。

汉武帝本想着乘胜追击，再组织一次对匈奴的战役，让卫青、霍去病把匈奴彻底消灭。可是，出问题了——霍去病死了。

就在霍去病射杀李敢之后不久，他就死了，年仅二十三岁。究竟怎么死的呢？《史记》《汉书》都语焉不详。

总之，霍去病的命运，也有很大的悲剧成分，天妒英才，英年早逝。这可把汉武帝心疼坏了：一定要厚葬霍将军！

给霍去病建了很大的陵墓，坟冢都建成祁连山的样子。为什么要建成祁连山的样子呢？因为在汉武帝心中，霍去病最重要的功绩，还是打通了祁连山下的河西走廊。

接下来，汉武帝便要穿过河西走廊去开拓一个新大陆。不过，这中间隔的时间有点长。霍去病死的这年是公元前117年，直到公元前104年，汉武帝只顾着忙活鬼神、封禅、打南越、打东越、打西南、打朝鲜了，西北这边几乎没什么事。

西线无战事，北线也没有大的战事。匈奴逐渐缓了过来，也打了一些零星的小仗。这期间，在西北，主要的故事是张骞第二次出使西域。

在霍去病死的两年后，公元前115年，汉武帝本想派张骞去找乌孙王沟通一下，想跟乌孙搞和亲，让乌孙搬到河西走廊来，这样以后匈奴就彻底不能打河西走廊的主意了。可是乌孙王不同意，他们对匈奴一直都比较惧怕，不愿惹这个麻烦，不想搬。

第28回 汉武帝征服西域

汉武帝一想：干脆我就把河西走廊并入版图吧，从中原往河西走廊移民、驻军，设立酒泉郡和武威郡。

公元前106年，汉武帝对整个版图也就是所谓的天下，重新做了划分，设十三州。卫青也是这年死的，得以善终。怎么叫重新划分呢？因为以前已经有人划分过，谁啊？大禹。

《尚书·禹贡》讲，当年大禹治水时，把天下划分为九州，分别按着各地的山川形势，制定治水的方案。

汉武帝在这个基础上做了调整和增补，改成了十三州，分别是：交趾、扬州、荆州、益州、徐州、豫州、兖州、青州、冀州、幽州、并州、朔方、凉州。凉州大致就是河西走廊这一带，也包括了河东的一部分。

另外，长安附近的几个郡也算一个州，即司隶州。所以，实际是十四个州，不过，习惯说"十三州一部"，这"一部"就是司隶校尉部。每个州都设一个监察官，即刺史，司隶州的长官叫司隶校尉。

汉武帝把河西走廊正式并入版图之后，大汉帝国的疆域终于跟西域连上了。那么，西域是什么情况呢？对汉武帝来讲，西域完全是一片新大陆。他对这片新大陆的了解，主要是听张骞描述的。

张骞两次出使西域，第一次是汉武帝即位不久，公元前139年去的，来回十三年。那次他从匈奴控制区逃出后，先到了大宛国，就是今天在帕米尔高原上的费尔干纳盆地。

张骞到了大宛之后，很受欢迎。因为大宛人也听说汉朝很有钱，好东西很多，所以他们对双方建交很感兴趣。他们对张骞非常友好，给他配了翻译和向导，帮着他又到了大宛周边的康居、大月氏，还有大夏国。另外，有些更远的国家，比如安息、条支、身毒，虽然张骞没能亲自去，但也了解了不少的情况。回来后，他跟汉武帝全部介绍了一番。

张骞第二次出使西域，是公元前115年，主要是想去联合乌孙。不过，他当时带了很多副使。

分遣副使使大宛、康居、大月氏、大夏、安息、身毒、于阗、扜罙及诸旁国。——《史记·大宛列传》

安息大致就是今天的伊朗。身毒是哪儿呢？就是现在的印度。此前，张骞第一次出使，到大夏时，竟然见到了邛竹杖和蜀布，这不是我们汉朝的东西吗？他们从哪儿弄的？

大夏人告诉他，是他们的商人从身毒进口来的。

张骞：噢，身毒在哪儿呢？

大夏人：身毒在我们大夏东南方向，还有几千里远。也是一个很大的国家，历史悠久。

回国之后，张骞把这个情况跟汉武帝一说，汉武帝眼前一亮：这说明身毒跟咱们的蜀地离得不远。那得想办法，在西南开出一条路来，直接连上身毒。

所以，随后汉武帝打西南夷，就是为这个。可惜，这条路并没有打通。西南夷一些小国，比如昆明国之类的太厉害了，而且地理环境复杂，所以最终汉武帝放弃了。

张骞第二次出使西域回来不久便去世了，完成了他的人生使命。他派到西域各国的那些副使们随后也都陆续回来，好多人还是带着那个国家的使者回来的。

于是西北国始通于汉矣。——《史记·大宛列传》

西域各国与汉朝的交往正式开始。

司马迁在《史记》中把张骞出使西域称作"张骞凿空"，认为是他开辟了通往西域的道路。大家互派使者，礼尚往来，于是，所谓的"丝绸之路"便诞生了。在外国使者带来的所有礼物中，汉武帝最钟爱的是什么呢？是马。

乌孙送来了几匹马，比中原的马高出一大截，又高又壮。汉武帝太喜欢了。没过多久，大宛国也给送了几匹马来，比乌孙的马还要好，更高更壮，而且神奇的是它出汗时像流血似的，所以也叫汗血宝马。传说，最早是当地人看到高山上生活着一种神奇的野马，根本逮不着，更不可能被驯化。于是，人们把驯养的母马撒在山下，吸引野马来，从而成功育种，生下小马驹，就是这种汗血宝马。

汉武帝当然更加喜欢，恨不得跟这几匹马睡在一起。

于是有人就说了：皇上，这几匹马还不是最好的马，据说大宛最好的马都在他们的贰师城养着呢，给咱的都是二三流的马。

汉武帝一皱眉：来人，多带上点钱，并且带上之前咱们铸的那个金马，出使大宛，拿金马换他们贰师城里最好的马。

这个使者千里迢迢到了大宛：国王陛下，我们皇上想要你们贰师城最好的马。我们皇上给您捎了一匹金马过来，还有这些金子，您看一下。

这个使者本以为，大宛这边肯定得交给他几匹好马，没想到，人家竟然不给。使者说什么也不管用，最后，又气又恼，抡大锤就把那金马给砸了，甩下两句狠话，扭头便走了。

大宛这边也怒了：你砸东西说狠话，撒一通野，还想走？

半路上，他们把汉朝使者都给截住，杀掉了。汉武帝闻讯震怒，决定开打！怎么打？派多少兵？

之前出使过大宛的一些人说：皇上，大宛没什么国防实力，派上三千兵，就可灭了它。

汉武帝认为说得有道理。因为西域小国楼兰有一次惹得大汉朝不高兴了，汉军大将赵破奴带着七百壮士就把楼兰王给抓来了。

汉武帝召集大臣们研究了一套出征大宛的方案。他自己感觉很满意，不过让谁带兵呢？这可是个封侯扬名的好机会，那就让李广利去吧。

前面讲了，李广利是汉武帝最宠爱的妃子李夫人的哥哥。李夫人临死的时候，大费心思，要汉武帝一定厚待她哥哥。汉武帝一直没忘记这事儿。

公元前104年，汉武帝封李广利为贰师将军，带兵去打大宛。带多少兵呢？不派三千了，多派点。

> 发属国六千骑，及郡国恶少年数万人，以往伐宛。——《史记·大宛列传》

正规军有六千骑兵，再加上临时征调的几万人。比那三千的指标多了十倍不止。

接下来，汉武帝就坐等好消息了——他不但等着大破大宛的好消息，还等着更大的好消息。什么更大的好消息呢？

汉武帝对于他制定的作战方案很满意。什么方案呢？其实就是《孙子兵法》里的一种战略：

> 取用于国，因粮于敌，故军食可足也。——《孙子兵法·作战篇》

大宛国太远了，靠后方随时补给粮食很费劲，或者直接带上足够的粮食也很费劲，所以，就得一路打过去，走到哪，打到哪，就地征粮。

也就是说，李广利的军队不但是去打大宛的，还要搂草打兔子，顺路把沿途的西域小国全打了，全拿下。真要做到了，不就是更大的好消息吗？

汉武帝以为没什么问题，因为沿途的西域各国都很小。按《汉书·西域传》里说的，当时西域一共有三十六国，总人口二十多万人，有的小国只有千余人，跟现在的一个村子一样，楼兰不过一万多人，算是比较大的了。

可是，真正开打了，才发现不行。别看人家国小，但战斗力很强，大多数都不是短时间能打下来的。李广利也不敢恋战，毕竟大目标是打大宛。打几天，一看打不下来，大军便饿着肚子继续往西，去打下一个。

最终，等打到大宛国东边的郁成国时，几万人的军队就只剩下了几千人，还都又饿又累，已经没什么战斗力了，结果惨败于郁成国的军队。

李广利一琢磨：连郁成国都打不下来，大宛还怎么打啊？算了吧，赶紧撤，于是，他狼狈逃回。

第28回 汉武帝征服西域

往来二岁，还至敦煌，士不过什一二。——《史记·大宛列传》

这次出征用了两年时间，等到了敦煌，剩下的士兵不过十分之一。

汉武帝大发雷霆，派使者拦守玉门关，说军人敢有人关者立即斩了他。李广利害怕了，因而留驻敦煌。

李广利难受，汉武帝更难受，因为，紧接着，他又得到一个坏消息：大将赵破奴带着两万多骑兵出塞，遭遇匈奴主力，全军覆没！

当时，有一支匈奴想投降，汉武帝专门筑了一个受降城，派赵破奴出塞去迎一下。结果，这一迎不要紧，那边想投降的就败露了，被单于全部诛杀，赵破奴这支军队也搭进去了。

大臣们都劝汉武帝：要不，大宛那边别打了，全力以赴对付匈奴吧！

汉武帝说：不行！必须先把大宛打下来，要不然，会被西域这些小国耻笑。

于是，公元前102年，汉武帝又发动六万大军，让李广利带着，第二次远征大宛。

这回不用那个"因粮于敌"的战略了，自己把粮食带足，由牛车、马车拉着，骆驼驮着。这些还只是先头部队，后面还调集发动了十八万甲卒，进入河西走廊戍卫，一方面为防匈奴，一方面准备增援李广利。

这还不算完，后面还有第三梯队：

而发天下七科适，及载糒(bèi)给贰师。——《史记·大宛列传》

也就是征派七种下等人给李广利运粮食。哪七种人呢？分别是：犯罪的官吏、杀人犯、入赘的女婿、在籍商人、曾做过商人的、父母是商人的、祖父母是商人的，这么七种人，史称七科适。凡是征兵，一般都先从这七种人里面征。这下子，就是全民总动员。

李广利一路上经过西域各国，都不用打，一看他带的人马，就都吓住了，全部开城门，拿出粮食。个别有不服的，怎么办？屠之。

不过，就这样，最后打到大宛时，也只剩下三万人，但这三万人也足够了。

这回，他们绕过郁成国，直接先打大宛。他们决开大宛的水源，改变了流向，一下子断了城里的水源。

最终，连围带打，用了四十多天，大宛投降。大宛的贵族们杀了国王，敬献贰师城的汗血宝马。李广利挑出了最上等的几十匹，中等的三千多匹。另外，他给大宛新立了一个亲汉朝的贵族做国王，之后带兵而回。

回来的路上，他又打下郁成，杀了郁成王。其他的西域小国，也都送出王子什么的，随汉军回长安，做人质，正式向大汉称臣。

汉朝也开始派出少量的兵力长驻轮台、渠犁等地，护卫来往的使臣、商旅。

三十多年后，汉武帝的重孙子汉宣帝，正式在轮台设立西域都护府，西域正式并入大汉版图。以后的两千多年间，汉、唐、元、清，只要是中央政府比较强大的朝代，西域都在版图之中。

西域太重要了，尤其对中华文明的发展很重要，用季羡林先生的话讲，西域是四大文明的交汇之地。正因为有这样的文化背景，西域的故事有很多，直到1884年算是画上了一个句号。这一年，晚清政府接受左宗棠的建议，正式在西域设省，定名为新疆。

第29回

苏武不屈与
李陵投降

公元前 102 年贰师将军李广利第二次远征大宛，终获成功，次年春天回到长安。可是，这个胜利的代价太大了。

军入玉门者万余人，军马千余匹。——《史记·大宛列传》

只回来了一万多人，军马只剩下一千多匹。

这次出征是举全国之力，不算后面运输补给的，光正规军就六万多人，军马三万多匹。

不过，汉武帝还是很高兴的，他不在乎死多少人，他只在乎他的目的，他要争取西域，他要汗血宝马，这些目的他都实现了。特别是汗血宝马，一下子弄来这么多，太棒了。

另外，汉武帝还有一个小目的，就是要实现对李夫人的承诺——照顾好她的兄弟们。这一次也办到了，终于给李广利封侯，封为海西侯。只是，另外两个兄弟就比较倒霉，那没办法。

接下来，再做什么呢？打匈奴。第二次出征大宛之前，大将赵破奴带的两万多汉军被匈奴全歼，当时，很多大臣都劝汉武帝，先别打大宛，先对付匈奴。汉武帝不听，感觉要是连大宛也拿不下，就太没面子了。

第二次打大宛，之所以动用这么多军队，也是因为要拿出一大部分兵力戍守河西走廊，以防匈奴趁火打劫。

你可能会问，漠北之战不是把匈奴给打得伤元气了吗？怎么又厉害了呢？

第29回 苏武不屈与李陵投降

因为，漠北之战那是在公元前119年打的，第二次打大宛是公元前102年，已经过去十七年，匈奴就缓过来了。

这期间，匈奴大单于换了四五个了，伊稚斜单于死了，换他儿子乌维单于；乌维单于死了，换他儿子儿单于；儿单于好杀伐，所以手下有想投降汉朝的，汉武帝就筑了受降城，派赵破奴带两万多人出塞接应，都被儿单于全歼。

儿单于死后，换成他叔叔右贤王呴犁湖当单于。呴犁湖转过年来也死了，换他弟弟且鞮侯当单于，这就到了公元前101年了。

这个且鞮侯单于很有心眼，因为这一两年间单于换了仨，他又刚即位，匈奴人心浮动，如果这时汉朝要来打，那就麻烦了。怎么办呢？他主动向汉朝示好，派使者带上礼物，并且带上以前扣压的汉朝使者，来到长安，要求和亲。

汉朝投桃报李，也派出使者回访，派的哪个使者呢？这人可太有名了，谁啊？就是苏武。

前面讲过，卫青手下有一员大将叫苏建，也是战功卓著，跟卫青关系很好，也被封侯了。苏建的二儿子就是苏武，此前，苏武在汉武帝身边做郎官。

汉武帝让他带上两个副手，一个叫张胜，一个叫常惠，还有百十来号人组成一个使团，出使匈奴。到了匈奴那儿，见了且鞮侯单于，苏武才发现匈奴并不是真心要与汉朝永结友好。

怎么办呢？是回去呢，还是再谈谈？苏武正犯愁，忽然听到外面人声嘈杂，一阵大乱。他的副手张胜慌慌张张跑进来：苏大人，大事不好！之前跟赵破奴投降匈奴的那人跟我关系不错，前些天告诉我，他们要带人发动政变，劫持单于的母亲，并且杀掉大叛徒卫律。万一要是失败被杀，希望朝廷给记一功，赏赐他们家中的父母兄弟。我也没多想，也没跟您汇报，就答应他们了。结果，他们这个事被人给告发了，刚才外面大乱，就是因为两边打了一通，死了好多人，我那个朋友也被抓了。您看，这个事会不会牵连咱们啊？

苏武大惊：这能不牵连吗？这么大的事，你怎么不跟我商量呢？怎么办？得了，我不能落匈奴手里，让国家蒙羞。

说着，他抽出身上佩戴的小匕首便要自杀。张胜和常惠一把拦住：苏大人，您别着急啊，生死大事，不能草率，咱先看看情况再说。

正说着，卫律带着匈奴兵来了：苏大人，到单于那走一趟吧。

卫律是谁呀？他父亲是匈奴人，母亲有可能是汉人。他从小是在汉朝这边长大的，跟李延年关系很好，李延年推荐他做使者出使匈奴。结果，完事回去时，正赶上李延年被杀，他就又跑回匈奴这边，投降了，很得单于的欣赏，被封了王。

苏武跟卫律来到单于面前，这时，人家可就不拿他当大汉使节对待了，就成审犯人了，说话很不好听。

苏武哪儿受得了这个？

引佩刀自刺。——《汉书·苏武传》

掏出刀子就往胸口扎下去。

卫律紧挨着苏武站着，他下意识地给拨拉了一下，顺势一把抱住了苏武，赶紧叫来大夫。

凿地为坎，置煴（yūn）火，覆武其上，蹈其背以出血。武气绝半日，复息。——《汉书·苏武传》

用一种很神奇的急救办法，花了半天时间，把已经气绝的苏武给抢救过来了。

这个急救的过程，《汉书》写得很简略："凿地为坎"，就是在地上挖一个坑；"置煴火"，就是在坑里点上火，压住火苗，就像生炉子似的，不让火苗起来；"覆武其上"，让苏武俯卧着趴在这个上面；"蹈其背以出血"，轻敲他的后背，让伤口里的血流出来。

苏武缓过气来，身体还是极度虚弱，常惠他们把他抬回营帐，慢慢调养。

单于呢，一下子就喜欢上苏武了：真是壮士啊，有气节，这样的人如能为我所用该多好啊！

于是，他每天都派人来看望苏武，想劝降苏武，打感情牌。苏武好得差不

第29回 苏武不屈与李陵投降

多了，单于又玩了一手硬的——派卫律来杀鸡骇猴。卫律把苏武和手下副手等人都叫来：各位看好啊，这就是那个想劫持单于母亲的人，你们也都认识，来人，砍了他！

那人的脑袋一下被砍下来了。人头在地上翻滚，场面很血腥。

卫律：各位，要不要也跟这位似的，人头落地啊？咱一个一个砍吧，先从张胜这开始，他们叛乱前不是跟你说过吗？

说着，就要拿张胜开刀。

张胜立马跪了：别，我投降，饶命吧！

卫律又问苏武：您怎么样啊，苏大人？

苏武很淡然：这事跟我没关系，他们做什么，都没跟我说。

卫律：没跟你说，你就没责任吗？你受死吧！

说着，就把剑顶到了苏武的咽喉，但苏武不为所动。

卫律各种威逼利诱，都不管用。最后，卫律被苏武大骂一通，灰溜溜地回去跟单于汇报：大单于，苏武他软硬不吃。

单于：那就让他再吃点苦头，狠点，往死里整。

于是，他们把苏武关进一口大地窖，不给吃喝，饿着。正赶上下大雪，苏武不为所屈，饿了就吃雪，把身上的皮袄也吃了，坚持了很多天，愣是没死。

最后，单于也服了：来人，你们把苏武弄到北海（贝加尔湖）边的无人区，让他放羊去吧，给他弄一群公羊，什么时候公羊下了小羊羔，再放他回来。

于是，苏武去牧羊了。这中间，曾有一个汉朝投降匈奴的人，到北海来找过他，劝他投降。这人是谁呢？就是抗击匈奴的一代名将李广的孙子，李陵。

这是怎么回事呢？兵败的李广自杀只是悲剧的开始，随后的悲剧是小儿子李敢被霍去病射杀。再下面，还有孙子李陵的悲剧。李陵是李广的大儿子李当户的遗腹子。汉武帝对他们李家是很厚爱的，李广做了好多年郎中令，三个儿子都在汉武帝身边做过郎官。

李陵也是一样，在汉武帝身边混，很得欣赏。汉武帝感觉李陵特别随他爷爷李广，有一身好武艺，"善骑射"，而且很有人格魅力，有仁爱之心，恭谨礼让手下的人。

有一次，汉武帝派李陵带着八百侦察兵，深入匈奴控制区两千多里，侦察地形。李陵圆满完成任务。

汉武帝很高兴，封李陵为骑都尉，类似皇家卫队长的职务。然后，让李陵在荆楚一带招募一支五千人的特种兵部队，开到河西走廊，戍守张掖，同时进行高强度的军事训练。

一晃好几年过去了。中间李广利打大宛时，李陵本来作为后备军，正准备上去时，李广利回来了。所以，李陵一直憋着劲儿，要打一仗。

就在这时，苏武的使团被匈奴扣留，汉武帝又怒了。派李广利带三万大军，出酒泉，攻打西北天山一带的匈奴右贤王。这可能也是为了巩固在西域的控制权。

这次，汉武帝安排李陵也跟着，负责什么呢？负责大军后面的粮草辎重。李陵急了，去找汉武帝：皇上，我那帮弟兄，都是身怀绝技的，是一支铁军。这好几年了，我们日夜操练，为的就是杀匈奴。我请求您，别让我们跟在贰师将军后面押粮运草了，让我们单独往正北打，牵扯住一部分匈奴兵力，给贰师将军做个策应，您看怎么样？

汉武帝一下子就烦了：别说了，你不就是不服李广利吗？不愿意在他手下干，但我现在兵马都派出去了，没有骑兵拨给你，你怎么打？

李陵也是年轻气盛，一拍胸脯：皇上，您放心，您不用派给我骑兵，我就带着这五千步兵，照样能直捣单于的王庭。

臣愿以少击众，步兵五千人涉单于庭。——《汉书·李陵传》

汉武帝立马阴转晴：好小子，真是将门虎子！有志气！准了。这样，我让路博德在你后面，给你做个接应。

路博德，曾是打南越的主将，也是当时了不起的大将，当时担任强弩将军，在凉州带兵。他是久经沙场的宿将，哪里看得起李陵，可是，他又不敢抗旨不遵，怎么办呢？

他就给汉武帝上了一道奏疏：皇上，现在是秋天，匈奴那边正是草丰马肥战斗力最强的时候，您看，能不能让李陵缓一缓，等到明年春天，我俩再一块带兵北征，那样是不是更稳妥一些啊？

汉武帝大怒，怀疑是李陵后悔不想出兵而指使路博德上书，于是传旨路博德，不用他接应李陵了，另有任务。又传旨让李陵抓紧时间出发。告诉李陵，也不要太深入，他那五千步兵不可能打到匈奴王庭去的，就让他到东浚稽山，到那打打游击，达到策应李广利、牵制匈奴的目的就行了。

于是，李陵带着他的五千步兵北上了。结果，他的运气也跟他爷爷李广是一样的。他们这五千人刚到浚稽山，就跟单于率领的三万匈奴骑兵撞上了。开打吧！

《汉书》中详细记述了这场惊天地、泣鬼神的战役。绝对是整个中国史书里写得最精彩的战役之一。我还是很遗憾，讲不出那种扣人心弦的感觉来。我只讲几个点：

首先，战斗打响，五千汉军步兵跟三万匈奴骑兵打，这实力对比太悬殊，怎么打啊？但竟然是汉军追着匈奴打，击杀匈奴数千人。

单于大惊，猜不透汉军有多少人，赶紧又调来五万多兵马。这下就变成了不到五千汉军步兵跟八万匈奴骑兵打。

李陵紧紧依靠浚稽山山地丘陵的地形，打运动战，且战且退，匈奴骑兵优势发挥不出来。就这样，连战数日，又斩首匈奴三千人。

不过，也不总是在山地。因为，李陵还是尽量往南撤，他退到一片茂密的芦苇地。单于在后面追着，眼珠一转，传令手下：放火！

当时正刮着北风，匈奴在上风，而且正是秋天，这片芦苇很快就着火了。一片火海乘着风势，朝汉军烧过来。

怎么办呢？李陵也立即传令手下放火，烧出一块空地，才得以自救。随后，李陵退到一片山地丛林地带，跟匈奴短兵相接，又击杀匈奴数千人，还差点射死单于。

单于有点心虚了：这支汉军也太厉害了，他们且战且退，把咱们一直往南边引，汉朝不会还有大军在那里埋伏着吧？咱们赶紧撤吧！

他手下大将都不甘心：大单于，咱们数万大军拿不下他们几千人，以后还怎么威服西域啊？咱再打两天，实在不行，再撤。

又打了一天，匈奴又被李陵击杀两千多人。单于彻底气馁了，要撤军。就在这时候，也是天意，李陵这边有个小军官因为跟上级怄气，投降匈奴了，跑到单于跟前，把李陵的实底都交代了：大单于啊，我们那边根本没有后方接应，纯粹是孤军深入，而且，箭也快射完了，马上就要坚持不住了。

这一下子，单于来劲了，猛攻！李陵又拼命坚持了一天，一天就射出五十万支箭。箭都射光了，而且被堵在了一段峡谷里面，伤亡越来越惨重。当时李陵手下还有三千人，也就是说，他带着这支五千人的步兵队伍，跟十多倍于己的匈奴苦战十来天，杀敌一万以上，自己只损失了两千人。太厉害了！

可是，接下来，怎么办呢？没有箭，这个仗还怎么打啊？只有再搏一把。

黄昏时分，战事稍息，李陵换了一身便装，独自出营去了。他想潜入匈奴营中刺杀单于，最好是挟持单于。

不过，他转了一圈，直摇头：完了，人家那边防备太严密了，刺杀根本不可能。唉！

李陵长叹一声：兵败了，看来我得死在这儿了！

手下心腹劝他：

将军威震匈奴，天命不遂。——《汉书·李陵传》

大将军威震匈奴，只是运气不好。实在不行，是不是可以学一下赵破奴赵将军，他不就是先假意投降匈奴，又瞅机会逃回朝中的吗？不是照样受皇上的礼遇吗？

李陵把脸一沉：打住！别说了！

吾不死，非壮士也。——《汉书·李陵传》

不过，咱也不能束手就擒，这样，咱们分头突围，能逃出去多少算多少。这里离着边塞也不远了，只有百十多里，咱们到边塞再碰头。

第29回 苏武不屈与李陵投降

于是，他把手下这两三千人化整为零，十多个人一小组，当天夜里突围。结果，李陵带着十几人，突围失败。很快，汉武帝就得到了李陵兵败的消息，因为，李陵手下有四百多人成功突围，逃回了边塞。

不过，李陵到底怎样了呢？有没有战死，壮烈殉国呢？没人知道。

汉武帝的心揪起来了，就把李陵的母亲和妻子召进宫来，让相面的看看，李陵会不会死。

相面的在旁边端详一番：皇上啊，李陵肯定没死。

稍后，确切消息传来，李陵确实没死，而且已经投降匈奴了。

汉武帝暴怒：你们都说说，这个李陵该当何罪？

群臣皆罪陵。——《汉书·李陵传》

满朝文武都附和汉武帝，都说李陵罪大恶极，该夷三族什么的。

唯独一个人，为李陵说话：皇上啊，您是知道的，李陵向来有国士之风，此次带着五千步兵与十多倍于己的匈奴主力拼死作战，杀敌过万，古之名将不过如此。他之所以没有死节，肯定是想找机会逃回来，再报效国家，为国尽忠啊！

汉武帝气得脸发青：放肆！你竟敢为叛徒开脱，是何居心？贰师将军还在西北奋战，你是想让他们也去当叛徒吗？来人，拉下去，施宫刑！

这人是谁呢？苏武、李陵，还有这个替李陵说话的人，接下来是怎样的情况呢？下回再说。

第 30 回

司马迁的悲剧

公元前 99 年,李广的孙子李陵在浚稽山激战匈奴单于主力,最终,兵败投降。汉武帝震怒。然而,有个人却为李陵说话,认为李陵投降只是为了暂时保全性命,以后好继续报效国家。

结果,这个人被汉武帝投入大牢,要处以宫刑。司马迁本来有机会赎刑,可是,他家太穷了,他只是一个小文官,跟李广、苏建那样的权贵可比不了。他根本拿不出赎刑的钱来,而且,

交游莫救,左右亲近,不为一言。——司马迁《报任安书》

朋友们谁也不出面营救,皇帝左右的亲近大臣又不肯替他说一句话。

最终,司马迁没能逃过此劫,被处以宫刑。

诟莫大于宫刑。——司马迁《报任安书》

这是奇耻大辱。

司马迁是什么人物啊?他是"究天人之际,通古今之变"的人物,是上知天文、下知地理,对古往今来生死兴衰、诸子百家各种智慧都了如指掌的人物。可是,他竟然轻易地就让自己受了这种戕害,遭受这样的耻辱。

老子说"贵以身为天下",自己的身家性命是比天下还贵重的,你连自身都保护不好,关键时刻,不该说的话你说了;该有的钱,你拿不出;该帮你的朋友,一个也没帮。这还何谈智慧?司马迁做太史令,天天仰望星空,天天推

算各种吉凶祸福，可是却看不到地上的陷阱，不知道自己因何大难临头，这难道不是很可笑吗？

当然，司马迁因为立言而不朽。后来也有很多类似的人，活得一塌糊涂，要么穷困潦倒，要么疯疯癫癫，委委屈屈地就死了，死了倒红了、火了。但对当事人来讲，谁愿意拿生前的幸福来换取这种死后的荣光？

那么，司马迁到底为何要为李陵说话呢？他们有怎样的交情？他又是怎样面对遭受宫刑的悲惨命运的？

先把司马迁的生平大致捋一下。

司马迁的远祖世代都是做周朝史官的。秦国大将司马错，就是灭亡蜀国的那个司马错，是司马迁的八世祖。司马迁的父亲叫司马谈，很有学问。司马谈曾得到三位大师的真传：

> 太史公学天官于唐都，受《易》于杨何，习道论于黄子。——《史记·太史公自序》

跟唐都学天文历法，跟杨何学《易经》，跟黄子学道家思想。

学成之后，他在汉武帝朝担任太史有二三十年。太史主要管什么呢？这是个制度问题，不同的时期也不一样，而就司马谈来讲，最主要的应当是管天文历法。

这个天文历法跟我们一般理解的也不一样，那时读读《论语》、讲讲《唐诗》那不叫学问，《史记》中的"八书"才叫学问。八书即《礼书》《乐书》《律书》《历书》《天官书》《封禅书》《河渠书》《平准书》，"八书"涉及的工作，大致都是太史的工作。尤其是律、历、天官、封禅，可以说是太史的本职工作。

可是，司马谈做了一辈子太史，对于诸子百家的思想，对于封禅、祭祀之类的都研究得很透，而公元前110年，汉武帝第一次到泰山封禅，竟然没让他跟着。本来是让他跟着的，结果到洛阳，就不让他跟着了。

司马谈感觉太没面子了，一下子就气病了，后来病死了。所幸的是，临死前，见着了儿子司马迁最后一面。当时司马迁已经三十六岁，做郎中，刚刚从巴蜀回来，那时候，汉武帝刚打完西南夷。

爷俩在洛阳相见，司马谈拉着儿子的手，老泪纵横，交代遗言：儿啊，爹平生有两大遗憾，一个是，我们祖上就做太史，我又做了一辈子太史，可是这次封禅却不能跟着去，这是命呀！另一个遗憾是，自孔子著《春秋》之后，四百多年间的历史没有人记述整理，这是史官的失职，是我的失职。虽然我已经做了一些这方面的工作，整理了一些资料，但还差得很远。我死之后，你肯定也会被任命做太史。你要是孝顺我，就一定要完成我这个遗愿，把这部史书著出来，让它能传于后世。

且夫孝始于事亲，中于事君，终于立身。扬名于后世，以显父母，此孝之大者。——《史记·太史公自序》

孝顺父母是小孝道，为官事君是中孝道，立身扬名于后世光耀父母，这才是大孝道。

司马迁痛哭流涕：爹啊，您放心吧，我一定竭尽全力，整理前代史料，完成您的事业。

三年后，司马迁果然成为太史令，得以进入国家藏书的地方"石室金匮"，开始查阅大量历史资料，为著史做"读万卷书"的准备。此前，他的青年时代已经"行万里路"了。

二十而南游江、淮，上会稽，探禹穴，窥九疑，浮于沅湘；北涉汶泗，讲业齐鲁之都，观孔子之遗风，乡射邹峄；厄困鄱薛彭城，过梁楚以归。——《史记·太史公自序》

注意，这不是旅游，这叫壮游天下！

年十岁则诵古文。——《史记·太史公自序》

《尚书》《左传》《国语》之类的史书、经典等，司马迁早已背得滚瓜烂熟。

总之，司马迁在他四十岁左右，"读万卷书，行万里路"这样的条件已经具备了，便开始着手完成父亲的著史遗愿。

不过，著史并不是他的本职工作，算是业余干的。他这个太史令的本职工作还是天文历法、观象授时等。公元前104年，他和公孙卿、壶遂共同主持了历法修订。

共造汉《太初历》，以正月为岁首，色上黄，数用五，定官名，协音律，定宗庙百官之仪，以为典常，垂之后世云。——《资治通鉴·汉纪十三》

这句话大致可以印证，太史的工作差不多就是《史记》的"八书"所涉及的那些方面。

这里面直接影响到今天的，就是他们制定的这个太初历，是"以正月为岁首"。前面讲过，汉因秦制，汉初张苍修订律历，是沿袭秦朝的《颛顼历》，是"以十月为岁首"，十月就是正月了，就是一年的开始。周朝是以十一月为岁首。

所以，看这之前的历史都挺别扭的。史书里写的某某年的事，都是从上一年的十月，或者十一月开始的。比如，你家孩子是1月2日生的，今年是鸡年，可是孩子不是属鸡的，是属猴的。因为用着两套历法：一个是阳历，现在世界通行的；另一个是咱们传统的农历，或者叫阴历。

这种做法，其实也是上接中国传统的，改朝换代了，或者改革了，历法都得修订，万象更新。后面各朝各代都这样，有的朝代要改好几回。

四年后，公元前99年，就发生了李陵这个事。其实，司马迁跟李陵根本算不上什么朋友。若干年后，他在给朋友益州刺史任安的信中讲：

夫仆与李陵，俱居门下，素非能相善也。趣舍异路，未尝衔杯酒，接殷勤之余欢。——司马迁《报任安书》

第 30 回　司马迁的悲剧

我跟李陵只是普通同事关系，都在朝中做事而已，根本没有什么交往，追求和反对的目标也不相同，从不曾在一起举杯饮酒、互相表示友好的感情。

但是，我为什么要为李陵说话呢？因为我耳闻目睹的李陵是这样的人：

事亲孝，与士信，临财廉，取予义，分别有让，恭俭下人，常思奋不顾身，以徇国家之急。——司马迁《报任安书》

李陵的形象太完美了，绝对是有国士之风、古之名将之风的。这样的人怎么可能投降叛变呢？怎么能没有人为这样的人说话呢？

另外，皇上这么宠爱李陵，他内心也一定不相信李陵真会投降的。大臣们都骂李陵，皇上心里肯定也难过啊，好像他有眼无珠信错了人似的。所以，皇上问我意见时，我就那么说了。我本以为皇上听了会觉得宽慰一点，没想到，我被投入大牢，施了宫刑。而且不久之后，李陵投降的消息被证实了，他真投降了。这一下，我真就成了为叛徒说话，就该被施宫刑。

重为天下观笑。悲夫！悲夫！——司马迁《报任安书》

我简直成了全天下人的一个笑话。这时候，我当然想到了死，活着有什么意思啊？可是，谁会在意我的死啊，这样的死，比鸿毛还轻，这样的生命有什么意义？

人固有一死，或重于泰山，或轻于鸿毛。——司马迁《报任安书》

不行，我不能死，我还有自己必须完成的使命。

所以隐忍苟活，幽于粪土之中而不辞者，恨私心有所不尽，鄙陋没世，而文采不表于后世也。——司马迁《报任安书》

我克制忍耐，苟且活下来，情愿被囚禁在牢狱之中，是因为我的心愿尚未完全实现,耻于默默无闻而死,而我的文章就不能在后世显露了。

盖文王拘而演《周易》;仲尼厄而作《春秋》;屈原放逐,乃赋《离骚》;左丘失明,厥有《国语》;孙子膑脚,《兵法》修列;不韦迁蜀,世传《吕览》;韩非囚秦,《说难》《孤愤》;《诗》三百篇,大底圣贤发愤之所为作也。——司马迁《报任安书》

周文王、孔子、屈原、左丘明、孙膑、吕不韦、韩非子这些人,都是在人生最艰苦、最困窘、最低谷的时候,完成了最伟大的思想著作。

我也要以这些人为榜样,探究天道与人事的关系,通晓古今变化的规律,形成自己独到的见解。

亦欲以究天人之际,通古今之变,成一家之言。——司马迁《报任安书》

让我受再多的屈辱,我也无怨无悔!

虽万被戮,岂有悔哉!——司马迁《报任安书》

所以,被施宫刑的司马迁,坚强地活了下来,后来重新被汉武帝起用,做到了中书令。可以说是官居显要,很得汉武帝的器重。

他给任安写这封信,就是因为任安来信批评他身居显要却不能"推贤进士",不举荐提携人才等。

他回了信,解释说自己还是别再出头露脸了,混天度日就行了。当然,重点还是上面摘取的那些话。另外,信的最后,司马迁还有一句话让我印象深刻,他说:

然此可为智者道,难为俗人言也。——司马迁《报任安书》

第 30 回 司马迁的悲剧

他所讲的这一通,为了著书、为了名传后世而忍辱苟活等这些是说给智者的,俗人是理解不了的。

司马迁后来的情况,史书并没有记载,甚至他的卒年也无从考证。他著的这部史书,在他死后若干年,到汉宣帝时,才由他的外孙公之于世。一下子就震动了,当时的大学者们都十分佩服:

服其善序事理,辨而不华,质而不俚,其文直,其事核,不虚美,不隐恶,故谓之实录。——《汉书·司马迁传》

不用华丽的辞藻去说明,擅长讲述事情的道理,道理质朴却不粗俗,文章风格直白,记载的事件经得起核实,不凭空赞赏,也不掩饰过错。

不过,在《汉书·司马迁传》的最后,班固对司马迁的评价是这样的:

"既明且哲,能保其身",难矣哉!

"既明达又智慧,可以保全自身",这实在是太难了!

第31回

酷吏列传
（上）

公元前 99 年，汉武帝知道李陵投降匈奴后暴怒，还把气撒在司马迁身上，给他施了宫刑。

　　这给我一个感觉——此时的汉武帝非常敏感、焦虑、暴躁，他为什么会这样呢？因为内忧外患。

　　他十几岁刚即位就派张骞出使西域，就是想对付匈奴的。二十三岁打马邑之战，正式向匈奴宣战。随后，派卫青、霍去病带着大汉骑兵跟匈奴决战大漠，连打了十多年，都是压着匈奴打，特别是他三十七岁那年，漠北之战，差点就把匈奴灭了。可是二十年过去，匈奴又起来了，赵破奴两万多大军全军覆没，李陵的特种部队又全军覆没。李广利在西北打匈奴右贤王，三万大军被包围，幸亏有个叫赵充国的猛将，带着一支敢死队冲出一个口子，李广利才逃出来，三万人死了一大半。

　　更糟糕的是，汉军几乎没有后继力量了。本来汉武帝是派李陵跟在李广利手下一起出战的，李陵却非要自己单独带兵打一路，当时汉武帝怒了，跟李陵说骑兵都已经派出去了，再也没有一支骑兵可以让他统领了。

　　这说明什么？说明这时候的大汉帝国已经十分疲累了，战争的压力很大。这个压力压在了谁身上呢？

　　当然是汉武帝，所以他暴躁。不过，他的压力主要是心理上的压力，对他的生活半点影响也没有，该吃什么还吃什么，该穿什么还穿什么，该用什么还用什么。所以，他不是最难受的。

　　最难受的是谁啊？就像叠罗汉游戏，最下面的最难受。谁在最下面？老百姓在最下面，得出钱、出人、出马、出粮、出布。什么都得从老百姓身上出，不出怎么办？不出打死你。

出了怎么样呢？出了饿死你、累死你。既然怎么都是一死，干脆反了吧！于是，很多地方的老百姓都起来造反。

在这个官逼民反的过程中，有一种官吏的形象很突出，什么形象呢？酷吏——残酷的官吏。

汉武帝时期老百姓造反的情况，就是在《史记·酷吏列传》里面讲的。

一方面，维持战争的大量资源都要从老百姓身上出，那不是抱两床褥子、出几勺子米，那得是敲骨吸髓，是要命的，要死人的，所以会有"师出三十余年，天下户口减半"的说法。这个要命的活儿，官吏如果不残酷的话怎么干呢？

另一方面，作为官吏来讲，上面有任务压着，你必须得收上多少粮、多少钱来，完不成的话，上面就要免你的官、治你的罪，甚至要你的命。所以，不酷也不行。

可是，你太严酷了，把老百姓逼急了，造反了，那就更得要你的命了。公元前99年汉武帝颁布了一条法令，叫"沉命法"。这条法令规定：哪里的老百姓要是造反了，当地官员没有及时发现，或者发现了却没及时镇压住，那么两千石以下的官员到最小的官吏，这一条线上的，都是死罪。

> 二千石以下至小吏主者皆死。——《史记·酷吏列传》

官员该怎么办呢？两难。不做酷吏吧，完不成催钱、催粮之类的任务，不行；做酷吏吧，把老百姓逼反了，上面知道了，也是死。怎么办呢？

这个酷吏还是得做，只是得尽量把握好度，别做得太绝，就像吹气球，别吹爆了就行。一不留神吹爆了，老百姓造反了，那该怎么办呢？瞒着，从下到上都瞒着，不让朝廷知道，能拖一时是一时。往上一报告，立马死；不报告，起码死得晚一点。

于是，造反的人起来了，朝廷这边也不知道，也没有及时镇压，造反的很快就发展壮大了。当时各地揭竿而起的，不计其数。

第 31 回 酷吏列传（上）

大群至数千人，……小群以百数。——《史记·酷吏列传》

真有点秦朝末年天下大乱的架势了。

可以说，汉武帝已经把大汉帝国带到了几近崩溃的边缘。

所以，公元前 99 年之后，汉朝对匈奴作战的优势已经没有了。到公元前 97 年，汉武帝又组织了十几万人的一次北征，跟匈奴打了个平手，无功而返。公元前 90 年，又打了一次，结果李广利带着数万汉军投降匈奴。

这里继续说酷吏。酷吏也不是天生的，也是工作压力和时代环境造成的。

自温舒等以恶为治，而郡守、都尉、诸侯二千石欲为治者，其治大抵尽效温舒。——《史记·酷吏列传》

因为温舒等用严酷的手段来治理辖区，很见成效，皇上很满意，所以，其他的官员们也都跟他们学，都做酷吏。

酷吏可不是一个"酷"字这么简单的，不是说冷酷、残酷就是酷吏，就能入太史公的传，他们的表现都是很有张力的。

头一位酷吏叫郅都。汉景帝废掉栗太子刘荣，改立刘彻做太子后，刘荣被改封为临江王。几年后，刘荣扩建宫殿侵占了宗庙的地方，被人告了，被汉景帝召回长安，羁押到中尉府。这个中尉府就类似首都公安局，当时的中尉正是这位郅都。

刘荣提出要求：你们给我刀笔、竹简什么的，我得给父皇写封信。郅都一口就回绝了：到这儿就得听我的！你就跟我好好交代你的罪行吧！

一点儿情面也不讲，我不管你是什么太子、皇子，我只听皇帝一个人的。郅都就是这么一个愣茬儿。最早，他是汉文帝手下的郎官。到汉景帝时，做到了中郎将，一直都是那种一身正气的感觉，对皇帝直言敢谏，也不怕得罪大臣。

有一次他跟汉景帝到上林苑，景帝的一个宠妃去上厕所，结果，灌木丛里突然窜出一头野猪，直接就冲厕所去了。汉景帝吓得一哆嗦，看郅都，意思是你赶紧去厕所救人啊，别让我那宠妃受伤。郅都呢，一下子跳到汉景帝面前，胳膊伸开：皇上，我掩护您！

汉景帝鼻子差点没气歪了：你掩护我干什么啊？我让你救我爱妃去。

一边说着，景帝自己拎着宝剑就要冲上去英雄救美。可能当时别的侍卫都离得比较远，来不及叫了，只有郅都在跟前。郅都一把抱住了汉景帝：皇上，冷静，冷静，这个妃子死了，还有别的妃子呢，可您要是伤着了，宗庙怎么办？太后怎么办？

汉景帝：你别拉着我……好吧，朕不当英雄了，也不救美了。

吾不爱一人以谢天下。——《史记·吴王濞列传》

还记得这话吗？这是他决定放弃他最器重的晁错时说的话。这就是帝王之心！所以，历史的经验是：皇帝向来是靠不住的，关键时刻，他肯定不会承担风险拉你一把。

不过，这个宠妃比晁错幸运，那头野猪到厕所里参观了一圈就跑了。事后，窦太后知道了这个情况，重赏郅都，赐金百斤。

过了一段时间，汉景帝听说济南郡有一霸，是个大家族，有好几百家，很有实力，为非作歹，太守都治不了。汉景帝就让郅都去济南郡当太守。

郅都到了济南郡，立马就把领头的几家满门抄斩。当然，肯定也要走法律程序，但是，程序往往只是使某种做法看上去合理合法的一种包装。

咱们不必细究这些酷吏们是不是量刑太重，是不是依法办案？王法肯定要讲的，但怎么个讲法，没有标准。

总之，郅都到了济南郡，这么一亮剑，一下子就都老实了。很快，整个济南郡路不拾遗，治安太好了，周边十多个郡也都给吓住了。连太守们见了郅都也都大气不敢出，虽然是平级，却被郅都的一身杀气给镇住了：这家伙是从皇帝身边下来的，是真敢杀人啊，咱小心着点吧！

另外，也是因为郅都有一身正气，让人敬畏，《史记》中描述他：

第31回 酷吏列传（上）

都为人勇，有气力，公廉，不发私书，问遗无所受，请寄无所听。——《史记·酷吏列传》

郅都长得高大威猛，不怒自威，有魄力，而且特别清正廉洁，哪个权贵要是有什么请托，给他送个信什么的，他从来不接不看，从不受贿，很有操守。

用孟子的话讲：

自反而缩，虽千万人吾往矣。——《孟子·公孙丑上》

人都是理直就气壮，我清廉，我有操守，我一心为公，我还怕什么啊，我一往无前！所以，郅都谁都不怕。

之后，他被提拔为中尉，就更厉害了。当时周亚夫是丞相，威望非常高，官员们见了周亚夫都跟耗子见了猫似的，都得行大礼。郅都不，见了周亚夫最多也不过抱拳作揖完事。

对于首都治安，郅都用铁腕治理，皇亲国戚违法犯罪，他都照样打击，毫不手软。皇族宗室的很多人都不敢正眼看他，背地里给他起外号，叫"苍鹰"——谁要是让他盯上，就跟兔子让老鹰盯上似的，那绝对跑不了了，必死无疑。

所以，当时的太子、临江王刘荣落到他手里时，他还是冷酷的做派。要什么刀笔啊？没有！

可是，他没想到，这个刘荣竟然自杀了。

这还了得？汉景帝没说什么，但窦太后受不了了。刘荣可是她的长孙啊！老太太大怒，非要杀了郅都不可。最后，汉景帝说情，总算保住了郅都的性命，免官回家。

过了一段时间，景帝感觉郅都这个人才不用可惜，于是，悄悄地重新起用，让他去做雁门太守：郅都啊，你直接去雁门上任就行了，不用再上朝正式册封，或者进宫辞行什么的了，别让太后知道了。

可惜，没过多长时间，窦太后便知道了。怎么知道的呢？人怕出名，郅都太有名了，他的威名早已远播匈奴。所以，他做了雁门太守之后，匈奴再也没敢侵犯雁门郡。甚至有传说，匈奴那边刻了个郅都的像当靶子射箭，都没人能射中，一瞄准手就哆嗦。

这一传说不要紧，便传到了窦太后耳朵里，她非要杀了郅都。汉景帝怎么劝都不管用，最终，郅都被斩。

再说宁成。

宁成的故事很有戏剧性。最早他做过汉景帝下面的郎官，并不知名，不过，他很有个性，跟当年的刘邦有一拼。

好气，为人小吏，必陵其长吏；为人上，操下如束湿薪。——《史记·酷吏列传》

不屈人下，做别人手下的小官时，一定要欺凌他的长官；做了人家的长官，控制下属就像捆绑湿柴一样随便。

在宁成手底下干，偷个奸、耍个滑、开个小差，那甭想，他一刻不停地使唤下属。总之，他就是一个酷吏胚子，特别狠。后来，他升任济南都尉。

秦朝实行郡县制，每个郡设置三个长官——郡守、郡尉、郡监，一个管行政，一个管司法，一个管监察，大致三权分立。当然，郡守为首，级别大致相当，都是两千石。西汉也大致是这个情况。

宁成赴任济南都尉时，济南太守正是郅都。此前几任都尉来上任时，见了郅都都吓得不行。

宁成也早听过郅都的威名，不过，他不管那个。郅都当时在门口迎着，宁成拱拱手便进屋了，进屋一屁股坐下，挑了最上首落座。有道是"一山不容二虎"，这两人到一块是不是得掐起来？没有。正相反，郅都一看宁成这个架势，一下子就喜欢上了宁成，感觉很投脾气。郅都对宁成也早有耳闻，两人性情相近。

郅都死后，长安的治安有点乱。首都不好治理，住的都是些皇亲国戚、达

第 31 回 酷吏列传（上）

官贵人。所以，还得找个厉害的人物来干。找谁呢？汉景帝把那两千石官员的名单拿过来捋了一遍，得了，让宁成干吧。

果然，宁成一上任，豪门贵戚立马都老实了。

然宗室豪桀皆人人惴恐。——《史记·酷吏列传》

不过，宁成有一方面比不了郅都，操守不行，他不如郅都清正廉洁。

所以，他狠，他就站不稳，他那样对别人，别人当然也算计他。结果，汉武帝即位之后，有个外戚控告宁成，宁成就被抓起来了。

他头发被剃光了，脖子上也被拴上铁链子，干苦力。干了几天苦力，他一琢磨：不行，给我判这么重的刑，以后不可能翻身了，再想被皇上重新起用，肯定没这机会了。这个罪我不能受，不能在这干忍着。得了，逃吧！

他就玩了一把越狱，砸了铁链子，还私刻了关文，成功逃出长安，回到老家南阳躲起来了。回去后他也没闲着，悄悄地借钱搞投资。

他有句名言：

仕不至二千石，贾不至千万，安可比人乎！——《史记·酷吏列传》

当官儿，要是当不到两千石，那干脆就不要当；经商，要是挣不到千金万金，那还好意思往人前站吗？

所以，他一玩就是大手笔。他跟人借钱、贷款、投资，买了一千多顷地，再转租给几千家贫民，这叫"本富"。数年之后，他家产数千金，又赶上了汉武帝大赦天下，他不用躲着了，黑白两道，手眼通天。

他调查收集了当地很多官员的罪证，抓着这些人的小辫子，于是，这帮官员都成了他的奴才。他说话比太守都管用，比太守更有权威。更厉害的是，几年后，汉武帝又想起他来了，要重新起用他做太守。

当时，汉武帝手下的大臣公孙弘劝止：皇上，当年宁成做济南都尉时，微臣也在山东做一个小官，我可太了解他了，他治理百姓，就跟狼管着一群羊似的，时间长了，他就得把羊都吃了。他不大适合做太守这种父母官。

汉武帝一听：那就让他做关都尉吧，负责长安的西大门函谷关，稽查来往行人。

于是，宁成上任。很快，他又出名了。各诸侯国郡县来长安办事出入关口的人，很快都领教了宁成的厉害。

号曰：宁见乳虎，无值宁成之怒。——《史记·酷吏列传》

什么老虎最厉害？母老虎最厉害，特别是奶着小老虎的母老虎是最暴躁易怒、容易伤人的。人们宁愿见到哺乳的母老虎，也不要碰上宁成发怒。

可是，有句话叫"强中更有强中手"，宁成这么厉害，最后，还是让另一个酷吏给办了。谁呢？义纵。这个义纵，更是个愣茬儿，他是强盗出身。

强盗怎么当上官的呢？是这样的，他有个姐姐精通医术，给汉武帝的母亲王太后治好过病。王太后很感激：哎呀，神医啊，你家里有没有兄弟啊，想不想让他们也当个官儿啊？

他姐姐说：我只有一个弟弟，叫义纵，整天为非作歹的，哪里是当官的料儿啊？谢谢您的好意。

王太后把这个情况跟汉武帝一说，汉武帝二话没说，就给安排了，义纵成了皇帝的郎官，随后到上党郡当了一个县令。

结果呢？义纵这个县令当得相当好，县内治安全郡第一。随后，他又被调任做长安县令。

一个七品芝麻官，管天子脚下那些皇亲国戚、达官贵人，结果呢？没问题。义纵一律公事公办，不管你是谁。

有一次，皇太后的一个亲戚犯事，他照样拿下。汉武帝便喜欢上义纵了：好，是个汉子，升官，去做河内都尉吧。

这一下子，义纵更放开了，一上任就把河内当地几家豪强给灭了，收集罪证，满门抄斩，把河内郡治理得路不拾遗。

随后，汉武帝又调他去做南阳太守。义纵接着这个调令就想：我到南阳去先治谁呢？谁是刺头呢？

既然宁成在南阳黑白通吃，义纵就打定主意要治宁成。他在去南阳赴任的路上，正好要经过函谷关，而宁成是关都尉，两人便打了个照面。宁成对这位父母官还是很客气、很恭敬的，等到义纵过关时，他侧着身子随行迎送。可是，义纵对他爱答不理。到了南阳之后，他便痛下狠手，严查宁家！很快便收集上很多罪证，抓的抓，杀的杀，把宁家彻底给毁了。宁成也丢了官，差点掉了脑袋。他最终的结局是什么，史书上没说。

南阳还有其他几户豪族，干脆都举家逃亡，搬到别的郡去了。于是，人们走路都得踩着前面的脚印走，谨言慎行，不敢随意活动。

再后来，边郡定襄比较乱，因为好几次出兵打匈奴都是从定襄出塞，所以有种兵荒马乱的感觉。汉武帝就把义纵调过去，让他做定襄太守。

义纵刚一到任就玩了一个大的——突击检查定襄的监狱，查到监狱里有二百多个重罪犯没有按规定戴着相应的刑具。因为给狱吏行贿了，所以他们只是跟普通犯人一样关着而已。还有二百多个家属到监狱探监也不符合规定。一共四百多人，全部拿下，统统杀掉！然后上报朝廷，称有四百多人要一起越狱，已经全部正法了。这一下子，把定襄就给镇住了。

其后郡中不寒而栗。——《史记·酷吏列传》

上上下下都吓坏了，这是个阎王啊，他也不按法律来，想怎么干就怎么干。不过，汉武帝不追究，谁也没办法。

那么，这位义纵最终是怎样的结局呢？

第32回

酷吏列传
（中）

上回讲了几个酷吏，郅都、宁成、义纵，一个比一个酷，特别是义纵，强盗出身，连宁成都让他给收拾了。不过，他照样还是死在了汉武帝手里，怎么回事呢？

当时正大规模对匈奴用兵，国内经济压力非常大，汉武帝在财政货币方面搞了一系列改革，这期间长安等地民间盗铸钱的情况非常严重，社会治安混乱。汉武帝把义纵从南阳调回长安来做右内史，大致相当于半个首都市长，为什么是半个呢？因为还有个左内史。

汉武帝希望义纵能控制局面，而义纵只知道一个字：狠。诛杀甚多，但是效果不明显。长安老百姓不吃这一套。

汉武帝不大满意，就让人带上"尚方宝剑"，穿上绣衣，去义纵那儿督导，看哪儿有不顺眼的，可以先斩后奏。

于是，西汉帝国的一支神秘力量开始登上历史舞台，就是"直指使"，因为都穿着尊贵的绣衣，又叫"绣衣直指"，或者"绣衣使者"。有人说，这就是中国最早的特务，类似明朝的锦衣卫、东厂、西厂什么的。其实，我感觉更像是后世的钦差大臣。

之后，绣衣直指名声大振，主要是因为他们镇压了各地的农民起义。因为这种镇压往往需要协同几个郡的兵力，绣衣直指拿着天子之节或者虎符去统一指挥，非常有权威。而且多数都是酷吏做派，杀了很多人——不单纯是造反的人，还可以先斩后奏，按军法直接杀两千石以下的官员。

其中，最著名的一个绣衣直指叫暴胜之，是郅都那种人，非常刚正、冷血。

暴胜之这个人也很有水平，能够礼贤下士。有一次，他来到勃海郡，听说当地有个叫隽不疑的人很有学问，就把隽不疑请来了：隽先生，还请多指教啊！

隽不疑也不客气：暴大人，您的威名我早就听说了，我给您的建议是：

凡为吏，太刚则折，太柔则废，威行施之以恩，然后树功扬名，永终天禄。——《汉书·隽不疑传》

作为官吏，你要是太柔了，那干不成事；太刚了呢，事是干成了，命可能就得搭进去。在施行威严之后给人以恩惠，这样才能树功扬名，才能笑到最后。

隽不疑给暴胜之上了一课。暴胜之很受用，之后果然有所转变，不过，最终还是自杀了。

隽不疑自己倒是得以善终，而且成为一代名臣。

还有一个绣衣直指叫王贺，他与暴胜之的风格不同，他很注意施恩于人，能不杀的人尽量不杀，甚至放了很多人。结果，汉武帝嫌他办事不力，给免了。王贺毫不后悔，他自我解嘲道：

吾闻活千人有封子孙，吾所活者万余人，后世其兴乎！——《汉书·元后传》

我听说，救活千人之命，后世就能有子孙封侯的福报，在我手下得以活命的何止万人，我的后代得兴旺成什么样啊？

这里接着说汉武帝对义纵的不满。

当时，正赶上汉武帝生病，病了挺长时间，病情严重。巫术、医术都用上了，就是治不好。后来，好像还是巫术比较管用，病情略有好转，他便去长安北面的甘泉宫拜神还愿。去甘泉宫的路都是直道，大致有三百多里地，一部分在右内史界内，一部分在左内史界内。

第 32 回 | 酷吏列传(中)

左内史界内的直道都打扫得干干净净的,义纵管辖的右内史界内的直道却是脏乱差。汉武帝一看就烦了:

纵以我为不复行此道乎?——《史记·酷吏列传》

义纵是不是以为我不可能再走这条路了?

转过年来,找了个什么茬儿,汉武帝就把义纵给杀了。又是一个悲剧下场。

不过,这还不算太惨,另一个酷吏的结局才叫惨。这个酷吏就是温舒。

温舒其实姓王,叫王温舒,他跟义纵的出身很相近,做派也很接近。

义纵年轻时做强盗,那是抢活人的财物;王温舒呢,年轻时是抢死人的财物,他干盗墓。后来做了官,当亭长,他还是坏小子脾性,被免了好几次,又想办法官复原职。不过,他还是有些才能的,后来得到当时最厉害的一个酷吏的提拔,慢慢升了起来,后来做到了广平都尉。

一上任,他便提拔了当地十多个黑白两道的豪强人物,在他手下当爪牙。暗地里,他把这些人违法犯罪的把柄都攥在手里。这些人都给他玩命干,坚决服从,指哪打哪,而且本来都是豪强人物,都是能力很强、人脉很广的。所以,让这些人办什么案子、抓什么人,都是手到擒来。

很快,温舒和他的团队就把广平的盗贼全部抓完了,抢劫的、偷窃的都没了,都跑别的地方去了,离着广平近的地方都不敢待了。

于是,温舒进入了汉武帝的视野:好,是个人才,去当河内太守吧。

温舒当上河内太守之后,一方面把广平的成功经验搬过来,如法炮制,手下弄了一帮"小阎王",火速对境内那些冒尖的、带刺的、黑社会头子什么的展开调查、抓捕;另一方面,他自己搞了一条"信息高速公路",从河内到长安,弄了五十匹快马,隔一段设个小驿站,放两人,放两匹马。他要查办的都是重罪,都是从重从严打击的,最轻也是杀头,好多都是满门抄斩、夷三族,按照当时的律法,都得由朝廷相关部门审批。以往,这么一来一回,到长安走这个审批程序都得按月来算。到温舒这儿,一个来回,两三天搞定,那五十匹快马跑接力，太快了，简直不可思议。

总而言之，温舒九月到的河内，到十二月，短短三个月，他已杀了上千家，刑场上血流成河，血水顺着河流流出十多里。这一下子就把河内镇住了。

郡中毋声，毋敢夜行，野无犬吠之盗。——《史记·酷吏列传》

人们都不敢出大声，到哪儿都静悄悄的，晚上都不敢出门，连狗都不叫了。

不过，王温舒还是感觉差点劲儿：这人杀得还是不够多，不到位。唉，太可惜了，不能杀了。

这是为什么呢？因为春天来了。为什么春天来了就不能杀人了呢？这又是制度问题，也是中国文化的深层次问题。因为人法地，地法天，天人合一，天地自然是春生、夏长、秋收、冬藏，所以，董仲舒有一个理论，认为这四季正好对应着人间的"四政"：庆、赏、罚、刑。应当春庆、夏赏、秋罚、冬刑。春天、夏天是搞喜庆事的，庆典、赏赐等都在春天、夏天进行；刑罚都要放到秋天、冬天去执行。后面历朝历代也都大致如此，都是秋后问斩，除非谋反等罪大恶极的，才在春天行刑。

温舒顿足叹曰：嗟乎，令冬月益展一月，足吾事矣！——《史记·酷吏列传》

温舒捶胸顿足：哎呀，要是再多给我一个月时间让我继续杀，事情就能全部搞定了。

这话传到了汉武帝耳朵里：好！人才！来长安当中尉吧。

温舒当了中尉，他还是用老办法，手底下弄一帮狼一样的爪牙。不过，相比以前收敛了不少，因为长安不同于下面的地方，哪个都不是好惹的。还有就是同样负责长安治安的另一个官员，比他级别稍高一点的、资格也要老一点的这位，也是个阎王，谁啊？就是义纵。

第32回 酷吏列传（中）

一物降一物，义纵能降住他。他要做个什么事，如果不先跟义纵打招呼，义纵肯定让他干不成。

后来义纵死了，温舒才厉害起来。中间汉武帝还提拔他做过一段时间的廷尉，就是李斯、张释之干的那个全国司法的最高长官。

廷尉，天下之平也，一倾而天下用法皆为轻重。——《史记·张释之冯唐列传》

干廷尉，随便断哪个案子，都得是天下司法的标准和参照，一旦有偏颇，天下使用法律就会随他或轻或重。那得是有非常高的政策理论水平、非常精通法律条文的人才能干的，像李斯、张释之那都多高的学问啊！

温舒只是个盗墓的出身，没什么文化，他哪儿干得了这个，汉武帝一看就明白了：我这有点用人不当了，我得用人所长。温舒，你还去干中尉吧。

于是，温舒又找回了感觉。之前他用的那帮"豪恶吏"也都给重新找回来：大伙再给我多出出主意，以后不能光玩愣的了，也得讲策略。然后，他真就弄出新策略来了：

投缿（xiàng）购告言奸，置伯格长以牧司奸盗贼。——《史记·酷吏列传》

什么意思呢？有两项策略：一个是设举报箱，举报有赏；二是划分片区，每个片区设一个伯格长，类似派出所所长，加强基层监控。

另外，温舒也学奸猾了，不是一味刚猛了。因为长安这地方有权有势的人太多了，有的是绝对惹不起的，对这样的人家怎么办呢？他极力讨好，你爱怎么违法犯罪就怎么违法犯罪，我也假装没看见，跟我没关系。

无势者，视之如奴。——《史记·酷吏列传》

即便你是皇亲国戚，可是如果你不受皇上待见，那也是没势的，只要落到温舒手里，小罪也给你整大了，只要被他抓进牢房，基本没有活着出来的。

他手下那帮爪牙们，也都跟戴着帽子的老虎似的，都是吃人不吐骨头的主儿。他们跟着温舒干了几年，都发财了。

温舒后来的情况就不细说了，他参与过打东越，中间有两次"坐法失官"，后又被重新起用。直到打大宛的时候，有人告发了他的一大堆罪行，而且牵连出他两个弟弟家和两个亲家，连他自己一共五家，都获重罪，被满门抄斩。

悲夫，夫古有三族，而王温舒罪至同时而五族乎！——《史记·酷吏列传》

一般也就是夷三族，王温舒最后竟然落了个夷五族的结局！

接下来再说一下那位最顶尖的酷吏，王温舒就是他提拔起来的，这个酷吏是谁呢？他叫张汤。

张汤是所有酷吏中最有权势的，最得汉武帝宠信的，办的案子是最大的，杀的人也是最多的。

张汤的父亲是长安县丞，副县长，而且是首都核心区的副县长，相对于平头百姓这个官就挺大了。不过，相比那些王公大臣，他确实是个小官，是基层的官员。

基层的官儿不像朝廷的官儿规矩那么多，有时候上班，张汤在家里没人看着，就被父亲带到县衙里来，跟衙役们玩，而朝廷里的官儿肯定不能这样。

有一次，张汤的父亲外出办事，临走要他好好看家。谁知，家中的老鼠趁张汤不备，将碗里的肉偷走了。张汤的父亲发现后，一气之下，拿棍子狠狠打了张汤一顿。受了冤屈的张汤，拿着铲子把家里所有的老鼠洞都挖了一遍，还真让他"人"赃俱获，找到了偷肉吃的老鼠和没吃完的肉。

张汤想到父亲平时审理案子的情景，于是学着父亲审犯人的样子，把老鼠捆绑在堂下，又将肉放在它的身边，然后开始审案。自然，无论他问什么，都得不到老鼠的回答。所以他就对老鼠动刑，按照办案的程序，以"劫掠"罪判处老鼠磔刑，并出具结案文书。随后他便持斧将老鼠砍成碎块。

张汤的父亲觉得好笑，便看了一下张汤写的结案文书。这一看，让他大吃一惊。只见结案文书中论据清晰，用典明白，完全就像个办案老练的人写成的文书。

自此，张汤的父亲开始有意教他办理司法狱案，而本就对此很有兴趣的张汤自然进步飞速。

后来，张汤成为西汉司法方面最著名的人物，有的资料称其为"中国法学先行者"。当然，他主要的标签还是酷吏。

第33回

酷吏列传
（下）

张汤天生就是个搞司法的料儿。他父亲因材施教，便着力朝这方面培养他。后来他父亲死了，他就在长安县衙里当差，一干好多年，具备了丰富的基层司法经验。不过，有天分的基层工作人员太多了，很多人一辈子就一直在基层待下去了。张汤的人生转机在哪儿呢？机会没有凭空来的，可以说，他是狱吏故事的另一种版本。

前面讲过三个狱吏故事了，审周勃、周亚夫父子的狱吏，还有审韩安国的狱吏，都是酷吏，要多狠有多狠，都是欺负落难英雄的这种版本。张汤的版本正相反，他是搭救落难英雄。当时汉景帝即位不久，田蚡的弟弟田胜犯事，被关在长安县的监狱里。

张汤正好在长安县做司法工作，管监狱，他对田胜很照顾。所以，处于人生最低谷的田胜对张汤感激不尽。田胜从牢里出来后，不久就被封侯了。

大与汤交，遍见汤贵人。——《史记·酷吏列传》

田胜跟张汤成了最亲密的朋友，走到哪儿都拉着张汤，给张汤介绍认识各种各样的权贵。

一下子，张汤就获得了机遇，他先是调到宁成的手下，宁成保举他做了茂陵尉。随后，丞相田蚡把张汤调到身边，并向汉武帝大力举荐。于是，张汤被任命为御史，御史就是负责监察百官的。从此，张汤便开始了他的酷吏生涯。

他查办的第一个大案就是陈皇后巫蛊案，这是公元前130年。陈阿娇陈皇后因为被汉武帝冷落，就找了个女巫教她媚道巫术，想挽回汉武帝的心。

张汤把这个案子查办得非常到位，所有细节一点也不含糊，最后株连了三百多人，统统杀掉。陈皇后也被废掉，打入冷宫。汉武帝对张汤的表现非常满意，任命他做了太中大夫。

张汤办的第二件事，就是跟另一位太中大夫赵禹修订律令。赵禹最早是在周亚夫手下，算是周亚夫的一个得力秘书，工作能力很强，而且也很廉洁。当时周亚夫当丞相，提拔了不少人，却没提拔赵禹。

有人为赵禹抱不平：丞相啊，您看赵禹，对您这么忠心，能力又强，是不是也该提拔一下，让他做个太守什么的？

周亚夫摇头：不行，我知道赵禹很优秀，他是那种抠字眼、抠法律条文非常苛刻的人，这样的人不适合独当一面去主持一方政务。

最终，周亚夫也没有提拔赵禹。不过，赵禹还是凭着他的工作成绩，论资排辈，一点点熬了上来，进入汉武帝的视野，被提拔为太中大夫。

赵禹跟张汤合作修订律令，两人合作得非常好，很默契。因为他俩都是从基层干起来的，都是刀笔吏出身，对于法律的理解也一致，法律就是得抠字眼、抠条文，就得是细密严苛，这样才能管住人，才没有空子可钻。

为了让这张法律的大网更有效力，他们还推出了一项"见知法"，就是谁要是发现别人违法了但没有举报，也算违法。

汉武帝非常满意，让赵禹当了中尉，就相当于首都公安局局长。张汤则做了廷尉，成为全国司法的最高长官。之后，他就负责查办了汉武帝时期最大的一个案子，就是公元前122年的淮南王刘安谋反案。

整个案子查办下来，淮南王刘安和衡山王刘赐这两大诸侯王都自杀了。

所连引列侯、二千石、豪杰等，死者数万人。——《资治通鉴·汉纪十一》

从上到下，从侯爵级的、两千石的，到下面有头有脸的人物，一下子株连杀掉了数万人之多。

仔细琢磨一下，怎么可能这么多人都罪大恶极啊，这就是酷吏的做派，就

第33回 酷吏列传（下）

是法家的所谓"重轻罪"——谁沾上边都逃不掉。

这中间，淮南王那边有个叫伍被的大臣有立功表现，主动揭发淮南王的罪行，而且是个人才，汉武帝想饶他不死。

张汤不同意：这个伍被虽然有立功表现，但是罪不可赦，必须杀！

汉武帝没办法：好吧，杀。

汉武帝还有一个宠臣，就是前面讲过的庄助，帮朱买臣的那位老乡，他跟淮南王有点私交，收过淮南王的礼物，汉武帝也不想杀。

张汤不同意：不行，皇上，这个庄助您这么信任他，拿他当"心腹之臣"，可是他私底下跟诸侯有这么深的交往，这是什么意思？这人如果不杀，以后不乱套了吗？必须杀。

汉武帝没办法：好吧，杀。

总之，张汤充分表现出一个执法者的冷酷无情——皇上下不去手的，我下手；皇上迟疑犹豫的，我果断。我不当好人，我就是皇上的刀。

而汉武帝要的正是这样的人，于是升他做了御史大夫。

随后，张汤更加受宠信，可谓大红大紫。他要是跟汉武帝汇报工作、商量个事，宦官们基本就可以放假了，汉武帝什么都不想了，吃饭都忘了，就光听张汤讲了，一听就是一天。

> 丞相取充位，天下事皆决于汤。——《史记·酷吏列传》

丞相也是摆设了，整个天下的政务，完全是张汤说了算。

有一次，匈奴派使者来请求和亲。汉武帝召集大臣们商量是和还是不和。

有个博士叫狄山，说：皇上啊，还是和亲好。

汉武帝说：那你说说，和亲怎么个好法呢？

狄山说了一通，什么打仗劳民伤财之类的。汉武帝有点不乐意听，不过他脸上没表现出来，就问张汤：张汤啊，你觉得狄博士说得怎么样？

张汤毫不客气：他就是个愚蠢的书呆子，什么也不懂，瞎说八道。

狄山很生气，说：

臣固愚忠，若御史大夫汤乃诈忠。——《史记·酷吏列传》

皇上啊，微臣是愚蠢，但微臣对皇上是实实在在的忠心。而张汤可是一肚子奸诈，他对您的忠心全是装的。

狄山把张汤臭骂了一通。结果，张汤还没还嘴，汉武帝先烦了：行了，狄山，你又是说和亲，又是说愚忠的，这样吧，我给你个边境的郡，你去做太守，你能守得住不被匈奴侵扰吗？

狄山一摸后脑勺：微臣只是一个儒生，这个边塞的太守可能干不了。

汉武帝又问：那我给你一个县，你守得了吗？

狄山的脸红了：皇上……恐怕也不行。

汉武帝眼睛瞪起来：给你个城堡，守个山头，行不行？

狄山直冒汗，不敢说不行了，再说不行，可能立马就得掉脑袋：这个……行吧。

结果，狄山到任，在那个山头守了一个多月，就被匈奴打下来了，脑袋也被砍了。

从此以后再也没人敢挑战张汤了，皇上太护着他了。

那么，汉武帝为什么这么宠信张汤呢？仅仅因为他是个酷吏，心狠手辣，办案能力强？

当然不是。要是这么简单，那官儿岂不太好当了？

张汤之所以这么受汉武帝的宠信，说到底，还是靠狄山骂他的这个词：诈忠。或者用司马迁对他的评价：

汤为人多诈，舞智以御人。——《史记·酷吏列传》

张汤这个人心眼太多了，爱耍小聪明。特别是在汉武帝面前，什么事情都极力迎合汉武帝，汉武帝喜欢儒家，张汤也表现得很喜欢儒家，专门聘请一帮大儒给他当顾问，遇到什么不大好断的案情，就请这帮大儒指点，看看《尚书》《春秋》上对类似的案子有什么说法，他就照着办。

凡是汉武帝可能关心的案情，张汤都极力揣摩其心思，汉武帝希望重判的，他就交代给手下的酷吏办；汉武帝希望轻判的，他就交代给作风柔和的官吏办。

有时揣摩不出汉武帝的心思，怎么办呢？他就先去找汉武帝探口风：皇上啊，这个案子刚开始查，大致案情是这样的，我汇报，您听听……

他只说案情不定性，不说自己的看法，只听汉武帝的看法——噢，皇上是这么想的，明白了，回去就这么办。

平时，他也特别注意揣摩汉武帝关心什么事、有什么想法。比如，连年争战使得国库空虚，这是汉武帝的一大烦心事。

张汤便研究了一通，整出一套思路：皇上，我提议，咱们要做一些经济改革，要发行货币，要盐铁官营，要对商贾开征财产税。我想在法律方面再做一些修订，来配合这些改革的推行，您看怎么样啊？

你说，汉武帝能不高兴吗？当然，张汤也不可能说的每句话、办的每件事都能讨汉武帝欢心，有时也会被汉武帝批评。这时，他会怎么办呢？他会特别乖：皇上，我懂了，其实我身边的那几个同事也是这么说的，我就是没弄明白，太没脑子，让您这一说我才懂，我马上改正。

他这话的意思是，他工作做得其实很到位，整个团队一起研究的，只是理解上有偏差。

有时汉武帝表扬他，他还会故意提一下手下的人：皇上，这篇奏疏、这个意见，其实是我同事提出来的。

这话一说，汉武帝能不对他另眼相看吗？又谦虚，又关心下属成长，这样的好干部上哪儿找去啊？

还有，在平时的执法中，张汤总表现出一种锄强扶弱的姿态。越是权贵豪强，他越从重从严处治，跟汉武帝汇报都是书面材料，犯了哪条是什么罪，都很严苛；比较弱势的犯了罪，他会跟汉武帝先做个口头汇报，带着几分同情：皇上啊，您看能不能从轻处理啊？

汉武帝能不感动吗？又能拉下脸来办案，又有仁爱之心，这人多难得啊！

另外，张汤这套功课不是只在汉武帝面前做。他对自己当年做基层小官时的同事、朋友也都很好，很照顾；跟手下人也都打成一片，在一起吃喝也没架子；对比自己官位高的人，也很谦逊殷勤。

所以，上上下下对张汤评价都很好，他有着不错的口碑。你说，汉武帝能不喜欢他吗？

可是最终，汉武帝还是把张汤杀了。不是直接杀了，是他东窗事发，汉武帝派人审他，他自杀。他怎么东窗事发呢？犯了什么罪呢？

这个很复杂，官场太复杂了，人性也太复杂了。简单说，张汤是御史大夫，他的副手御史中丞跟他是死对头，这人叫李文，总想抓住个张汤的什么把柄，把张汤扳倒。

张汤当然也想收拾李文，可一时还想不到有什么办法，还没出手。结果，张汤有个亲信叫鲁谒居，替他出手了，用匿名信的形式揭发李文的某项罪过。李文就被抓起来了，汉武帝正好是派张汤审这个案子，张汤没费劲就把李文治了个死罪杀了。

随后，汉武帝问起这个事来，说：张汤啊，你说，写匿名信告李文的这个人会是谁呢？

张汤故作惊讶：皇上啊，我还真想不出来，准是李文以前的冤家对头。

其实，虽然鲁谒居没跟张汤提过，没有当面邀功，但是张汤心知肚明，别人不会给自己出这个头，肯定是鲁谒居。两人心照不宣，这种默契比当面邀功的效果要强得多啊！可见，鲁谒居也是很有水平的人。

鲁谒居生病了，张汤去他家里看望，嘘寒问暖的，绝对是真心诚意，还帮着鲁谒居摁摁胳膊、摁摁脚，一看就是非同寻常的感情。

这是不是说明了什么问题呢？皇上啊，您说这张汤，这么大的官，竟然给手下按摩脚，难道这不奇怪吗？我怀疑他们之间肯定有不可告人的事！皇上，依据"见知法"，我觉得这事必须向您汇报。

说这话的是谁呢？是张汤的另一个冤家——赵王刘彭祖，他是汉武帝同父异母的哥哥，也是个愣茬儿。之前他打过几个官司都是张汤办的，张汤一点也不向着他，甚至鲁谒居还指控过他，所以，他就恨上张汤和鲁谒居了，一直在暗中调查，想抓这两人的把柄。可是什么也没抓上，正好听说张汤看望鲁谒居的这个情况，觉得有文章可做，便上书给汉武帝了。

果然，汉武帝对这种事很敏感：都说张汤是诈忠，该不会背着我做什么事吧？叫廷尉去调查一下这个事。

当时的廷尉没有直接找张汤，而是先去抓鲁谒居，鲁谒居病死了，于是把鲁谒居的弟弟拘起来了。

这个鲁家弟弟就盼着张汤来救他，却发现张汤翻脸不认人，于是举报御史大夫张汤跟他哥一块谋害前御史中丞李文。

得说汉武帝是真器重张汤，他又派另一个大臣减宣——《史记·酷吏列传》里也有一号的厉害角色，继续调查张汤。

这时的张汤还在御史大夫的任上正常工作，他肯定以为自己不可能有事，可是他不知道，此时除了廷尉和减宣，还有更厉害的三个人也在调查他，要置他于死地。

哪三个人呢？是丞相庄青翟手下的三个长史，大致就是丞相府的三个主任科员。这三人官不大，但是资历都太深了。

头一位就是朱买臣。有一次，朱买臣有事去找张汤。见面之后，张汤很冷淡，一点笑模样也没有。就连张汤手下那帮人对朱买臣也都很傲慢。这可把朱买臣给气坏了，因为早先张汤是在他手底下的，每次见了朱买臣都是行跪拜之礼，现在竟然是这副嘴脸。而且前面张汤处死的庄助是朱买臣的恩人，新恨旧怨加一起，朱买臣就恨死张汤了。

另外两个长史也都差不多的情况，以前都比张汤官大，现在张汤一点也不念旧情，这让他们很伤自尊。

正赶上张汤跟丞相庄青翟关系紧张。为什么呢？因为一个案子，就是汉文帝的墓被人盗挖了。虽然并不严重，但这个性质太恶劣了，皇上要是知道准得气坏了。所以，庄青翟找到张汤：这个案子咱们上朝时一块向皇上汇报吧，一块谢罪。

张汤说：行，咱一块跟皇上解释一下。

结果，上了朝之后，庄青翟把情况跟汉武帝一说：皇上啊，您看这个事情，我失职了，您治我的罪吧。但张汤没言语，他变卦了，心想：那工作本来就不归我管，跟我没关系。

当时汉武帝也没多想，扭头对张汤说：张汤啊，刚才庄丞相说的这个情况，你组织御史们调查一下，看看到底是谁的责任。

张汤心中窃喜：我要是借着这个机会把庄青翟扳倒了，我这个御史大夫不就顺理成章地当丞相了吗？而且前面已经有人开了先例了，当了丞相就可以封侯。

所以，庄青翟很紧张。这时，三个长史凑上来：丞相啊，您不必担心，您在后面坐镇就行，看我们三个人怎么收拾张汤。

他们秘密抓捕了张汤的一个商人朋友，叫田信，然后严刑拷打：说！张汤跟你究竟有什么权钱交易，不说就往死里打！

最终，田信供认，张汤数次向其透露国家政策机密，使他得以投机赚取巨额财富，然后他再分给张汤。

三个长史相视而笑：好了！就这一条，足矣。这是为人臣的大忌讳，以权谋私，那还是小问题；把皇上的想法泄露出去，是绝对要杀头的。

汉武帝听完三个长史的汇报，还有点将信将疑。随后，有一次，汉武帝假装什么也不知道，漫不经心地问张汤：张汤啊，你说为什么我每次要推出个什么经济政策，总有一些商人提前就能知道呢？这是怎么回事？会不会是有人提前给他们通风报信啊？

张汤一皱眉：是呢，皇上，您要不说，我还真没注意这个事。怎么回事呢？真可能有内鬼啊！

汉武帝的心一沉：张汤的表情不大自然啊，好小子，真是跟我演戏呢！

就在这时候，减宣的调查报告呈到了汉武帝面前。减宣其实早已调查清楚了，可是他也很有心计，他在揣摩汉武帝的心思，汉武帝是想保张汤，还是想抛弃张汤？

这时，他确信汉武帝要抛弃张汤了，所以立即向汉武帝禀明：皇上，告李文的匿名信就是鲁谒居弄的，张汤心知肚明，可以说，就是他俩合谋害死的李文。

汉武帝一下子就怒了：好你个张汤，果然是"诈忠"，当面一套，背后一套。来人，把这些告他的、调查他的材料都给他拿去，让他自己看看他做的这些好事！

然后，汉武帝派了好几拨使者去质问张汤，足足找了张汤八次。张汤呢？坚决不承认。于是，第九次，汉武帝派来了张汤的老搭档赵禹。赵禹语重心长地对张汤讲：兄弟啊，你怎么还不明白呢？你在皇上手下干了这么久，皇上怎么做事你还不明白吗？皇上经你之手，拿着你这把刀都杀了多少人了，都怎么杀的，你不知道吗？怎么轮到自己就糊涂了呢？皇上现在摆明了要杀你！他只是还给你留着脸面，不想再让你受牢狱之苦，你怎么还争辩什么事实不事实、诬陷不诬陷呢？

张汤一下子就蔫了：唉！是呀，皇上这就是要让我自杀啊！好吧，赵禹兄，稍等片刻，我给皇上写封信，你受累给捎回去。

写完信，张汤就自杀了。他给汉武帝写了什么呢？

他自证清白：皇上，我真没罪，真没有背着您做什么泄密谋利的事，完全是丞相的三个长史陷害我。您清查我的家产就知道了。

汉武帝立即派人清查，把张汤家所有地方都翻到了，放一块，连宅子带地带存款，总共不过五百金，全都是工资、奖金、皇上的赏赐，一分钱的灰色收入、非法所得也没有。

张汤家的兄弟子侄本来想厚葬张汤，可张汤的老母亲不同意：我汤儿是天子大臣，被人诬陷而死，还怎么厚葬啊？最后，只是牛车拉着个特别简陋的棺材，就把张汤草草掩埋了。

汉武帝大受刺激，大为感动：张汤的老母亲真了不起！我对不起张家啊！来人，把那三个长史全部杀掉！给张汤平反！

丞相庄青翟随后也因此自杀。

那么，从这个结局，我们回头再看张汤的"诈忠"，他到底是诈呢，还是忠呢？

另一个酷吏杜周的一个说法，可能算是对这个问题的一种回答。杜周也做到过廷尉，为官从政各方面都学张汤，也非常善于揣摩汉武帝的心思、迎合汉武帝的喜好。

有一回，一个很亲近的朋友问他：杜周兄啊，你是廷尉，得是执法最公平的才对啊，可是你根本不依法办案，完全是依皇上的旨意办案。这是不是太过分了呢？

杜周不以为然：有什么过分啊？法是从哪儿来的啊？法律、法令是谁定的啊？是皇上定的，皇上认为对的，就是法律、法令，皇上就是法！我迎合皇上就是依法办事！明白吗？

皇上就是法，这是中国古代政治的一种扭曲。在这种扭曲的政治生态下，人性当然也会扭曲。所以，张汤所谓的"诈忠"，可能也是一种不得已而为之吧！

第34回

汉武帝最怕的
大臣

周亚夫曾评说酷吏赵禹"文深，不可以居大府"，但后来赵禹也是位列公卿，做到了廷尉。

他是个好酷吏，是司马迁所谓的"其廉者足以为仪表"的那种酷吏，非常廉洁。甚至，他几乎不交朋友，跟谁都保持距离。好多权贵想来看望他，给他投桃，他从来也不报李，没有礼尚往来，你来看我，我挡不住，我反正不去看你。

务在绝知友宾客之请，孤立行一意而已。——《史记·酷吏列传》

他这样做就是为了保证自己处理案件的公正性。他那真叫绝对公正，严格遵守法律条文，一点变通也没有，一点灵活性也没有，看上去非常冷酷无情。

后来，赵禹发现这样有问题。在他和张汤等著名酷吏的示范带动下，全国上下的官员竟然都是这种作风了。于是，他反省自己，觉得这样不行。

法律不应当是冰冷的条文，你犯了哪一条、哪一款，就得是什么罪——这似乎没什么问题，这多公平啊，法律不应当如此吗？其实，这是一个老问题了，法律并不是完美的。孔子和老子对于法治都有一些看法。

道之以政，齐之以刑，民免而无耻。——《论语·为政》

用政令来治理百姓，用刑罚来制约百姓，百姓可暂时免于罪过，但不会感到不服从统治是可耻的。当然，不论儒家还是道家，他们都不反对法治，只

第34回 汉武帝最怕的大臣

是反对单纯的法治。就像贾谊《治安策》里说的，最好是礼治和法治有一个结合。

总之，赵禹后期的风格有所转变，从原来的严苛峻急，变得宽缓柔和，执法过程中，更有弹性和人情味了，这样一来，反而更受称道，人们觉得他断案更公平了。后来，他调到地方养老，"以寿卒于家"。

死抠法律条文的做法，不光赵禹曾经如此，其实张汤也是如此。

博士狄山骂张汤死抠法律条文，办淮南王的案子时，能多套上个罪就多套上个罪，能往重了判就往重了判。

汲黯甚至当着汉武帝的面骂张汤：刀笔吏出身的根本不能当大官！皇上啊，这句老话我以前还不大理解，一看张汤的所作所为，我算是知道了。他这种刀笔吏的思维方式，就是定出条文来，然后按条文执行，完全不考虑具体的情况，一味简单粗暴。他要是在基层干具体工作，还看不出有多坏，可是让他这样的人做高官，来治理天下，那就只能搞成现在这个样子了：

令天下重足而立，侧目而视矣！——《史记·汲郑列传》

把老百姓都吓坏了，平时都不敢走动，也不敢正视，只是斜着眼睛看。这还怎么安居乐业啊？国家还怎么富强啊？大汉天下还不得让张汤这种人毁了吗？

这简直就是指桑骂槐，连汉武帝一块给骂了。这位汲黯也太大胆了。那么，汉武帝什么反应呢？有没有像对待狄山似的，给发配到边疆去守山头？没有。汉武帝没反应。别人骂张汤，他护着，汲黯骂张汤，骂了就骂了，张汤就得受着。别说张汤，比张汤显赫得多的田蚡、卫青在汲黯面前都大气不敢出，就连汉武帝自己见到汲黯也很紧张。

大将军青侍中，上踞厕而视之。丞相弘燕见，上或时不冠。至如黯见，上不冠不见也。——《史记·汲郑列传》

汉武帝可以上着厕所会见卫青；接见丞相同时也是大儒的公孙弘他也很随便，经常不戴帽子，随便穿着什么衣服就见了；唯独接见汲黯，必须郑重其事，必须戴好帽子。

有一次，汲黯突然来觐见，已经到门口了，汉武帝赶紧找帽子，竟然没找着，怎么办呢？不让汲黯进来了，有什么事就在门口说。

这个小故事充分说明汉武帝对汲黯有多么尊重，甚至是有点敬畏了。

汉武帝怎么就这么敬着他呢？应当是有这几方面的原因：

首先，汲黯的资格很老。他是汉武帝身边的老人，汉武帝当太子的时候，汲黯就是太子洗马，辅佐太子。虽然官职地位不如太子太傅、太子少傅，但亲近程度可能有过之，而且汲黯出身高贵，往上推七辈，他们家就是战国末期卫国的权贵，代代都是公卿大夫。跟其他底层出身的如卫绾等人相比，汲黯在当时太子刘彻的身边显得很有气场。其次，汲黯还是个眼里不揉沙子的人，太子府上上下下的人，包括刘彻，谁要是有什么事做得不对了，别人不说什么，但他准得上去把人家批一通，而且他批得很有道理。

这就像小孩子经常挨父亲的打，等到长大了，对于父亲还是又怕又敬又爱又依赖。小刘彻与汲黯虽然是君臣主仆，但也有点情同父子的感觉。这从汉武帝刚即位时跟汲黯的两桩事中就可以看出来。

当时汲黯做谒者，就类似贴身秘书。东越那边打起来了，汉武帝让他去看看情况。汲黯走到半路就回来了：皇上啊，我琢磨了，东越、闽越打仗这种小事您不至于派我去，所以我就回来了。

这不明摆着抗旨不遵吗？令行禁止都做不到。可是汉武帝没脾气：好吧，好吧，你歇着去吧。

随后，汉武帝又派给汲黯一个任务，让他去视察一下河内郡的火灾情况。过了些天，汲黯回来了：皇上，河内郡的火灾烧了些民居，算不上多大灾情，不足为忧。不过呢，我路上经过河南郡，河南郡的水旱灾害特别严重，上万家百姓逃荒要饭，有的甚至"父子相食"，所以，我擅作主张传您的旨意，命令地方官开仓放粮，赈济灾民。我假传圣旨了，您看怎么治我的罪吧。

汉武帝照样还是没追究：没问题，你做得对，你这么爱民如子，就到下面

第 34 回 汉武帝最怕的大臣

去做父母官吧！河南荥阳的灾情最严重，你就去做荥阳令吧。

汲黯摇了摇头：皇上啊，我身体不好，这段时间老毛病又犯了，我辞官回家吧，我得休养休养。

汉武帝没多想立马同意：好啊，保重身体最要紧了，你回家休养去吧！

随后，有人就跟汉武帝打小报告：皇上，汲黯说他身体不好，其实是个借口，他主要是嫌荥阳令官太小。

汉武帝一想：对啊，这事怨我，确实是官太小了，起码得让汲黯做个太守啊！那就让他去做东海太守吧。

这回汲黯上任了。他身体确实很不好，三天两头地生病，整天在家里躺着，也不上班。可是，就这样一年多后，东海竟然被治理得特别好。

原来，这跟曹参喝酒治天下是一回事，汲黯也精通黄老之学，治理官府和处理民事，喜好清静少事。

治官理民，好清静，择丞史而任之。——《史记·汲郑列传》

汉武帝对汲黯的表现很满意，给他升官，他做了主爵都尉，回到朝中，位列九卿。成了高官重臣了，汲黯的脾气是不是稍改了改呢？

没有，他还是老样子，只要看汉武帝哪不对劲儿，他上来就狠批一顿，一点脸面也不给。

汉武帝刚即位那会儿，有一次夸夸其谈：我得招贤纳士，要用儒家的仁义思想改革，要实现唐尧、虞舜那样的盛世。各位爱卿，你们怎么看啊？汲黯，你感觉怎么样？

汲黯来了句：

陛下内多欲而外施仁义，奈何欲效唐虞之治乎！——《史记·汲郑列传》

皇上啊，就您这性格，那么大野心，那么多欲望，做点儒家仁义礼智的表面功夫，就想跟唐尧、虞舜比，那可能吗？

汉武帝的脸腾一下就红了，火就上来了：退朝！

回到后宫，他把汲黯大骂了一通，也不杀头，也不贬官，这事就过去了。

那么，汉武帝对于汲黯的这种优宠，仅仅是因为少年时建立起来的那种敬畏和亲近感吗？其实，还有更重要的一个原因，就是汲黯身上有一种汉武帝最为看重的品质，是忠诚，绝对忠诚！

有一次，汲黯生病了，庄助帮他请病假。汉武帝问庄助：庄助啊，你跟汲黯关系不错，你肯定了解他，你说说汲黯是怎样的人。

庄助说：皇上，我感觉汲黯在任职居官、政务能力方面也不算太突出，他当太守什么的也就那样。

然至其辅少主守成，虽自谓贲、育弗能夺也。——《汉书·汲黯传》

汲黯辅佐年少的君主，也就是辅佐您，他那种赤胆忠心、立场坚定是谁也比不了的，不论谁，用什么办法都动摇不了他，就是孟贲、夏育那样的勇士也打不倒他。他是您最坚决的捍卫者！

汉武帝很高兴，很赞同：你说得太对了。我也是这么感觉，汲黯就是我的社稷之臣。

其实，这也是朝野上下的共识，人们都对汲黯很敬重。据说淮南王要谋反，曾经计划策反一些朝中重臣，掂量了一回，觉得别的人应该都能搞定，唯独汲黯搞不定，汲黯绝对是能为汉武帝"守节死义"的。

不过呢，汉武帝一天天成长起来了，从羽翼未丰的小皇帝变成了具有雄才大略的汉武大帝。在他眼中，汲黯那种类似"严父"的高大形象，变得越来越矮小了，他对于汲黯的直言敢谏也越来越不耐烦。

他开始重用公孙弘、张汤等新人。这些人封侯拜相，大受宠信，不少人都爬到了汲黯上头。汲黯也很失落，就经常骂公孙弘、张汤，有一次忍不住跟汉武帝也发了一句牢骚：

> 陛下用群臣如积薪耳，后来者居上。——《史记·汲郑列传》

皇上啊，我看您这用人方式就像堆柴，真是后来者居上啊！

汉武帝又被问得无语了，心里对汲黯更加不耐烦。最终，汉武帝把汲黯调离京城，去下面当太守了。

几年后，汲黯死在淮阳太守任上。

第35回

从放猪倌到一代名相

名臣汲黯曾跟汉武帝抱怨后面来的新人都被提拔到他上面去了。

他的抱怨主要是针对两个人：一个是张汤，汉武帝最欣赏的酷吏，做到了御史大夫，相当于副丞相；另一个做了丞相，就是公孙弘。

汉武帝在位五十四年，手下曾经有过十三任丞相。真正做了些事情，靠政绩青史留名的，就数公孙弘了，他的故事可以说是最具励志色彩的。

他怎样励志呢？有两点：一是他的起点最低，只是一个放猪倌出身，看着本来是最没希望成功的，结果最后他最成功；二是他成功最晚，他的奋斗周期最漫长，在一条看不到光的路上一直坚持向前。

公孙弘本是一个小诸侯国下面一个小县城的人，年轻的时候在县城里当狱吏，有稳定收入，可是因为犯了点罪，被开除公职了。家里本来也不富裕，要养家糊口，他就在海边放猪，当猪倌，而且一干好多年。

挣钱的方式有很多，公孙弘选择了放猪，很可能是看到了其中的商机，这是他经过深思熟虑的一次创业。

公孙弘靠着放猪，慢慢过上了体面悠闲的生活，赢得了人们的尊重。富了口袋，接下来还要怎样？要富脑袋。

所以，公孙弘四十多岁时开始读书，做学问。他悟性高，没几年便在当地小有名气了，而且他为人处世也很受尊敬。他非常孝敬老母亲，还是他的继母，这很难得。

所以，当汉武帝即位，要求各郡国举荐文学贤良之士的时候，他就被当地举荐上来了。

当时公孙弘跟董仲舒是一起的，董仲舒对策讲的是"天人三策"，汉武帝十分欣赏。公孙弘的对策也很受认可，就被留在朝中，成了一名博士。这一年，他正好六十岁。那么，接下来公孙弘的人生是不是就顺风顺水，一路做到丞相了呢？当然不是。

公孙弘当了博士之后，有一次，他接了一个任务，要出使匈奴。回来后他整理了汇报材料，呈给汉武帝：皇上啊，是这么个情况。

汉武帝一看，立马怒了：这是什么，这个水平怎么还成博士了呢？

公孙弘吓傻了。他本来就是一个非常胆小谨慎的人，此前来长安的时候，他跟大儒辕固生一块儿来的。辕固生那时已经九十多岁了，一身正气，非常威严。公孙弘看辕固生有点犯怵，眼神都有点怯生生的。辕老爷子就很看不起他：公孙啊，我提醒你一句话：

务正学以言，无曲学以阿世！——《史记·儒林列传》

你作为一个学者，要坚持说真话，而不能昧着心，扭曲了学问，去迎合世俗，去讨好权贵。你在我面前都这么畏畏缩缩，将来怎么在朝中立身啊？

公孙弘让汉武帝这么一骂，想起辕固生的这句话来了：辕老爷子说得对，这个朝里真是不好立身啊！干脆辞官回家吧。

六十多岁的公孙弘便想着在山东老家含饴弄孙，颐养天年。没想到，几年之后，朝廷又开始征文学贤良之士了，当地的官员又推荐他，七十岁的公孙弘再次来到长安，还是老程序，要先对策、考试。皇上出题，提出策问，这些文学贤良之士们引经据典地给出对策。

公孙弘当时是跟一百多个儒生一块考的，考完之后，主考官做了个初评，在所有通过初评的人里面公孙弘的成绩垫底。没想到的是，到了汉武帝做最终评定时，竟然把公孙弘提成第一名了！

公孙弘写的什么呢？其实跟董仲舒的差不多，也是强调仁义礼智、尊卑有序，除此之外，让汉武帝眼前一亮的是，公孙弘还强调了一种理念，他说：

第35回 从放猪倌到一代名相

> 今人主和德于上，百姓和合于下，故心和则气和，气和则形和，形和则声和，声和则天地之和应矣。——《汉书·公孙弘传》

皇上和，百姓和，心也和，气也和，形也和，声也和，天地和。一团和气，这是治理国家应当追求的。

公孙弘讲到点子上了。汉武帝很高兴，马上召见，结果，公孙弘来到跟前，汉武帝更是眼前一亮——"状貌甚丽"。

接下来，公孙弘顺风顺水，只用了一年时间便做到了左内史——两千石；又过了三年，做到了御史大夫；御史大夫做了两年多，便做到了丞相，并被封为平津侯。以前被封侯的，要么是有军功的，要么是外戚，作为底层起来的文官被封侯的，公孙弘是西汉头一位！

他这一次怎么这么顺呢？

首先得益于他给汉武帝的第一印象，另外公孙弘也确实表现不俗，他能把自己的学问和实践很好地结合，他表现出了一个大儒在个人修为和政务能力方面的精深造诣。

> 其行敦厚，辩论有余，习文法吏事，而又缘饰以儒术。——《史记·平津侯主父列传》

他的言谈举止都很实在，很有思路，对于政事、制度、法规都很熟悉，开展各项工作都很有章法，还能用儒家观点加以文饰。

另外，他听取了当年辕固生对他的批评，比较敢说话，对于汉武帝发动战争和各种劳民伤财的政策，他都提出过反对意见。他从来不会当着别人的面反对汉武帝，不像汲黯似的，一点脸面也不给汉武帝留。有时候大臣们约好，有的事要一块向汉武帝汇报，到了汉武帝面前，他总是最后一个说。如果看汉武帝对这个建议比较认同，他就再加把火；如果看汉武帝对这个建议比较反感，他就立马转向，放弃已经约定好的说法，顺着汉武帝说。

有一次，汲黯怒了，当着汉武帝的面骂公孙弘：刚才都已经说好了，你也赞成，怎么到皇上面前又改口了呢？你也太奸诈了，不忠！

汉武帝一听这个，把脸一沉：公孙弘，是这么回事吗？

公孙弘扑通跪下：皇上，汲大人骂得对，确实是这么回事，不过呢，微臣以为：

夫知臣者以臣为忠，不知臣者以臣为不忠。——《史记·平津侯主父列传》

意思是说，谁要是能体谅微臣这样做的良苦用心，谁就知道微臣之忠；如果他不理解，就会认为臣不忠。

汉武帝琢磨了一下：好，别说了，朕明白了，都下去吧。

后来越是有人批评公孙弘，不说他的好话，汉武帝就越喜欢他。

还有一次，汲黯又向汉武帝揭发公孙弘：皇上，我又发现一条证据，能证明公孙弘是一个欺世盗名的奸诈之徒。

汉武帝：是吗，怎么回事？

汲黯：皇上，这公孙弘都当御史大夫了，位列三公，这么大的官，工资那么高，他不可能缺钱，对吧？可是呢，那天我到他卧室里看了看，他竟然只盖了一床穷人家里才盖的那种粗布被子，还补丁摞补丁的，您说他这不是摆明了装样子吗？

汉武帝：公孙弘啊，是这么回事吗？

公孙弘的反应和上次一样，扑通跪下：皇上啊，汲大人骂得对，确实是这么回事，这真说到我的病根上了。

夫以三公为布被，诚饰诈欲以钓名。——《史记·平津侯主父列传》

我位列三公，为什么却盖这么破的布被子呢？我扪心自问，还真是想标榜自己俭朴。汲大人能当着您的面指出我的这个毛病，可以说，对您，他是忠臣；对我，他是诤友。我一定深刻反省，好好改正。

第35回 从放猪倌到一代名相

公孙弘这一番话说得非常诚恳，汲黯都有点不好意思了。汉武帝则更加对公孙弘刮目相看，不久之后，就给公孙弘拜相封侯了。

那么，公孙弘如此俭朴到底是不是沽名钓誉呢？人的内心世界很难讲。不过，公孙弘的俭朴是自始至终的，一辈子都是"食不重肉"，吃饭时，桌上最多只有一盘肉，而且都是吃粗粮。

那么，他那么高的俸禄都用到哪里了？都拿出去接济穷亲戚、穷朋友了。

那么，公孙弘的人格是不是很完美呢？这倒不是。《史记》里说他是，

为人意忌，外宽内深。——《史记·平津侯主父列传》

表面上宽宏大量，而内心里阴狠刻毒。

他对汲黯就是这样，汲黯好几次批评他，他表面上都很接受，心里则十分恨汲黯。

他向汉武帝极力推荐汲黯：皇上，汲黯太有才能了，太适合做右内史了，这个职位别人干不了。

汉武帝一听：有道理，让汲黯去做右内史。

酷吏义纵做过右内史，辖区就是皇城所在地，住的都是皇亲国戚，非常难管理。汲黯又是特别硬的作风，他去做右内史，肯定得跟这些权贵产生很激烈的矛盾，一不留神就可能丢命。这就是公孙弘想要的效果——杀人不沾血。

他对董仲舒也是用这一手。因为董仲舒的学问太好了，公孙弘羡慕、嫉妒，就推荐他去做胶西国国相。胶西王特别暴虐，不少人送过命。董仲舒知难而退，辞官回家，才保住了性命。

不过，这只是儒家阵营内部的斗争。虽然个人之间有这种斗争，但他们努力的方向是一致的，都致力于推行儒家的治国思想。尤其是发展教育，提高儒生的入仕参政机会，这方面公孙弘也是不遗余力。在他们的努力下，在整个西汉官僚体系里，温文尔雅的儒生越来越多了。

公卿大夫士吏斌斌多文学之士矣。——《史记·儒林列传》

可以说，所谓"罢黜百家，独尊儒术"，董仲舒起了个头，做了理论方面的工作，而实践方面的工作是公孙弘完成的。这就造就了公孙弘在中国历史上的地位。

另外，公孙弘做丞相时，他给自己组织了一个顾问团，对于各种政务，大家一起参谋。

汉武帝自己也有一套班底，有时候两边意见不一，就展开辩论。

公元前121年，公孙弘最终以八十高龄在宰相之位逝世，得以善终。

第 36 回

主父偃的
人生观

公孙弘这个人比较复杂,很简朴、很孝顺、很能干,但也很有心计,表面跟你很好,关键时刻就在你背后捅刀子。

有个汉武帝非常欣赏的大臣,关键时刻,公孙弘上去给了这人一刀,让他丢了命。

这个大臣就是在《史记》里与公孙弘同处一个列传的主父偃。

> 主父偃者,齐临淄人也。学长短纵横之术,晚乃学《易》《春秋》、百家言。——《史记·平津侯主父列传》

主父偃是齐国临淄人,早年学的是纵横家的学说,后来转学儒家的《易经》《春秋》等。不过,他整个思想的底子还是纵横家的。

他是齐国人,托人找关系,努力往齐王身边钻,想在齐王手下混个一官半职。可是,齐鲁看重儒学,他的学识根本没人瞧得上,齐王更是看不上他。主父偃努力了很多年,整个儒生群体都排挤他,他根本进不了齐国的主流圈子。

怎么办呢?"树挪死,人挪活",他奔燕国了。主父偃在燕国几年也没出头,又奔赵国,又奔中山,都待了好几年,还是没有什么成就。他一直也没出头,个人信誉没了,借钱也借不着了。

他干脆就去长安找皇上!于是,主父偃把家里的房子、地都卖了,又凑了点路费到长安。

第 36 回　主父偃的人生观

> 乃西入关见卫将军。——《史记·平津侯主父列传》

到了长安之后,他先是想办法见到了卫青,跟卫青秀了一通才华,卫青把他举荐给汉武帝。

可是,主父偃没想到,卫青跟汉武帝提了几次,汉武帝都没往心里去,并没有召见他。眼看着钱花完了,也没朋友,跟在齐国时一样,长安的儒生们都排挤他。主父偃直接上书汉武帝,来到皇宫门口:官爷,车上这一堆是我给皇上写的信,麻烦您给皇上送去看看吧。

守卫:您在这儿等着,我们这就给皇上送去。

信是早上被送进宫的,傍晚汉武帝便召见了主父偃。

主父偃的上书一共九篇文章,其中八篇是关于法律的,估计这也是为了投其所好。不过,汉武帝最欣赏的却是另外一篇,是批评汉武帝发动对匈奴战争的文章,可以说点到了汉武帝的痛处。

这篇批评文章写得很高明,他在开头先给批评戴上了一个安全帽:

> 臣闻明主不恶切谏以博观,忠臣不敢避重诛以直谏,是故事无遗策而功流万世。——《史记·平津侯主父列传》

圣明的君主不会厌恶恳切的进谏以使自己的视野开阔,忠臣不会为了躲避重罪而不敢直言进谏,因此不会有遗漏的策略,这样功业就能流传百世。

所以,我得批评批评您。古代兵书上有句名言:国虽大,好战必亡;天下虽平,忘战必危。这个道理您怎么不明白呢?此前秦朝为什么二世而亡?说到底还不是因为打匈奴的战争消耗太大吗?

高祖皇帝刚开始时也是不明白这个道理,要打匈奴。当时有个大臣反对,说:匈奴是游牧民族,不像咱们这边农耕文明,人都拴在土地上,有城、镇、村这样稳定的居住形式,他们不种地,飘忽不定,根本没法打。

高祖皇帝不听,结果差点在白登山就回不来了。之后,他老人家吸取教训,跟匈奴和亲,换来了这几十年国家的繁荣发展。您怎么又犯这个错误呢?

要知道，打仗时间久了会发生意外的变化，事情过于难办会使人改变想法。

> 兵久则变生，事苦则虑易。——《史记·平津侯主父列传》

国家发展好坏，取决于君主推行什么政策；而国家的生死存亡，取决于君主用什么人。

所以，对匈奴的这场战争，还请您再深思熟虑，看看是不是做一下调整。

当时，还有两个人跟主父偃一起被召见，这两个人也批评汉武帝对匈奴用兵的政策。他们的上书也被《史记》全文转发，都非常精彩。

其中一人叫徐乐，他提出一个观点：

> 天下之患在于"土崩"，不在于"瓦解"，古今一也。——《史记·平津侯主父列传》

老百姓都反对这个政权，都起来造反，就像秦末陈胜起义时的那个情况，就叫土崩。而类似"七国之乱"，几个诸侯王反对中央政权，要搞分裂割据，就叫瓦解。

事实证明，只要老百姓还拥护这个政权，瓦解就不能得逞。所以，执政者要抓住的关键就是维护好老百姓，让老百姓能安居乐业。对于现在的匈奴战争，您得考虑到这一层。

另一人叫严安，他的观点跟徐乐差不多：匈奴确实对大汉造成了侵扰，可是毕竟只在边境闹，能威胁到中原老百姓的生活吗？不能。但自从您发动了这场旷日持久的战争，边防确实改善了，老百姓原本安稳的生活却一去不复返了。

这个批评有些刺耳了。

那么，面对主父偃、徐乐、严安三人的三篇上书，汉武帝有何反应呢？立即召见。

第 36 回 | 主父偃的人生观

公等皆安在？何相见之晚也！——《史记·平津侯主父列传》

你们之前都在哪儿呢？只恨相见得太晚呀！

注意，说这话时还是公元前 128 年，汉匈之战才刚刚开始，那些惊天动地的大仗都还没有开打呢，这三人便异口同声地反对这场战争。以后真正举全国之力打匈奴时，朝野上下反对的声音会更强烈。

可是汉武帝却不为所动，一打到底！他太一意孤行了，而且他是充分了解这场战争可能带来的各种危害、各种风险的，就像他能认真读这三个人的上书，可见他也是非常了解反对意见的，然而他仍然一条道走到黑，这还是很耐人寻味的。

另外，虽然他没有听取这三人的反对意见，不认同文章中的观点，但能欣赏文章中表现出来的才华，也是汉武帝的魅力之一。

汉武帝把这三个人全留在身边做郎中。主父偃又先后数次给汉武帝建言献策，从而大受宠信，一年之中连升四级，做到了两千石的中大夫，成为汉武帝执政生涯中最重要的智囊，没有之一。

当然，给汉武帝出主意的大臣也很多，不过，他们都有个皇亲、丞相、御史大夫之类的名头，而主父偃的名头完全是智囊。

那么，他都给汉武帝出过什么主意呢？很多，其中让人印象深刻的有三条：

一是推恩令。汉文帝、汉景帝都面对一大内忧，那就是诸侯国太强大，对政权有威胁。主父偃出了一个主意，彻底解决了这个问题，简单讲就是一句话：

令诸侯得推恩分子弟，以地侯之。——《史记·平津侯主父列传》

以前各路诸侯王的封地爵位都是一辈只传一个人。齐王死了，就把王位传给一个儿子，还是齐王，齐国还是那么大，实力还是那么强。这需要改革，齐王死了，他有几个儿子，就把齐国分成几份，每个儿子得一份，都封侯封王，这样皆大欢喜，而原来的齐国则化整为零，对朝廷就没威胁了。

其实，这个主意最早贾谊出过，只是当时汉文帝认为时机不成熟。到汉武帝这儿，原来有实力的七王已经被汉景帝灭了，没什么阻力了，于是就开始推行。一下子，这个帝国顽疾被彻底治愈了。

主父偃出的第二个主意是在卫青刚刚收复的河南地区，也就是黄河那个"几"字形的顶上、左上角位置，设立朔方郡，并且紧靠黄河修筑朔方城，作为对抗匈奴的一个桥头堡。

这可不是小工程，而且当地什么都没有，各种物资都得从中原运，耗费很大。公孙弘等大臣们都反对，可汉武帝批了，而且重修原来蒙恬建的长城，这工程就更浩大了。

> 自山东咸被其劳，费数十百巨万，府库益虚。——《史记·平准书》

从整个崤山以东征调了十多万人力，国库金钱都要花光了，老百姓的压力更大了。

主父偃前面上书时还在讲好战必亡，不能给老百姓太大压力。换了个位置，想法立马就不一样了。这也很耐人寻味。

主父偃出的第三个主意不算新鲜，就是把天下各地的富贾豪强迁入长安，准确地讲是迁到长安西边的茂陵。茂陵，狭义来讲，就是汉武帝自己的陵墓，从他即位时就开始修，也是花费了巨大的人力、物力，建了很多年，在这个过程中，周边也就成了一个小城市。主父偃的意思是索性把这个小城市进一步充实起来，这样既可以壮大京城，又能减轻地方的管理压力。汉武帝也批准了。

除了这三个主意，他还参议了两件大事：一个是立卫子夫为皇后，另一个是揭发燕王刘定国的罪行。

刘定国的爷爷刘泽是刘邦的堂兄弟。这个刘定国确实罪大恶极，跟他父王的妃子生了孩子，还夺了弟弟的妻子做妃子。

有一次，刘定国杀死了一个县令。这个县令的家人到长安告状，找到了主父偃，因为主父偃在燕国待过，跟这家认识。而且当年燕王刘定国也不喜欢他，他一直耿耿于怀，这下报复的机会来了。他帮着这家人详细地整理了燕王的罪行材料，呈给了汉武帝。

汉武帝下令严查。刘定国畏罪自杀，封爵被收回。这一下，其他的诸侯王也都被吓住了，好多权贵也怕了，于是都提前打点，花钱买平安，积极交纳"避免伤害税"，交给谁呢？交给主父偃。

主父偃来者不拒，照单全收。有朋友提醒他：主父兄啊，你这玩得有点大啊，这样不好吧？

主父偃哈哈大笑：兄弟，谢谢您的提醒。您说的我都明白，我不怕。之前我游学四十多年，想凭着自己的学问出人头地，结果呢？爹妈嫌我没出息，不愿认我这个儿子，兄弟们也不待见我，朋友们也都弃我而去，我受尽了屈辱。我的人生观就是：

且丈夫生不五鼎食，死即五鼎烹耳。——《史记·平津侯主父列传》

如不能列五鼎而食，那么死时就受五鼎烹煮的刑罚好了。

吾日暮途远，故倒行暴施之。——《史记·平津侯主父列传》

我现在也是一把年纪了，就像太阳快落山了，所以宁愿倒行逆施。

很快，他真就五鼎烹了。怎么回事呢？

主父偃想把他的一个女儿嫁给齐王刘次昌，可是齐王太后不答应。他生气了，收罗齐王的违法犯罪材料，呈给汉武帝：皇上，您看看吧，齐王刘次昌跟燕王一样，也是个禽兽，跟他同父异母的姐姐乱伦，而且齐国又大又富强，怎么也应当封给您的亲兄弟、亲儿子呀！

汉武帝就等这个呢：你说得对，这样吧，封你做齐国丞相，你去查一下。

主父偃到了齐国之后，一通严查下来，齐王刘次昌就吓得自杀了。

赵王刘彭祖也吓坏了：主父偃当年在齐国、燕国，还有我赵国都待过，都没出头，这是对我们挨个报复啊！下一个该轮到我了，不行，我得先下手为强。

　　于是，赵王刘彭祖上书汉武帝，状告主父偃大肆受贿，逼死齐王，罪大恶极，等等。

　　赵王刘彭祖是汉武帝的亲哥哥，感情不一般，分量也不一般，而且他收罗的主父偃的罪行证据确凿。汉武帝有点为难。换作别人，汉武帝肯定早下手了，可是对主父偃，他舍不得，一是因为爱主父偃的才，另外，很明显，主父偃是他的一把刀，一把挟制诸侯的刀。推恩令也好，收拾燕王、齐王也好，说到底都是主父偃在贯彻落实汉武帝的意志。

　　杀，还是不杀？汉武帝在心中掂量。

　　主父偃的人生就到了一个关键节点，如果这时谁在旁边拉他一把，说两句好话，这一劫他就能闯过去。相反，这时的一根稻草也能压垮骆驼。

　　公孙弘就给压上了一块石头：皇上，主父偃这个影响太坏了，不杀他，无法跟天下交代啊！

　　汉武帝无奈：好吧，杀！

　　最终，主父偃只当了一年多的天子近臣就被满门抄斩。

第 37 回

游侠为什么
被崇拜

上回说到主父偃给汉武帝出了个主意，把各地的富贾豪强都强行迁到长安茂陵。在将要被强行迁入长安的人中，有一个人叫郭解，他不愿意迁。其实谁都不乐意迁，但皇命难违，怎么办呢？郭解就找了大将军卫青帮着说情。

卫青真就来找汉武帝：皇上，我有个布衣之交叫郭解，他家挺穷的，算不上是豪强，就别让他迁了。

汉武帝很惊讶：布衣，还很穷，那他怎么能搬动你这个大将军来给他说情呢？谁有这么大面子啊？这样的人要不是豪强谁还是豪强啊？必须迁！

卫青吓得一缩脖子。郭解没办法，只好迁来了。他一到长安茂陵，立马高朋满座，整个关中地区有头有脸的人物听说郭解来了，都来看望，都争着跟郭解结交。

那么，这个郭解到底是什么来头呢？

他很可能是个黑社会头目，可那时还没有"黑社会"这个概念，在司马迁看来，郭解是一个游侠，是游侠中的代表人物，所以，他把郭解写进了《史记·游侠列传》。

郭解，轵人也。——《史记·游侠列传》
善相人者许负外孙也。——《史记·游侠列传》

郭解是传奇人物老神婆子许负的外孙。

不过，他没受姥姥什么影响。他的成长深受家乡轵县乡土风气的影响。轵县在今天的河南济源，挨着洛阳北面。那么，轵县有什么乡土风气呢？崇侠

第 37 回 游侠为什么被崇拜

尚武。

郭解的父亲也是一个侠,说是侠,但其实就是为非作歹。在郭解很小的时候,他父亲就被官府抓走砍了头。在这种社会风气下,又有一个这样的父亲,郭解早早就走上了这条路。

年少时,他一出手便格外狠毒,谁要是让他有一点不合意,他就杀人。另外,他充当杀手,为朋友出头报仇,手底下渐渐地收罗了不少背着各种案子的亡命之徒。他还私铸钱币,盗掘坟墓,反正各种违法犯罪的勾当他都干。他犯的案子简直都数不过来。

那么,官府干什么去了?怎么不打击呢?按司马迁说的,不是官府不打击,而是他运气好,好几次快要被抓住的时候,他都及时逃脱,或者是正被通缉着,走投无路的时候,忽然就赶上一次朝廷大赦天下,不管你犯了什么罪,一概既往不咎了。总之,罪大恶极的郭解并没有受到法律的制裁,就这样过了很多年。然后,他成熟了。

及解年长,更折节为俭,以德报怨,厚施而薄望。——《史记·游侠列传》

等到郭解年龄大了,就改变了行为,开始检点自己,用恩惠报答怨恨自己的人,多多地施舍别人,而不求回报。

总之,对于仇怨,他不那么睚眦必报了,变得更宽容了;对身边人也尽量多给予,少求回报。有时候,他为人出头或救人性命,甚至不使人知,简直有点当年墨家的做派了。

他的这种转变并不是说他要放弃原来的道路,而是他刻意想让自己上一层境界;他不轻易出手,但不代表他不再出手,一旦出手,那种心狠手辣比当年还是有过之而无不及。

总之,郭解的成熟,使他有了一种亦正亦邪的魅力,这也使他成为很多少年的偶像。有的少年都没见过他,就愿意为他去卖命。他要是讨厌谁,或者谁对他说三道四了,都不用他自己动手,别人都替他做了。

郭解看上去很侠义，但这种所谓的侠义，真是一种毒药。有一回，郭解姐姐家的儿子仗着舅舅的势力，跟别人喝酒时把那人往死里灌。被灌的这个人没办法了，最后抄起把刀子就把郭解的这个外甥杀了，然后跑了。

这还了得？往哪儿跑？郭解手下的人很快就追上来了。

怎么办呢？这人一看，肯定是跑不了了，硬着头皮来找郭解：郭大侠，真对不起您，您外甥是我杀的，可是这个事您得听我说，实在是您外甥逼得我没办法了。

郭解听完沉默半响：好吧，我知道了，你没说假话，这事不赖你。你放心，不会有人再找你了。

然后，这个人真就走了，没事了。郭解的姐姐再怎么哭天抹泪也不管用，蔫蔫地把儿子埋了。

还有一个故事说，郭解每天出来进去的，人们都怕他，躲得远远的。这天，有个人坐在路边对郭解一脸不屑。郭解看了这人一眼，还没怎么着，手底下的小弟们都怒了，拎刀子就想过去。

郭解叫住了：放肆，人家瞥视我，肯定是我哪儿做得不对了。而且他敢跟我这样，肯定也是一条好汉。这样，你们去跟官府那边打个招呼，以后有什么官差徭役的，对这个人能照顾的要照顾，能不去的就别让他去了。

手下：好吧。

过了一段时间，那个人知道郭解竟然暗中关照自己，就主动来跟郭解赔罪：郭爷，以后有什么用得着兄弟的，您说话。

还有一次，洛阳有两大家族结下仇了。洛阳当地的好多豪强人物出面调解，都调解不了。有人便来请郭解。郭解本来不想去，可是来找他的这个人跟他关系不一般，不去还不行。

于是，大半夜他到了洛阳，把两家人叫到一起。这两家人立马都软了：郭爷，您这个面子我们必须得给，行了，"冤家宜解不宜结"，这事就过去了。

郭解一摆手：先别。谢谢二位给我郭某人这个面子。不过呢，要是这样，那不就打了洛阳这帮道上爷的脸了吗？这样，我走之后，你们对外就说这个面子没给我。稍后，你们当地的英雄过来找你们的时候再和解也不迟。

这个事当然就传出去了，江湖上都称赞郭解办事仗义。

类似这样的事还有不少，只要郭解出头，全部都能搞定，而且想得周到，办得地道。偶尔有办不了的，他也不强出头，而且遇到办不了的事，他一顿饭也不会白吃人家的。

用司马迁的话讲，后期郭解跟一般的恶霸、地痞流氓是不一样的。虽然同样是黑道上的人，但也是形形色色的，也分高下，郭解是高的。

正所谓，盗亦有道。

夫妄意室中之藏，圣也；入先，勇也；出后，义也；知可否，知也；分均，仁也。——《庄子·胠箧》

不论上谁家盗窃，动手之前，你必须得判断好这家屋里到底有没有可偷的东西，这就是圣明。然后，谁头一个进去呢，万一屋里有人怎么办啊？这个打头的，就得勇。偷完了出来，谁殿后？最后一个出来风险比较高，这就是义。偷出东西来能公平分赃，这就是仁。这些都需要很高的智慧。整个的仁、义、圣、勇、智，这些道义都得讲，否则肯定成不了大盗。

很明显，司马迁认为，郭解正是这样一个盗亦有道的人物。然而，就算有道，他也做过很多违法犯罪的事，这样的盗怎么能称为侠呢？而且还把他写到《史记·游侠列传》里，称赞他是布衣之侠，这里的是非观念、道德判断是不是出问题了呢？

如果说郭解代表了那个时代身处社会底层一个很大的有势力的群体，对他的描述是史家对那个时代的一种记述，是对社会阶层的一种分析，这个无可厚非，可是，司马迁洋溢于字里行间的褒扬又是怎么回事呢？

当初汉武帝要把天下豪强迁到茂陵，郭解也被列上了名单。谁把他写上去的呢？起主要作用的是轵县当地的一个官员，姓杨，这个官员的父亲叫杨季主，也是当地的豪强，跟郭解势均力敌。

就因为这个事，郭解的侄子杀死了这个姓杨的官员。随后，郭解迁到茂陵，杨家没动，还在轵县。可是，很快杨季主也被人杀了。杨家人拼了，到长安上访，告御状。结果，来告状的这个人在天子脚下又被人杀了。这一下子，坊间各种传闻，竟然传到汉武帝的耳朵里。

汉武帝大怒：这还有王法吗？这个郭解也太猖狂了！把他给我抓来！

郭解呢？他居然提前得到消息成功逃脱。

给他报信的是谁呢？这个史书上没写。皇帝要抓他，竟然还有人敢给他通风报信！郭解先把老母亲和家人安置到一个朋友家里，然后就去找一个叫籍少公的江湖人物，据说此人有办法把他送出关。

郭解找到籍少公之后，自报家门：我是郭解，现在我被朝廷追捕，想请您帮个忙。

籍少公二话没说，冒死把郭解护送出关。很快，官府的人就追到了籍少公这儿，还没来得及问他郭解往哪儿逃了，进屋一看，发现他已经自杀身亡。

于是，追踪郭解的线索断了。之后很长时间，官府也不知道郭解的行踪。与他有过交往的亲戚、朋友家都查了，都没有。那么，郭解去哪儿了呢？

他北上太原了。他从来也没去过太原，一个熟人也没有，所以官府没往这个方向想。郭解在太原投奔的人，都是素昧平生，只不过是略有耳闻的江湖人物。

他到谁家，都是实言相告：我是朝廷通缉的要犯郭解，听说您也是道上的，您看能不能帮忙？

结果，人家都收留了他，让他放心住。这正是司马迁所激赏的。用他的话讲就是：

今游侠，其行虽不轨于正义，然其言必信，其行必果，已诺必诚，不爱其躯，赴士之厄困。既已存亡死生矣，而不矜其能，羞伐其德，盖亦有足多者焉。——《史记·游侠列传》

别管这些人做的事怎么样，这种江湖义气、侠义精神太了不起了。

不过，最终，郭解还是被抓住了。汉武帝亲自督办的案件，一层一层的酷吏，办案的人也很拼命。

第 37 回 游侠为什么被崇拜

抓到郭解之后马上审讯，结果呢？杨家死的这三个人竟然都不是郭解杀的，也不是他授意的。

追捕郭解期间还有一个命案。当时，办案的人到轵县调查情况，找来一些跟郭解有来往的人：大家都说说，郭解是怎样一个人，越详细越好。

中间有个人竟然把郭解称赞了一番：官爷啊，郭解他不是坏人，他是个值得尊敬的行侠仗义的大侠，他帮助过我……

在场有个儒生生气了：郭解给你那么点好处，你就光记他的好了，你怎么不说说他那些杀人犯罪的事呢？在我看来，郭解他就是个彻头彻尾的恶棍、混蛋。

几天之后，这个儒生就被人杀了，舌头被割掉。这个事郭解根本就不知道。

另外，早年他犯过的案子也都因为大赦了结了。审了一大通，最后结果竟然是郭解没罪。办案人员就把这个情况汇报给了汉武帝。

汉武帝一下子也不知道怎么办了：哦，没罪？公孙弘啊，你说这事儿怎么办呢？

公孙弘眨眨眼：皇上，老臣是这样想的，这个郭解他什么都不知道、什么都没授意，就有人为他出头、替他卖命杀人，这可比他自己杀人更可怕、更可恨啊！

于是，郭解的全家都被杀了。

那么，郭解这个盗怎么成了侠？司马迁的道德评判是不是出了问题？

这应当是一个非常有意思的问题。在大量的影视和文艺作品里，有太多这样的人物，本来是个盗，手上都有人命，或者做了其他违法的事情，但是他却被看作一个侠。

现实中的郭解长得并不怎么样，其貌不扬，身材矮小，连句出彩的话也说不出，而且不喝酒，一点儿也没有那种大块吃肉、大碗喝酒的江湖气，只是一个普通人。

司马迁在《史记》里讲得很清楚，他说，关于道德评判有一句俗话：

> 何知仁义，已飨其利者为有德。——《史记·游侠列传》

管什么仁不仁义，谁对我好，我就说谁是好人。

伯夷、叔齐不食周粟，饿死于首阳山，他们是有道德的。那么，他们反对的周文王、周武王就没道德吗？不是，周文王、周武王也是被人称道的。

盗跖是著名的大盗，要多残暴有多残暴，可是，照样有很多人喜欢他、崇拜他、歌颂他。

所以，不能用道德或者原罪来评价郭解。他只是一个载体，承载着司马迁对那种浪漫极致的游侠精神的向往。

第 38 回

刘嫖与董偃的老少恋

当主父偃给汉武帝出了个推恩令的主意来削弱诸侯,而且直接出手调查燕王和齐王的罪行时,两个诸侯王居然被逼得自尽了。

他们都是什么罪行呢?很刺眼的一项,都是淫乱。

司马光写在《资治通鉴·汉纪十》里有这样一个故事:陈阿娇皇后刚刚被废掉,她母亲长公主刘嫖也很紧张,这里不能叫长公主了,得说是窦太主。因为陈阿娇皇后的媚术案证据确凿,想翻案也不可能了,刘嫖怕汉武帝一气之下怪罪到她。所幸的是,汉武帝还是很顾念姑侄亲情的,对窦太主刘嫖还是一如既往地尊敬。

有一天,汉武帝在宫中设宴,这次场面比较大,宴会设在了宣室殿,结果出问题了。怎么回事呢?

这天正赶上东方朔值班,他拿着个大戟站在宫门口,眼看着窦太主刘嫖进来了,身后跟着一个小鲜肉,二十来岁,衣着光鲜,相貌英俊。

东方朔心头一紧,很不舒服。他把大戟放下,悄悄走到汉武帝面前,压低了声音:皇上啊,您看见窦太主带的那个小鲜肉了吗?

汉武帝:看见了,怎么啦?

东方朔:那个小鲜肉早该杀了呀,怎么还能让他进来呢?

汉武帝:咦,你这话从何说起啊?他怎么就该杀了呢?

东方朔:这个,您比我清楚啊,还用我说吗?他至少有三条死罪。

这个小鲜肉到底什么来头呢?他本来只是社会底层的一个孩子,叫董偃,从小跟他母亲以卖珠为生。堂邑侯府就是他们家的一个大客户,娘俩经常往侯府里送货,窦太主刘嫖见到十三岁的董偃,觉得他好看又机灵,决定认作

第38回 刘嫖与董偃的老少恋

养子。

董偃母亲当然求之不得，小董偃便被留在了堂邑侯府。养母刘嫖给他请来最好的老师，给他最顶尖的贵族化教育，几年下来，董偃完全出落成了一个皇室的贵族。而且刘嫖还教董偃要大把花钱，去结交社会各界的名流。她跟手下管钱的人说：

董君所发，一日金满百斤，钱满百万，帛满千匹，乃白之。——《汉书·东方朔传》

董偃支出的财物，一天中黄金满一百斤、钱满一百万、帛够一千匹再禀告她。

于是，董偃迅速被长安的上流社会所接纳！不过，在人们的心目中，董偃并不是窦太主的养子，而是小情人。究竟是从哪一年开始，母子关系就变成了情人关系，史书也没讲，只说他：

至年十八而冠，出则执辔，入则侍内。——《汉书·东方朔传》

十八岁成年之后的董偃，太主出门他驾车，太主回府他在身边侍奉，两人形影不离。

不过，汉武帝当时还不知道，所以，窦太主的心一直悬着：哪天皇上要是知道了，他会不会生气呢？别再治我个什么罪，把我这个小鲜肉给杀了。

怎么办呢？董偃也很担心。真要是汉武帝兴师问罪，窦太主不可能有多大事，他的小命肯定就玩完了。

董偃有个朋友，是袁盎的侄子，叫袁叔，他给董偃出了个主意：董君啊，你这样，你去向窦太主建议一下，让她把那个园子敬献给皇上，因为我听说皇上一直有心思要那个园子。早晚皇上会知道窦太主献这个园子是你的主意，他肯定会对你有好感，以后再有什么事应当就好说了。

结果，窦太主把园子献给汉武帝之后，汉武帝非常高兴。

窦太主也很高兴，让董偃把出主意的袁叔叫来，给了一百金的重礼。袁叔又给窦太主出主意，让她装病，好引皇上前来探望，并借机把董偃介绍给皇上认识。随后，窦太主装病，皇上果然前来探望。两人动情地聊了一番，汉武帝就走了，中间根本没有介绍董偃的机会。

过了些天，窦太主假装病好了，进宫去拜见汉武帝。汉武帝很高兴，摆宴庆祝。

过了几天，汉武帝只带了几个贴身随从，再次驾临堂邑侯府。当天，窦太主穿着围裙站在侯府门口迎接，极尽谦卑之礼。

汉武帝也不客气，进了里屋，一屁股坐下。这时，窦太主把董偃叫出来，介绍给汉武帝。

汉武帝仔细打量董偃：好标致啊！

汉武帝一下子也喜欢上了。从此以后，董偃就成为汉武帝的一个玩伴，当时汉武帝刚刚二十出头，正是最爱玩的年纪。

东方朔跟汉武帝说：董偃有三条死罪，其中两条是跟窦太主这种不正当关系，既违背王法，又乱了礼制。另一条就是带着皇上每天玩，荒废了政务。所以，即便不杀他，也不能让他参加这个宴会，这影响太坏了！

> 夫宣室者，先帝之正处也，非法度之政不得入焉。——《汉书·东方朔传》

您今天这是在宣室殿办宴会啊，宣室可是先帝的正殿，专门研究国家大事的地方，您在这儿办宴会已经不应该了，再叫这种人进来，就更说不过去了。要知道，历史上好多败家亡国的事情都是从这种淫乱之事发展而来的。

这次宴会之后，汉武帝对东方朔的这番忠告反思了一通，感觉确实有道理，从此就疏远了董偃。

另外，皇室子弟们、诸侯王爷们也都很疯狂，怎么疯狂的呢？

他们当中最正面的一个形象，要数河间王刘德，"修学好古，实事求是"，是一代贤王，班固称赞说：

第38回 刘嫖与董偃的老少恋

> 夫唯大雅，卓尔不群，河间献王近之矣。——《汉书·景十三王传》

真正品德高尚的人是和大众不一样的，河间王就是这样的人。

除了河间王，其他的汉武帝的这些兄弟们就都不怎么样了。比如董仲舒伺候过的江都王刘非，就是非常狂暴的一个人。

董仲舒伺候过的另一位——胶西王刘端，跟刘非是同母兄弟，更厉害。胆子大，敢顶撞皇上；心眼多，什么都能糊弄。朝廷派到他手下的丞相，他要么给罗织个什么罪名，要么就下药毒死，吓得董仲舒在胶西国没干几天就辞职回家了。

那个告主父偃的赵王刘彭祖也是如此：

> 相二千石无能满二岁，辄以罪去，大者死，小者刑。——《汉书·景十三王传》

没有哪个丞相或者两千石的官员，能在他手下干满两年的，他都给罗织各种罪名，大的被砍头，小的也会被判处刑罚。

刘彭祖的同母弟弟中山王刘胜，跟刘彭祖不一样，他最喜欢两样：一个是喝酒，另一个是沉溺美色，光儿子就生了一百二十个。

总的来讲，汉武帝兄弟这一代还不算太过分。到了他们下一代，那就彻底乱套了。比如，江都王刘非的太子叫刘建。有人要给刘非送一个美女，刘建听说这个美女很漂亮，暗中就把那人给害了，把这个美女占为己有。

刘非刚死，还没下葬呢，刘建就把他爹的十几个妃子全继承了。随后，刘建继承江都王位，就更疯了，妃子、宫女要是有什么小过错，被他抓住了就会往死里整。

最过分的是广川王刘越的孙子刘去。做太子时，他是个文艺青年，学习《易经》《论语》《孝经》。按理说，应当是个比较仁爱的人，所以，汉武帝钦点他，让他继位做广川王。可是没想到，他比谁都狠。

他有一个爱妃叫昭信,非常得宠。在他的纵容下,昭信杀害其他妃子的手段极其残忍。

当然,这个昭信和刘去、刘建等人,最终都被朝廷处决了。

再说一个例子,是汉景帝的弟弟梁王刘武的儿子济东王刘彭离。他干了什么荒唐事呢?他最喜欢劫道,经常带着几十号人装成强盗,在他的济东国抢劫老百姓。

对此,班固大发感慨,他说:春秋末期的鲁哀公讲过一句名言,

寡人生于深宫之中,长于妇人之手,未尝知忧,未尝知惧。——《汉书·景十三王传》

鲁哀公说他自己,从一出生就是在深宫之中,在母亲和宫女等一群妇人的手底下长大,饭来张口、衣来伸手,从来不知道什么叫忧虑,也不知道什么叫恐惧。

就是这样的一个人,因为世袭,当了君主,他怎么可能不出问题呢?所以还有一句话:

是故古人以宴安为鸩毒,亡德而富贵,谓之不幸。——《汉书·景十三王传》

特别安逸的生活,其实是一种毒药。没有经过努力奋斗,就享受了富贵生活,这其实是一种不幸!人会在这种富贵中烂掉的。

当然,一个东西烂掉,可能是因为内在的腐败,也可能是被外力砸烂的。谁是被砸烂的呢?是另一个可能比河间王更贤能的诸侯王。

第39回

淮南王的冤案和教训

汉武帝用推恩令的方式来削弱诸侯国实力，强干弱枝，而且直接把燕、齐两大诸侯国取缔了，两地成了朝廷直管。

《史记》里讲，"七国之乱"后，大汉朝廷进一步加强对诸侯国的控制。以前，各诸侯国里基本上只有丞相是朝廷派来的，其他的官员都是诸侯王自己任命。"七国之乱"后，诸侯国两千石一级的官员全部由朝廷任命。

诸侯王是通过收租税来供养王室，具体的政务几乎不管。有的诸侯国穷到王室甚至跟老百姓差不多，只能坐牛车，马车都坐不了。

另外，好多朝中大臣也恨上诸侯王了，因为他们认为诸侯王使得晁错冤死，现在得给晁错出这口气，于是，他们只要抓住点小把柄，就想尽办法置其于死地。一般都是先从诸侯王手下的人下手，屈打成招，这个诸侯王就跟着倒霉。

汉武帝即位之后，仍是这个情况，诸侯王的处境都很难。有一次，几个诸侯王来朝见，汉武帝设宴款待。其中，中山王刘胜哭了，就把大臣们怎么欺负诸侯王说了一通。汉武帝当时好言安慰，可随后也没什么改观。

汉武帝时期最大的一桩冤案的主角，很可能也是被冤枉的。他是淮南王刘安，也就是刘长的儿子。

刘长是汉文帝的亲弟弟，刘邦的第七子。当时也是以谋反之名把刘长发配了，刘长在路上自杀。随后，朝野上下有点看不过去了，民间甚至编出歌谣：

一尺布，尚可缝；一斗粟，尚可舂。兄弟二人不能相容。——《史记·淮南衡山列传》

第 39 回　淮南王的冤案和教训

一尺布尚可缝而共衣，一斗粟尚可舂而共食，可是兄弟二人却不能相容，何其可悲。

之后，汉文帝尽量弥补，公元前 164 年，把淮南国一分为三，分成三个诸侯国，分给刘长的三个儿子。其中，刘安分的这部分还叫淮南国，他就是淮南王。

四十二年之后，淮南王刘安被人控告有谋反之罪，自杀了。他的兄弟衡山王刘赐被牵连，也自杀了。整个案件牵连的人非常多。

凡淮南、衡山二狱，所连引列侯、二千石、豪杰等，死者数万人。——《资治通鉴·汉纪十一》

那么，朝廷有什么确凿的证据证实淮南王谋反呢？至少在《史记·淮南衡山列传》里看不出有什么确凿的证据。

所谓的证据只不过是一些传言或者口供，比如其中一条是说当年"七国之乱"时，淮南王刘安想响应吴军跟着造反。

他手下的国相说：太好了，我给您带兵吧。

刘安说：好啊，兵权给你。

国相得到兵权之后立即把军队控制住了，不听刘安的了，便没有反成。

这个很值得怀疑。

再比如另一个著名的传言说：武帝即位的第二年，淮南王去长安朝见。当时武安侯田蚡跟他的私交不错，出城来迎接，悄悄地跟他说：大王啊，现在皇上没有太子。

即宫车一日晏驾，非大王当谁立者！——《史记·淮南衡山列传》

哪天皇上要是死了，肯定就得让您即位，因为您是高祖皇帝的亲孙子。从血统上来讲，现在没人比您更尊贵了，而且您这么贤能，将来肯定是众望所归啊!

淮南王高兴坏了,送了田蚡一大堆金银财宝,随后就天天等着接替皇位。

在田蚡死了很多年之后,汉武帝听说了这个情况,说:幸亏他死得早,要不我肯定得杀了他。

这个传闻其实也是不可信的。汉武帝刚即位两年,才十六七岁,没有太子不是很正常吗?而且淮南王刘安比汉武帝大二十多岁,汉武帝一直身体健壮,他怎么能等着接替汉武帝的皇位呢?

第三个传闻说:窦太后死的那年,天上出现一次很明显的彗星现象。淮南王很奇怪,手下有个人跟他说:

今彗星长竟天,天下兵当大起。——《史记·淮南衡山列传》

大王啊,现在彗星长至满天,这是预兆着要发生大的战争。

淮南王大喜,心想:太好了,我的机会终于要来了。于是,他加紧准备谋反。

可是,淮南王到底怎么准备谋反的呢?新造了多少战车、多少兵器,对于军队做了怎样的调整、部署呢?至少《史记》里面一点儿也没写,只写了查办淮南王时,在王宫里"索得反具",究竟是什么"反具",也没说。

当时对淮南王的控告,主要涉及三个人。头一个叫雷被,他是淮南王手下一个小官,剑术高明。淮南王的太子刘迁也很喜欢练剑,找雷被比试。

雷被推辞,怕伤着太子,但太子非要比。这一比,真就把刘迁伤着了,刘迁恼羞成怒。雷被吓坏了,他便请求离开淮南国,去打匈奴。

刘迁怂恿父亲把雷被扣下了。雷被想尽办法逃出了淮南国,跑到长安,把淮南王父子告了。没告他们谋反,他只是说:他们扣下我,不让我为国效力。

当时这个罪名也够杀头的。这让淮南王很紧张,据说,当时他想造反。后来看汉武帝没怎么追究,只是削夺了淮南国的两个县,所以才没反。

第二个告状的,是淮南王的庶孙刘建。淮南王有两个儿子,一个是太子刘迁,另一个就是刘建的父亲刘不害。刘不害是老大,不过是庶出,是小妃子生的，没地位，而且本身也不讨刘安的喜欢。所以朝廷颁布推恩令之后，刘安也没打算让刘不害封侯，意思是将来淮南国全是太子刘迁继承。

所以，刘建特别不服气，想把叔叔刘迁杀掉，让自己的父亲上位，将来他好继位。太子刘迁发觉这个情况后，就把刘建抓了。刘建这回急了，通过一个朋友上书汉武帝告刘迁谋反。

汉武帝那边本来就盯着淮南国呢，结果这核心层出问题了，正好动手！另外，淮南王还被一个大仇家盯着呢，谁呢？审食其的孙子审卿。

吕太后死后，审食其被淮南王刘长拿大铁锤砸死了。当时汉文帝没追究，审食其白死了。审食其的儿孙们当然咽不下这口气，到他孙子审卿这辈，仍然记着这个事儿呢。

审卿跟公孙弘的关系特别好，他极力撺掇公孙弘，让公孙弘严查刘建举报的这个淮南王太子的案子。公孙弘便上心了，把刘建提过来，审！

当时的酷吏审案异常严格。最终，汉武帝派人来淮南国，要逮捕太子刘迁。

据说，淮南王刘安此时又想着造反，可最终也没反——逮太子就逮吧，我又没什么把柄，你们不可能冤枉我吧。

可是，刘安没有想到，他的一个心腹背叛了他。这人叫伍被，据说是伍子胥的后人，非常有才能。

是时淮南王安好术学，折节下士，招致英隽以百数，被为冠首。——《汉书·伍被传》

当时淮南王刘安喜欢术数，屈身礼贤，召集了上百的英俊博学之士，伍被列居首位。

与河间王刘德的贤能相比，淮南王刘安也是毫不逊色的。他爱读书、鼓琴，不喜欢狗马游猎。

他对天文、地理各方面都很感兴趣，也喜欢跟这方面的人士交往，手下聚集了很多学者英才，一起切磋学问，一起著书立说。著的什么书呢？可以说是整个西汉很有分量的书，说得再准确一点，就是《淮南子》。

据说当时《淮南子》主要的编者有"八公"，八个人，其中有事迹流传的有两人：伍被、雷被。伍被很可能是《淮南子》的执行主编，是这些学者的"冠首"。前面说的那位雷被，也是编者之一。不过，一般说《淮南子》的著者都说是淮南王刘安，伍被他们都是具体执笔的。

总之，单从《淮南子》这部书来讲，刘安和伍被绝对是一对好搭档，他们在思想认识上高度契合。他们合力带领着数以百计的学者完成了这部著作。其中，

《内书》二十一篇，《外书》甚众，又有《中篇》八卷。——《汉书·淮南王传》

流传下来的《淮南子》，只有《内书》二十一篇，是其中的一小部分，但应当是比较精华的一部分。所以，汉武帝即位第二年，淮南王去长安朝见时就把《内书》部分进献给了汉武帝。

虽然这部书的内容是以道家思想为主，但推崇儒家的汉武帝仍然很喜欢，将其放在枕头下面，天天看。

《淮南子》是以道家思想为主的，据说胡适有个说法：道家集古代思想的大成，而淮南书又集道家的大成。

《淮南子》怎么集道家的大成呢？道家分两支：一支是黄老，一支是老庄。后来黄老失传了，只剩下老庄，老庄最讲究的是出世，超然物外，保身修道。

知大己而小天下，则几于道矣。——《淮南子·原道训》

懂得重视自身修养而看轻身外之物，那就接近于"道"了。

淮南王刘安如果对此没有深刻的认知，他不可能编出这样的书来。既然如此，他怎么可能谋反、争天下呢？

可是，现在他的心腹伍被背叛了他，向来到淮南国查办太子刘迁案件的朝

第 39 回 淮南王的冤案和教训

廷官吏揭发他谋反，而且伍被非常详尽地讲述了刘安跟他三番五次商议谋反时的对话情况。《史记·淮南衡山列传》里详细地记载了这几次对话。

这很可能是司马迁从当时的审案记录里抄下来的，基本上就是伍被的口供。口供带有非常明显的倾向性，都是在讲淮南王怎么迫不及待地要造反，而伍被怎么拦着，怎么分析朝廷政治稳定、皇上圣明、将军能干等。

很明显，伍被的这些口供既把淮南王推向深渊，又尽量把他自己洗脱出来，而且还要向汉武帝秀才能、表忠心。他肯定是希望借此攀上汉武帝，汉武帝还真就有心赦免他，想用他。

可是，张汤的一句话要了他的命：皇上啊，就按他这个口供，他再怎么劝阻淮南王，他也是跟着一起谋划造反啊，怎能不杀？

最终，伍被还是被杀掉了。淮南王刘安百口莫辩，也自杀了。

淮南王的死，不论是被冤枉的，还是罪有应得，结果都是一样的，都是个大悲剧。

他编著《淮南子》，可以说，在当时的时代条件下，他把天人之道、福祸之道都看得很透，没有比他更明白的了，甚至他比司马迁还明白。他说过：

> 凡有道者，应卒而不乏，遭难而能免，故天下贵之。——《淮南子·人间训》

人为什么要学道？人们为什么都尊重有道之人？就是因为有道者什么困难都能应付，不论遭遇了什么灾难，都能逃得过，都能毫发无伤。这才是有道，才不白做学问，不白研究道。

他还说：

> 是故圣人者，常从事于无形之外，而不留思尽虑于成事之内，是故患祸弗能伤也。——《淮南子·人间训》

真正的聪明人，能够在灾难祸患来临之前，就把它化解于无形，根本用不着灾难来了再费劲地去解决，所以这祸患往往难以伤及他。

可是，他道理比谁都明白，话说得比谁都好听，最终现实中，他做得比谁都差劲，败得比谁都惨。他根本不了解汉武帝，也没能讨得汉武帝的欢心，反而被汉武帝忌惮。

他最亲近的家人，以及儿子、孙子，他都没管好，他最信任的人背叛了他。所幸的是，这部《淮南子》为他赢得了不朽之名。

另外，让淮南王不朽的，还有一件事——据说豆腐是他发明的。这对普通民众来说，实在比那部《淮南子》要重要得多。

第40回

巫蛊之祸

公元前 99 年，李陵兵败之际，国内矛盾也很激烈，"东方盗贼滋起"，简直就是秦末天下大乱的架势。

这时，汉武帝对匈奴作战的劲头已经过去了，再也无法像卫青、霍去病时代那样压着匈奴打了。不过，汉武帝还是不死心，休整了两年，公元前 97 年，又派李广利、公孙敖等带着二十万大军北征匈奴。匈奴的且鞮侯大单于带着十万大军严阵以待。连打了十多天，汉军无功而返。

这中间，公孙敖还有一个任务，就是争取把李陵接回来。结果因为仗打得很不顺，这个任务没能完成，回朝之后就又多了一项罪名。于是，公孙敖编了个理由推卸责任——据俘虏的匈奴说，李陵早已投降匈奴，还帮着匈奴练兵来对付汉军。

汉武帝震怒，杀光了李陵全家。李陵绝望无比，于是真心投降了，而且娶了单于的女儿。

公孙敖也没有得到好结果，转过年来，他也被杀了，因为他夫人行巫蛊之术，全家都受到牵连被杀。

巫蛊之术是什么呢？在接下来的五六年里，西汉帝国没打仗，光研究巫蛊了，从汉武帝到手下大臣，都被巫蛊害惨了。

先说大臣。公元前 91 年春，大臣公孙贺，也算是汉武帝发小级的，跟汉武帝是连襟，他夫人是卫子夫的大姐。公孙贺与他儿子因为巫蛊事件死在狱中。

当时公孙贺正当着丞相。他是汉武帝手下十三任丞相中在位最长的一位，当了十二年。

第40回 巫蛊之祸

汉武帝手下都有过哪十三任丞相呢？

第一任是卫绾，是汉景帝任命的丞相，汉武帝即位就要搞改革，"一朝天子一朝臣"，就把他免了。

第二任是窦婴，在位不到一年就被窦太后免了。

第三任是许昌，窦太后安排的，干了四年。窦太后死了，他就被汉武帝免了。

第四任是田蚡，在位四年，病死，他害死了前丞相窦婴。

第五任是薛泽，干了七年，没什么故事。

第六任是公孙弘，干了三年，比较有政绩，寿终正寝，八十岁病死在相位上。

接下来的丞相都没什么好运气了。

第七任丞相是李广的兄弟李蔡，在位三年，因某罪，自杀。

第八任丞相庄青翟，在位三年，因为跟张汤斗，他手下三个长史害死张汤，汉武帝大怒，三个长史被处死，庄青翟自杀。

第九任丞相赵周，在位三年，因某罪，自杀。

连续三个丞相自杀，接下来再让谁当丞相呢？石庆。石庆是万石君石奋的儿子，是十分谨慎的人，所以他平安在位九年，最终病死在相位，算是善终。

接下来第十一任丞相就是这位公孙贺。

汉武帝任命公孙贺当丞相是在公元前103年，当时正组织第一次打大宛，丞相的压力可想而知，而且前面三个丞相接连都自杀了。石庆那么谨慎，照样有好几次差点丢了性命。

所以，公孙贺一听说要让自己当丞相，害怕了。任命仪式上，汉武帝让宦官把丞相的印绶捧到他面前，他说什么也不接，只一个劲儿地跪在地上磕头，眼泪不停地流。当着那么多文武百官也不好意思明说，反正就是不接印绶。

最后，汉武帝干脆一甩袖子走了。公孙贺实在没办法了，接过相印，垂头丧气地出了宫门，回到家里跟家人又差点掉泪。不过，还不错，他平平安安干到了公元前92年，然后就出事了。

他儿子公孙敬声，官也不小，贪污了很多军费，被抓起来了。公孙贺就想办法救他儿子。

当时，汉武帝正下令追查一个叫朱安世的人，是类似郭解那样的黑社会头目，可能比郭解还厉害。因为他是长安当地人，更是手眼通天，所以，廷尉、中尉等主管司法治安的这些人一直都没抓住他。

于是，公孙贺主动请缨：皇上，这个事我来办吧，保证抓住他，只是您对我儿子可要从轻发落啊！

果真朱安世被抓捕归案了。朱安世被抓之后一点也不尿，对办案的人放话：你回去告诉公孙丞相，不要想美事，不要以为把我抓了就能救他儿子。他大错特错了！

丞相祸及宗矣！——《汉书·公孙贺传》

他们全家都要大祸临头了！你给我拿刀笔来，我要揭发！

随后，朱安世在狱中上书汉武帝，揭发公孙贺的儿子公孙敬声跟汉武帝的女儿阳石公主私通，而且用巫蛊之术诅咒汉武帝。说有一次汉武帝去甘泉宫，这两人还在车子要经过的驰道下面埋了一个用木头刻的小人偶，就当是汉武帝，还在上面扎针……

朱安世的揭发信到了汉武帝手里，汉武帝大怒：严查！

最终，真就像朱安世说的，公孙贺非但没把儿子救出来，他自己也搭进去了，爷俩死在了大牢里，全家被杀。

十二年前他的预言真就应验了。

而汉武帝自己的人生悲剧也由此开始。他在杀掉公孙贺全家的三个月后，又杀掉自己的两个亲生女儿，一个就是朱安世揭发的与公孙敬声私通的阳石公主，另一位是诸邑公主。据查，这两个女儿都有用巫蛊诅咒他的罪行。可是，她们为何想要害死自己的父亲呢？动机是什么？

不管是什么动机，事实就是，汉武帝以这样匪夷所思的罪名杀死了自己的两个亲生女儿。站在汉武帝的立场上，他肯定对自己的行为有合理的解释。

我们也可以想象一下他的心情，那肯定是一种极度的绝望：连亲生女

第40回 巫蛊之祸

儿都在诅咒我，都想害死我，还有谁是好人呢？还有谁可以信任呢？杀！杀！杀！卫青呢？卫青跟我亲近，他是不是也要害我？

宦官说：回皇上，长平侯卫青已经死了十多年了。

汉武帝问：哦，那他儿子呢？他儿子是不是也跟公主一样行巫蛊之术想害我呢？杀！

于是，继承卫青封爵的长平侯卫伉也跟两个公主一起被杀了。

公元前129年第一次打匈奴的那次胜仗，汉武帝派出四路大军，一路由老将李广带领，另外三路的将领都是汉武帝最宠爱的臣子：卫青、公孙贺、公孙敖。谁能想到三十年后竟是这样的结局。

不过，这还没完。此时，老年的汉武帝眼前风声鹤唳、草木皆兵，他就像着了魔一样——他做了一个梦，梦见数千个小木人造反，要来杀他。

汉武帝惊醒：这还了得，这是有多少人背地里在用巫蛊之术害我啊！严查！把他们全部找出来，都杀掉！

于是，一两个这样的巫蛊案件就被扩大化，一下子发展成了一场运动。而这把火一旦烧起来，谁也控制不了，很快便烧到了太子刘据身上。

卫子夫进宫十年，生了三个女儿之后，终于给汉武帝生出第一个儿子，就是刘据。卫子夫立即被立为皇后。

公元前122年，刘据六岁，被立为太子。到巫蛊事件时，刘据已经三十七岁了。这中间，汉武帝又宠爱过好几个妃子，有的也给他生了儿子。卫子夫有点紧张，担心自己年老色衰，汉武帝哪天喜新厌旧，别再把自己和儿子给废掉。于是，她每天都提心吊胆，魂不守舍。

汉武帝知道了这个情况，主动找卫青，说：卫青啊，有机会你跟你姐聊聊，让她别担心，太子，朕是非常看重的。我是打天下的性格，他是坐天下的性格，这样正好。

有一次，汉武帝组织打匈奴，太子刘据进谏：父皇啊，咱少打点仗吧，每打一次仗，不但天下百姓压力很大，您自己也是操心受累，您得保重身体啊！

汉武帝大笑：

> 吾当其劳，以逸遗汝，不亦可乎！——《资治通鉴·汉纪十四》

我累点就累点吧，累都让我受了，以后你不就轻松了吗？

另外，凡是汉武帝出游等，朝中、宫中的事基本都交给卫子夫和刘据。

总之，汉武帝对皇后卫子夫和太子刘据一直都是很关爱、很放心、很信任的。可是就在老汉武帝被巫蛊弄得有点着魔道的时候，有个阴险小人给了太子刘据致命一击，也可以说是一刀扎在了汉武帝的心窝上。

这个人叫江充，很有心计，也是个传奇。他本来是赵国人，先是想办法把妹妹嫁给了赵国太子刘丹，然后，他自己又成了赵王刘彭祖跟前的大红人。

太子刘丹怀疑江充怂恿赵王废太子，两人闹翻了。事闹大了，刘丹竟然把江充的父母抓起来杀了。江充死里逃生，逃到了长安，上书状告刘丹各种恶行。

汉武帝大怒，本就恨不得抓住下面诸侯王的把柄，打击、削弱，于是，他从重从严处理，把刘丹杀了。这中间，汉武帝召见了江充。

《汉书》里说江充当天穿了一身类似女人穿的盛装，头上有雉鸡翎，衣服都是纱的，后面还拖着燕尾。

汉武帝一看江充这身打扮，再看江充身材高大，长相俊美，喜爱之情油然而生。坐下来一番交谈后，汉武帝就彻底喜欢上江充了：好！有思路，有才华。

不久之后，江充便成为汉武帝非常器重的一名绣衣直指。绣衣直指是直接向皇帝负责的，非常有权威，而且多数都是酷吏做派。江充绝对是酷吏中的酷吏，他谁也不怕得罪，包括太子刘据。

有一次，太子刘据的一个亲信走了皇帝的专用车道，江充看见后，连车带马带人都给扣了。

刘据立即派人来央求江充：江先生，我倒不是在乎那套车马，只是您能不能别跟父皇说这件事，省得惹他老人家生气。

江充一口给回绝了，然后他就向汉武帝汇报了。

江充知道刘据肯定恨他，而且眼看着汉武帝六十多岁了，身体一天天不行

第40回 巫蛊之祸

了，所以江充就害怕了，害怕哪天刘据继位会要他的命。

怎么办呢？江充琢磨来琢磨去，想到了一个主意。他发现老汉武帝对巫蛊很在意、很着魔，不惜杀掉亲生女儿和最亲近的大臣，牵连着死了好几百人。干脆再给他加把火吧！

于是，江充决定放手一搏，他找汉武帝：皇上，有句话微臣一定要跟您说，您可不要怪罪。

汉武帝：你说吧，没事。

江充：皇上，我认识一个道行非常深的大仙，是匈奴人，他跟我说现在宫里的蛊气非常盛。这说明宫里仍然有奸人在用巫蛊之术害您，这些奸人如果不彻底清除，微臣担心您的龙体啊！

江充说着说着泪流满面，看着真是心疼汉武帝。汉武帝本来已经着魔了，也正疑心，不知道谁还要害他呢。一听这个，他就说：江充啊，这个事你就全权负责吧，朕封你为司隶校尉，拨给你一千人，宫里宫外、长安周边，所有地方，包括我住的地方，皇后、太子住的地方，你都随便查。掘地三尺，也要把想害朕的人抓出来！

这一下子，江充便开始行动了。他装模作样地先从汉武帝这儿开始，在汉武帝的御床、御座下面开始挖，然后再挖后宫里不怎么受宠幸的妃子住的地方。

挖什么呢？当然是人偶，上面扎着针、画着符的，那就是巫蛊的罪证。结果还真挖着了，而且还不少，这是怎么回事呢？西汉时，小木人这种巫蛊近似一种游戏，一种流行文化，特别是后宫里，妃子之间互相嫉妒，就用这种方式诅咒对方，绝大多数根本不是针对汉武帝的，可是在这个风口上，也都百口莫辩了。

汉武帝大怒。于是，接着挖，挖到了皇后卫子夫和太子刘据的宫里。

那么，在太子刘据的宫里挖着小木人了吗？挖着了，也挖着不少。是江充陷害刘据的还是刘据的太子妃埋的，也说不清楚。接下来怎么办呢？

江充当然得立马向汉武帝汇报，他不可能直接把太子拿下。可是，当时汉武帝正在甘泉宫养病，没在长安城里，离着长安有二百多里。于是，他就赶紧安排去甘泉宫汇报。

刘据很紧张，他本想着也火速赶往甘泉宫跟他父皇解释一下，可是太子少傅把他拦住了：太子殿下，且慢，这次皇上到甘泉宫养病，要专心静养，什么人也不见，闭关了。您现在去了，皇上要是不见您怎么办呢？您想啊，皇上为什么什么人也不见呢？万一皇上现在已经不在人世了呢？您是不是就得重蹈秦始皇长子扶苏的覆辙呢？这个您不得不防啊！现在江充摆明了是要置您于死地。依我看，您必须当机立断，拿下江充！

有道是，人慌无智。刘据太紧张了，脑子也乱了，一狠心：事已至此，拼一把吧！

刘据派出几个亲信，都是训练有素的，扮成汉武帝的使者，就去把江充抓来了。当时江充正要去甘泉宫汇报，还没动身。

刘据指着江充破口大骂：江充啊江充，你个蛇蝎小人，你之前在赵国挑拨赵王父子关系，现在又来害我们父子，你太可恶了！

于是，江充被斩。"一不做，二不休"，刘据发动他能调动的兵力，全城戒严，并且通告长安城内的文武百官：皇上在甘泉宫很可能已被奸臣所害，我们要戒严，做好打仗的准备。

这时，皇宫里有一个大宦官，他跟刘据有过节，偷偷潜出长安城，跑到了甘泉宫，向汉武帝报告：皇上，大事不好！太子造反了！

汉武帝的第一反应是：不可能！肯定是江充把太子逼急了。来人，你回长安，把太子给我召来。

这个使者到了长安城外一看，哪儿都杀气腾腾的，从没见过这样的阵势，这个使者没进城，在城外转了一圈，直接回甘泉宫报告：皇上，太子是真反了，差点把我杀了，我这是死里逃生，逃回来给您送信来了。

这回汉武帝信了，大怒，调兵马开赴长安，镇压！

汉武帝多高的威望啊，只用了五天时间，就把太子刘据镇压下去了。最终，太子刘据自杀，皇后卫子夫也自杀了，刘据的妃子、子女也都被处死。

那么，是什么原因造成这样的悲剧呢？

综上所述，你可能认为原因出在小人身上，包括江充、那个告状的大宦